Ilse Collignon

»Liebe Leni«

Inhalt

Ein Pauker in der Familie reicht

1913–1933

Ich hieß nun Ilse Riefenstahl

1933–1939

Leni und ich und noch mehr Krieg

1939–1944

»'s ist Krieg! 's ist Krieg! O Gottes Engel, wehre ...«

1944–1945

Ein Pauker in der Familie reicht

(1913–1933)

Sie soll Ilse heißen

Da war ich nun, kaum sechs Pfund schwer, gesund und mit allem, was zu einem Baby gehört, ausgestattet: alle zehn Finger, alle zehn Zehen und dazu ein dunkler Schopf über dem kleinen Gesicht.

»Sie soll Ilse heißen«, meinte mein Vater. »Ilse ist germanischen Ursprungs und bedeutet Quelle. Sie soll so rein und klar wie eine Quelle sein.«

Oma und Tante Lotte, die jüngere Schwester meiner Mutter, stimmten zu.

»Margarete bitte auch noch«, flüsterte meine Mutter schwach, »als zweiter Name.«

Ilse Margarete Rehtmeyer wurde im Standesamt Elbing eingetragen, geboren am 12. August 1913 als erstes Kind des Studienrats Dr. Viktor Rehtmeyer.

Demnach bin ich in Ostpreußen geboren, aber leider durfte ich in diesem schönen Land nicht lange bleiben. Bereits vier Wochen nach meiner Geburt übersiedelten wir nach Berlin, wo mein Vater an die Werner-von-Siemens-Oberrealschule berufen wurde. Ilse Margarete wurde nun die waschechte Berlinerin, als die sie sich ein Leben lang fühlte.

Mein Vater war der sechste Sohn des Hannoveraner Verlegers Friedrich Rehtmeyer, der das »Hannoversche Plakatinstitut« gründete, eine für die damalige Zeit unerhört moderne Firma. Gerade erst waren die Litfaßsäulen eingeführt worden, die allerdings zunächst von der Öffentlichkeit keineswegs akzeptiert wurden. Mein Großvater pachtete sie und vermietete dann dank seiner Überzeugungskraft einzelne Flächen an seine Kunden, für die er nun auch die Plakate druckte.

Meine Eltern fanden eine Wohnung in Berlin, Ecke Kaiserdamm und Danckelmannstraße, im ersten Stock, mit Ausblick auf den jenseits des Kaiserdamms gelegenen Lietzenseepark. Dorthin wurde ich bald ausgefahren. Doch als meine Mutter ihr zweites Kind erwartete, wurde diese Wohnung sehr zu ihrem Leidwesen zu klein, und wir zogen in eine dunkle Fünf-Zimmer-Wohnung in der Nähe des Charlottenburger Schlossparks, wo dann mein Bruder Horst geboren wurde. Der Schlosspark wurde unser täglicher Spielplatz, zunächst für uns zwei, Horst und mich, später dann auch für Werner, den Jüngsten. Das Charlottenburger Schloss und seine Orangerie wurden für mich meine »Märchenschlösser«.

Als ich zum ersten Mal das neugeborene Brüderchen besichtigen durfte, das schrecklich brüllte und grässlich rot aussah, konnte ich mich nicht so richtig begeistern. Horst und ich hatten nur die Befürchtung, dass es unsere Spiele eines Tages empfindlich stören würde.

Aber für mich war es ja nun auch an der Zeit, zur Schule zu gehen. Denn ich war im August sechs Jahre alt geworden.

Erst ein »E«, dann ein »U«

Von meinem Vater zum Schulanfang begleitet, betrat ich das finstere, in rotem Backstein errichtete Gebäude, das in der Danckelmannstraße, fast an der Ecke zum Kaiserdamm lag – also ganz nah an unserer ersten Berliner Wohnung. Mein

Vater verabschiedete sich vor dem Klassenraum und eilte davon, denn auch er musste pünktlich in seiner Schule sein. Ich betrat die Klasse und wurde zunächst ganz nach hinten auf die letzte Bank gesetzt, bis man entdeckte, dass ich etwas schwerhörig war. Das war wohl eine Folge meiner vielen Mittelohrentzündungen, die ganz barbarisch behandelt wurden, indem man heiße Wasserstoffperoxidlösung aus einem Gummiball in mein gemartertes Ohr presste. Ich musste einen Platz in der ersten Reihe einnehmen.

Und schon begann mein Martyrium. Das Mädchen, das kugelrund und freundlich neben mir saß, roch entsetzlich aus dem Mund. Da wir eine Lesefibel teilen mussten – ich hatte noch keine –, wurde mir regelmäßig davon übel. Nach ein paar vergeblichen Versuchen, dieses Leiden zu ertragen, raffte ich mich auf und bat Fräulein König, die Klassenlehrerin, mich auf einen anderen Platz zu setzen. Sie gab lächelnd meinem Wunsch nach, und ich durfte den Platz neben Ilse Achtziger verlassen, bei der mich nicht nur ihr Mundgeruch abstieß, sondern der ich darüber hinaus auch übel nahm, dass sie wie ich Ilse hieß. Nichtsdestoweniger ging ich mit ihr, Freundschaft heuchelnd, gemeinsam nach Hause, denn auch sie wohnte in der Wallstraße.

Mein Vater, der mich in den ersten Wochen noch ständig bis zur Kreuzung Danckelmannstraße begleitete – schließlich hatten wir fast den gleichen Schulweg – rief mich jeden Nachmittag zu sich, um mit mir zu üben. Ich sollte so schnell wie möglich lesen lernen. Alles ging gut bis auf die Seite neun in der Fibel. Da gab es den Diphtong »eu«, dargestellt durch eine Eule. Erst ein E, dann ein U und zusammen dann »Eu«. Ich stand neben dem großen, schwarzen Schreibtisch meines Vaters und bekam das E und das U nicht zusammen. E-u-le. Ich konnte machen, was ich wollte – nie wurde es eine Eule! Eine E-u-le, ja, das war es, was ich las. Der Vogel dieses

Namens war mir ja kein Begriff, ich hatte nie einen solchen gesehen. Schließlich verlor mein Vater die Geduld. Er verpasste mir eine Ohrfeige, und aus mir brach die *Eule* hervor – heulend und verzweifelt, aber ich hatte begriffen.

Schlimmes stand uns in Berlin bevor

Im November 1918 kam es zum Zusammenbruch der alten Ordnung. In den Hauptstädten der deutschen Länder kam es zu Aufruhr und Revolutionen. Die Throne stürzten, Arbeiter- und Soldatenräte übernahmen die Macht, bewaffnete Revolutionäre beherrschten die Straßen. An einem kalten, sonnigen Dezembermorgen begleitete ich meinen Vater zur Kaiserdamm-Apotheke, die seinem Freund Zillmann gehörte. Ich liebte diese mahagoniglänzende Luxus-Apotheke mit ihren herrlichen alten Gläsern und Steinguttöpfen. Immer gab es irgendein nettes kleines Geschenk von Herrn Zillmann.

Aber auf dem Rückweg hätte es uns an diesem Morgen beinahe erwischt: In der Schlossstraße, nur noch etwa hundert Meter bis zu unserer Wohnung, waren plötzlich Gewehrsalven zu hören. Mein Vater riss mich flach auf den Boden und presste meinen Kopf auf die Pflastersteine. Ich begriff nichts, nur dass ich unerklärliche Angst hatte. Noch heute kann ich die unregelmäßigen, eckigen Pflastersteine vor mir sehen, gegen die ich mein Gesicht drückte, während über uns die Gewehrkugeln hinwegpfiffen. Von der anderen Straßenseite, hoch oben vom Dach, hatten Spartakisten einfach in die Menschenmenge geschossen. Wir waren noch einmal davongekommen. Später sagte mein Vater, noch ganz bleich von dem Erlebnis, es wären einige seiner Primaner dabei gewesen …, er könne es nicht verstehen.

Tante Geest in Doordrecht

Auf den Jahren meiner ersten Schulzeit lag der Schatten der unsäglichen Verelendung, die in ganz Deutschland nach der Niederlage im Ersten Weltkrieg eintrat, als die Hungerblockade der Alliierten die deutsche Wirtschaft lähmte.

Zu essen gab es wenig und wenn, dann nur Kohlrüben und schlechtes Brot, Magermilch und faulige Kartoffeln. Das Frühstück für uns zwei schulpflichtige Kinder bestand aus einer bräunlichen Wassersuppe, »Morgentrank« genannt, die genauso ekelhaft schmeckte wie sie aussah. In der Schule, in die wir jetzt immer mit einem an den Ranzen gebundenen, scheppernden Blechtöpfchen gingen, gab es nach der zweiten Stunde die »Quäkerspeisung«, eine mildtätige Gabe aus Amerika, ein dickliches Milchgetränk, das auch nicht sehr gut schmeckte, aber wenigstens den Magen wärmte.

Später dann, als ich schon zehn Jahre alt war, wurden einzelne Kinder in der Schule ausgewählt, die für eine Weile nach Holland reisen durften. Einzelunterbringung war zugesagt, jedes Kind sollte in eine der eigenen ähnliche Familie kommen. Meinen Eltern wurde mitgeteilt, dass ich bei einer Studienrätin, Dr. Geest, untergebracht werden sollte. Sie beschrieben meiner Gastgeberin, wie ich aussah, damit sie mich auch erkennen konnte, wenn der Zug in Doordrecht ankam.

Nach einer etwa zwanzig Stunden langen Bahnfahrt, während der an die zwei Dutzend Berliner Kinder auf den harten Bänken wie Tote schliefen, erreichten wir am frühen Morgen Doordrecht, verstört und ängstlich.

Eine Dame mittleren Alters eilte auf mich zu und verkündete, sie sei »Tante Geest« und würde in den nächsten Wochen für mich sorgen. Für die Fahrt zu ihrer Wohnung nahmen wir ein Taxi. Vor einem schmucken Reihenhaus stiegen wir aus.

Frau Dr. Geest bewohnte das Haus zusammen mit ihrem alten Vater. Ich schlief in einem kleinen Zimmer im ersten Stock, und ich wunderte mich darüber, dass in diesem Land, anders als bei uns, niemand abends die Vorhänge zuzog. Man saß im Lampenschein am Esstisch, sah die abendlichen Spaziergänger draußen, diese blickten ungeniert herein – höchst ungewöhnlich für ein deutsches Kind.

Das Schönste nach der ersten Nacht war das fantastische Frühstück am runden Tisch: Es gab das weißeste Weißbrot, das man sich erträumen konnte, lecker und duftig. Dazu die holländischen »jams«, Butter fingerdick, goldgelbe Eier und süßen Kakao. Noch nie in meinem Leben hatte ich ein solches Frühstück bekommen!

Was fing nun eine holländische Studienrätin, die selbst niemals Mutter gewesen war, mit einem zehnjährigen deutschen Leihtöchterchen an? Natürlich, sie gab ihm Unterricht. Sehr schnell hatte sie begriffen, dass ich ein lernwütiges Kind war. Also bekam ich nicht nur Bilderbücher über Holland und die weite Welt zu sehen, sondern ich musste jeden Tag zwei Stunden die Sprache erlernen und eine schriftliche Aufgabe erledigen, die sie abends zensierte. Der Erfolg stellte sich rasch ein. Schon nach kurzer Zeit konnte ich selbstständig kleine Besorgungen in der Nachbarschaft erledigen, und es machte mir Spaß.

Immer wieder erzählte ich ihr und ihrem Vater von meinem Bruder Horst, und allmählich begriff sie wohl, dass ich nach ihm Sehnsucht hatte. Vielleicht erschien es ihr auch als ein Akt der Nächstenliebe, einem weiteren Kind aus dem besiegten Deutschland einen Aufenthalt in Holland zu ermöglichen. Es gelang.

Da in ihrem Kollegenkreis keine Familie zu finden war, die bereit gewesen wäre, Horst bei sich aufzunehmen, arrangierte ihre Freundin vom Komitee für Horst einen Aufenthalt bei einer der reichsten und angesehensten Familien Doordrechts. Die bewohnte das allerschönste Haus mit dem großartigsten Park in der Stadt – ein Haus mit spitzen Türmchen und Giebeln und urwaldähnlichen Rhododendronhecken ringsherum. In dieses prachtvolle Domizil, das ich schon oft bei Spaziergängen bewundert hatte, zog der dünne Horst nach sechs Wochen ein, liebevoll empfangen von Mijnheer van Vriesendorp und seiner Tochter Coralie.

Für uns begann eine herrliche Zeit. Ich war mehr bei Vriesendorps als bei Tante Geest, was diese aber nicht sonderlich störte, solange ich meine Aufgaben immer pünktlich erledigte. Sehr oft durfte ich auch am Sonntag bei Vriesendorps zu Mittag »speisen«. Das hochtrabende Wort ist angebracht, weil wir in einem großen, getäfelten Zimmer, geschmückt mit wunderschönen, alten Ölgemälden, an einer festlichen Tafel saßen und ein livrierter Diener uns das Essen servierte. Aber nicht nur das Ambiente war erlesen, sondern auch die Küche. Für uns arme, geplagte Berliner Kinder, die Inflation und karge Mahlzeiten gewöhnt waren, war es wie im Märchen.

Außerdem bekam ich ein Fahrrad und durfte hinter Herrn van Vriesendorp, der Horst vor sich auf dem Lenker hatte, durch die vielen von Grachten durchzogenen Felder radeln. Nie wieder habe ich so viele Radfahrer gesehen. Im Park spielten wir natürlich Indianer, und das führte manchmal zu Ärger, denn wir buddelten uns irgendwo unter den riesigen Rhododendronhecken eine Art Wigwam. Da gab es dann Schelte, denn diese prachtvollen Gewächse waren der Stolz des Hausherrn. Aber er zürnte uns nicht lange, dazu war er viel zu gutmütig.

Nur Oma versteht mich

Als wir nach einigen Wochen zum Zug nach Deutschland gebracht wurden, waren wir traurig. Aber selbst die schönsten Ferien gehen eben einmal zu Ende. In Berlin am Bahnhof Zoo stürzte ich meinen Eltern mit einem fröhlichen »Daag« in die Arme. Horst sagte natürlich »Guten Tag«. Er hatte kein Wort Holländisch gelernt, weil Vriesendorps mit ihm nur Deutsch gesprochen hatten.

Das singende »Daag« konnte ich mir lange nicht abgewöhnen, aber in meiner Schule wurde ich bald von Klasse zu Klasse herumgereicht, wenn dort im Erdkunde-Unterricht Holland behandelt wurde. Dann stand ich vorn am Katheder und sagte meine Gedichte auf.

Daar saaten seven Kikkertjes,
all in een Buurensloot,
se quekten niet, se quakten niet,
se waaren halef dood.

Der Vortrag rief stets brüllendes Gelächter in der Klasse hervor, und noch mehr Beifall gab es, wenn ich das folgende patriotische Gedicht aufsagte:

't is Oranje, 't bleeft Oranje,
't is Oranje boven,
en wie da geen Oranje heft,
deen stobben we in de ooven.

Es war dies eine Huldigung auf das »Haus Oranien« in Volkssprache. Zu Hause verstand aber nur meine Oma mein Holländisch, ist es doch dem deutschen Platt verwandt, wie sie es in der Stralsunder Jugend gesprochen hatte.

Noch ein Gedicht gab es, das ich in der Schule aufsagen musste, wann immer im Unterricht die Rede auf den Ersten Weltkrieg kam. Es hieß »U 9« und war ein balladenartiges Gedicht über das legendäre U-Boot des Kapitänleutnants Otto Weddigen, der ein Vetter zweiten Grades meines Vaters war. Der hatte in der Nordsee innerhalb weniger Minuten drei englische Kreuzer torpediert. Es gab gar fürchterliche Zeichnungen zu dem Gedicht in unserem Deutschbuch, aber trotzdem konnte ich mir das Geschehen nicht ganz vorstellen.

14 Billionen Schulgeld für einen Monat

Als die Inflation ihren Höhepunkt erreichte, wurde gerade in Großstädten wie Berlin das tägliche Leben immer schwieriger. Das Geld wurde jeden Tag weniger wert, die Gehälter auch der Beamten wurden täglich ausbezahlt; das hieß, sobald er die farbigen, dünnen Geldscheine nach Hause brachte, mussten wir alle sofort damit ausschwärmen, um ohne Verzögerung Brot, Mehl, Kartoffeln oder Gemüse zu kaufen, denn die Preise stiegen von Stunde zu Stunde.

Ich erinnere mich an die Zahlung meines letzten Schulgelds. Da hatte ich ein Bündel von neuen rosaroten Scheinen in der Hand. 14 Billionen waren es insgesamt. 14 rosa Scheine für einen Monat Unterricht. Dann war der Spuk vorüber. Von einem Tag auf den anderen waren alle Millionen und Billionen ungültig. Es gab neues Geld, die solide Rentenmark. Dieses beständige Geld hatten wir Dr. Hjalmar Schacht zu verdanken, der 1923 zum Reichsernährungskommissar ernannt wurde und mit der Einführung der Rentenmark wesentlich zur Lösung der deutschen Wirtschaftsprobleme in den frühen Zwanzigerjahren beitrug. Als ich ihn nach dem

Zweiten Weltkrieg kennen lernte und mit ihm darüber sprach, lachte er nur.

Trotz aller finanziellen Engpässe, die die Familie in diesen Jahren zu überstehen hatte, ist es meiner Mutter doch gelungen, uns immer besonders hübsch anzuziehen. Sie selbst, eine stets elegante Erscheinung, hatte ein fabelhaftes Talent, für mich Kleider zu entwerfen, die aus den billigsten »Coupons«, wie man die Stoffbahnen nannte, genäht wurden. Oma half dabei und schnitt die Stoffe nach »Ullstein«-Schnitten zu.

Weihnachten

An unsere Weihnachtsfeste erinnere ich mich gern. Da erstrahlte der vordere Teil der Wohnung vom Esszimmer her in festlichem Glanz. Die zwei Meter breite Glastür mit den Sprossen, die sonst immer fest verschlossen war, da man das Studierzimmer meines Vaters nur über die Diele durch die kleine Seitentür betreten durfte, wurde am Heiligen Abend weit geöffnet. Wir standen tief bewegt und ergriffen vor der weihnachtlichen Pracht, die sich da auftat: Der riesige Christbaum, der fast bis an die Zimmerdecke reichte, mit seinen vielen Kerzen und dem bunten Behang, der köstliche Duft von Tanne und Süßigkeiten, all das versetzte uns in Entzücken. Aber noch durften wir nicht hinein. Noch standen wir mucksmäuschenstill neben dem Klavier, an dem jetzt mein Vater Platz nahm und »Stille Nacht, Heilige Nacht« anstimmte. Hell und klar fiel Mutti ein, Oma, wir Kinder und auch Else, unser Hausmädchen, sangen im Chor. Dann kam noch »Oh du fröhliche, oh du selige Weihnachtszeit«, wovon selbstverständlich alle Strophen gesungen werden mussten. Schon längst hatten wir unsere Gabenecke entdeckt. Endlich! Jubel, Harmonie. Glückliche Kinder, glückliche

Eltern. Werners »Affi« trug neue Hosen, Horsts »Bärli« einen neuen Pullover, und Mutti hatte eine neue Brosche bekommen.

Inzwischen war auch Horst eingeschult worden. Er besuchte die Volksschule in der Windscheidstraße, hatte also nur einen kurzen Schulweg. Er war ein mittelmäßiger Schüler, mit dem mein Vater oft noch nachmittags arbeiten musste. Das bedrückte den schüchternen Horst ganz besonders. Aber auch ich half ihm, so gut ich konnte. Er war beliebt in seiner Klasse, und schon bald wurde ich mit ihm zusammen zu seinem besten Freund, Edgar Hess, eingeladen. Edgar war der Sohn eines wohlhabenden jüdischen Mode- und Schuhfabrikanten. Ein »Maybach« mit Chauffeur holte uns ab. Die Familie Hess wohnte in Dahlem in einer riesigen zweistöckigen Villa, in der ein glänzender Messing-Lift zum ersten Stock hinauffuhr. Dort durften wir, Horst und ich, Frau Hess Guten Tag sagen. Sie entließ uns mit den Worten: »Spielt und tobt, so viel ihr wollt.«

Jetzt tat es mir fast Leid, dass wir um des guten Eindrucks willen so festlich gekleidet waren: Horst im traditionellen Kieler Matrosenanzug und hohen Stiefelchen, ich in steif gestärktem Schweizer Batist mit Rüschenkragen und eifrig mit Schlämmkreide geputzten Leinenhalbschuhen, dazu trugen wir beide die obligaten weißen Wadenstrümpfe. Damit waren unserem Tatendrang bei der Erkundung des weitläufigen Gartens natürlich enge Grenzen gesetzt.

Märkische Heide, märkischer Sand

Irgendwann fand mein Vater, dass es an der Zeit sei, seinen Sprösslingen etwas von der Heimat zu zeigen. So brachen wir eines Tages mit voll gepackten Rucksäcken auf, um die

Schönheiten der märkischen Heide kennen zu lernen. Mit dem Zug ging es über Luckenwalde nach Jüterbog, wo eine Stadtbesichtigung angesagt war. Jüterbog hatte drei mächtige Tore, und über jedem dieser Tore hing eine eiserne Keule, daneben ein Spruch, in eine Bronzetafel gemeißelt:

Wer seinen Kindern gibt alles Brot
und leidet nachher selber Not,
den schlag' man mit dieser Keule tot!

Ein reicher Kaufmann hatte einst den letzten Rest seines Vermögens für diesen dreifachen Schmuck an den Stadttoren ausgegeben, nachdem er sich enttäuscht von seinen drei Söhnen abgewandt hatte. Er hatte sie sein Leben lang verwöhnt und daran geglaubt, dass sie im Alter für ihn sorgen würden, weil sie ihn ja um seiner Wohltaten willen lieben mussten.

Der Vers beeindruckte mich ungeheuer und rührte mich zutiefst, da ich meine Eltern liebte. Nie würde ich sie im Stich lassen!

Noch ganz unter dem Eindruck dieser bedrückenden Erkenntnis des alten Mannes wanderten wir durch eines der Tore hinaus in die Landschaft. Das Ziel war eine Jugendherberge, irgendwo 15 Kilometer weiter. Der Tag war heiß, der Weg staubig, Schatten gab es nirgends. Ich schleppte mich über die sandigen Wege. Durst, Hitze, wunde Füße in den Kneippsandalen, überall Sand, vom Himmel brannte erbarmungslos die Sonne, noch ein Hügel, überall Hügel …, nirgendwo ein Dach, das die Jugendherberge verhieß. Als wir endlich die Herberge erreichten, war ich zu schwach, um die Erbsensuppe auf dem offenen Feuer zuzubereiten. Dieses einfache Gericht wurde aus einer Erbswurst hergestellt, deren Inhalt man unter Zugabe von Wasser aus der Pumpe aufkochte. Ich verzichtete auf Erbsensuppe und ging ins Bett

– genauer gesagt: Ich kroch im allgemeinen Hüttenschlafsaal in den Schlafsack und schlief sofort ein.

Am nächsten Morgen zeigte sich, dass meine Füße blutig aufgeschunden waren, und damit war an eine weitere Teilnahme an der Erkundung der Mark Brandenburg nicht mehr zu denken. Wir fuhren mit dem Bummelzug zurück. Der Arzt strich Lebertransalbe auf meine Blasen und verband die Füße. Es dauerte viele Tage, bis sie endlich geheilt waren. Ich habe jedenfalls zeitlebens keine Sehnsucht mehr nach märkischer Heide und märkischem Sand verspürt. Vater wanderte von nun an ohne mich. Wenn ihn seine sonntäglichen Exkursionen aber ins Zentrum von Berlin führten, begleitete ich ihn gern. Am liebsten besuchte ich mit ihm das Pergamon-Museum. Die griechische Antike hatte es mir angetan. Wenn auch meine Brüder über all die Museumsbesuche an den Sonntagen maulten, geschadet haben sie keinem von uns.

In die Zeit der kulturbeflissenen Spaziergänge durch die Stadt fiel auch mein erstes Opernerlebnis. Meine Eltern hatten ein Abonnement für die damals noch »Städtische Oper«, heute »Deutsche Oper«. Als ich »Rigoletto« mit dem berühmten Jan Kiepura in der Rolle des Herzogs sehen durfte, war meine Opernpassion geweckt. Von nun an liebte ich die Oper.

Am Meer – am Meer

Von den Ferien wäre noch zu berichten. Damals waren noch keine weiten Auslandsreisen üblich. Wenn es in die Ferien ging, war das Ziel die nahe gelegene Ostsee. Doch wie schwierig war es damals, auch nur bis zum Bahnhof zu kommen, besonders im unruhigen Jahr 1923. Auf den Straßen fanden Umzüge mit roten Fahnen statt, Streiks lähmten das öffentliche Leben, Schlangen von Arbeitslosen standen vor den Sozialämtern, ein heißer Sommer – und wir, die Familie Rehtmeyer, wollten nach Henkenhagen an der Ostsee. Keine U- oder S-Bahn ging, keine Straßenbahn. Mein Vater rannte morgens um sieben Uhr los, um irgendein Vehikel aufzutreiben, das uns mit unseren unbeschreiblichen Mengen an Gepäck zum Stettiner Bahnhof bringen könnte. Wir heulten alle um die Wette: Unsere schönen Ferien an der Ostsee schienen bereits an der Anreise zu scheitern! Vom Balkon aus starrten wir wie gebannt auf die leere, sonnenhelle Straße. Da, mit einem Mal trottete um die Ecke eine müde Mähre vor einem alten Plattenwagen, der scheppernd hin und her pendelte. Auf dem Bock ein alter Kutscher, dahinter auf dem ungesicherten Holzboden mein Vater, der sich geduckt an der Lehne des Kutschbocks festhielt. Das war die »Kutsche«, die uns zum Stettiner Bahnhof bringen sollte. Alles wurde aufgeladen: Mutter, Kinder, Oma, die großen Bettsäcke mit den Plumeaus und die Koffer. Dann ging es los über die lange Tiergartenchaussee. Das arme Pferd schaffte es kaum, die Fuhre in Bewegung zu halten. Ähnliche Gefährte begegneten uns, aber kein Auto, keine Straßenbahn. Dafür immer wieder marschierende Trupps mit roten Fahnen.

Schließlich kamen wir am Bahnhof an. Ein Gewimmel von Menschen, ein kolossales Durcheinander empfing uns. Von überall her schepperten die Lautsprecherdurchsagen, auch auf den Schienen herrschte Chaos. Aber wir schafften es, wir fanden unseren Zug und ein Abteil, in dem wir mit unserem Gepäck unterkamen. Langsam setzte sich der Zug in Bewegung, und langsam blieb seine Fahrt. So kamen wir an diesem Tag mit großer Verspätung nur bis Stargard. Zu allem Überfluss quetschte ich mir beim Aussteigen auch noch zwei Finger in der Abteiltür ein. Im Stargarder Hotel, in dem wir nun notgedrungen übernachten mussten, ließen meine besorgten

Eltern einen Arzt holen, der meine verletzte Hand versorgte – und mir für die nächsten vier Wochen das Baden verbot.

In Henkenhagen war ich die Erste, die sich ins Wasser stürzte, als der Wundschmerz etwas nachließ. Das Meer, das Meer! Nie wieder habe ich es so geliebt wie damals, als ich eigentlich Badeverbot hatte.

In unserer Ferienwohnung dicht hinter dem Kieferngehölz bereitete Oma uns das Frühstück. Gleich danach brachen wir auf zum Strand, und es gab nichts Schöneres, als die Wände unserer Strandburg täglich neu zu glätten, mit Muscheln zu bestücken und uns im Wasser zu tummeln. Immer dabei war die Oma, die ihr »dreiblättriges Kleeblatt« in seinen dunkelblau-weiß gestreiften Badeanzügen nicht aus den Augen ließ. Oma konnte zwar nicht schwimmen, aber sie war keineswegs wasserscheu und wagte sich weit ins Meer hinaus.

Mutti, sehr elegant im schwarzen, fast knielangen Badeanzug mit weiß gepaspelten Rüschen, hielt sich lieber im Strandkorb auf. Sie trug einen rosa Gummihut mit einem großen, hellgrauen Schmetterling über der Stirn. Wenn sie am Strand entlangpromenierte, legte sie sich zusätzlich ein korallenrosa Frottee-Cape um die Schultern, das am unteren Rand mit hellgrauen spitzen Dreiecken besetzt war. Ihre Badeschuhe waren schwarz und mit Kreuzbändern um die schmalen Fesseln gebunden. Sie sah wundervoll aus – aber ins Wasser setzte sie keinen Fuß.

Vater langweilten diese Badeurlaube, und so verreisten wir später getrennt. Mutti fuhr mit Oma und uns an die Ostsee, Vater entdeckte seine Vorliebe für die Berge. Er wanderte, wie sein Bundesbruder Hermann Löns, »durch die Felder, durch die Auen«. Heines »Harzreise« hätte *er* schreiben können. Genau wie Heine genoss er den Ilsenstein, den Hexensprung und die stillen alten Orte. Er durchwanderte nicht nur den Harz, sondern auch den Thüringer Wald und die Voralpen. Nach Griechenland und Italien freilich kam er nie, obwohl er ein so begeisterter Altphilologe war und sogar Altgriechisch sprach. Er kannte an den klassischen Stätten in Griechenland und in Italien, besonders in Rom, jeden Stein, jede Säule, ohne jemals dort gewesen zu sein. Traurig! Immer hat er gespart, immer hat er das Geld zusammengehalten. In seinen späteren Jahren, als er sich ein wenig Luxus hätte leisten können, hat er weiter gespart. Nach seinem Tod hinterließ er jedem von uns ein Depot AEG-Aktien. Mir wäre es lieber gewesen, er hätte sich dafür eine Hellas-Reise gegönnt.

An Feriennachmittagen bekamen wir ab und zu den Auftrag, beim Fischer geräucherte Flundern zu holen. Ganz selten, weil er zu teuer war, gab es auch geräucherten Aal. Wir taten dies mit Begeisterung, obwohl man in einer langen Schlange vor dem Verkaufsstand anstehen musste – aber das waren Berliner Kinder in Zeiten der Inflation ohnehin gewohnt. Wie es dort duftete! Die lange Reihe der anstehenden Badegäste schob sich an den Katen der Fischer vorbei, an roten Backsteinhäuschen, mit Reet gedeckt, so niedrig, dass man fast das Dach berühren konnte. Immer näher kam man dem köstlichen Duft. Schließlich waren wir an der Reihe, und die dicke Fischersfrau wickelte uns die Köstlichkeiten in Zeitungspapier. Wir stürmten nach Hause, vorbei an am Weg blühenden Strandhaferbüscheln, deren gelbe Blüten schon des Morgens einen herrlichen Geruch ausströmten, den ich zeitlebens mit »Ostsee« verband.

Dann wurde der runde Tisch auf der Veranda gedeckt, und das Schlemmermahl konnte beginnen. Zum Räucherfisch gab es frisches Brot und einen Becher Milch.

Die Veranda, die auf das Kiefernwäldchen hinaus ging, war auch gleichzeitig mein Schlafzimmer. Ich schlief auf einer Art

Chaiselongue aus Peddigrohr, nicht sehr bequem, aber allein und endlich einmal ohne die lästigen Scherze der beiden Brüder. Wenn ich aufwachte, schaute ich in die von der Morgensonne hellrosa beleuchteten Kiefernkronen, und ich hörte das Meer rauschen.

Es waren herrliche Ferien, die herrliche Erinnerungen hinterließen! Später verbrachten wir den Sommer auch in Stolpmünde, auf Rügen und in Lubmin.

Ferientraum Bismarck

Der bescheidene Wohlstand der »goldenen« Zwanziger währte nur wenige Jahre. Dann geriet Deutschland in eine neue Wirtschaftskrise, ausgelöst durch den »Schwarzen Freitag« an der New Yorker Börse vom Oktober 1929. Die meisten Bürger mussten den Gürtel enger schnallen, und wer in den Ferien verreisen wollte, musste bei Freunden und Verwandten anfragen, ob man vielleicht als »gern gesehener Gast« bei ihnen unterkommen könnte.

Für uns geschah ein Wunder: Unsere über alles geliebte Tante Lotte, die trotz aller Enttäuschungen ihres Lebens immer lustig und humorvoll geblieben war, verheiratete sich wieder. Sie wurde die Ehefrau eines diplomierten Landwirts und zog mit ihrem Söhnchen Hansi nach Bismarck, trotz des stolzen Namens nur ein winziges Kaff. Immerhin war der große Kanzler hier in der Nähe geboren worden. Bismarck wurde der Traum unserer Ferien.

Tante Lotte als »Gutsherrin« war einmalig. Großzügig, wie sie war, lud sie sofort die Kinder ihrer Schwester ein, alle Ferien, von den Oster-, den Großen bis zu den Herbstferien, bei ihr auf dem Land zu verbringen. Manchmal waren wir zweimal im Sommer in Bismarck.

Das so genannte Gut war 200 Morgen groß. Am Sonntag pflegte Onkel Reinhold die beiden Pferde auf dem Gutshof, Hans und Liese, vor den wunderschönen schwarzroten Landauer zu spannen und uns durch den Ort zu kutschieren. Wie die Hufe auf den groben Pflastersteinen klapperten! Alle schauten uns nach, wie wir so hübsch festlich gekleidet im Fond neben Tante Lotte saßen. Manchmal fuhren wir zur Kirche, manchmal einfach nur über Land. Die hohen Lindenalleen, die sandigen Fahrwege, die den Hufen der Pferde gut taten und die alte Kutsche weich in ihren Federn schwingen ließen, das malerische Spiel von Licht und Schatten der lieblichen Altmarklandschaft – das alles werde ich nie vergessen.

Auf solchen Fahrten benahmen wir uns wie wohlerzogene Kinder. Doch an den normalen Tagen – welch ein Unterschied!

Auf der großen Koppel gab es einen Karpfenteich, ein schmales Oval, umstanden von Kopfweiden. Fachmännisch visierten wir eine Weide an, die in starker Neigung über den Teich wuchs. In ihren knorrigen Stamm schlugen wir Krampen, so weit voneinander entfernt, dass möglichst kein Verfolger unser Versteck erklimmen konnte. Oben in der dreigeteilten Krone des alten Baumes, errichteten wir drei Sitze. Diese wurden mit Heu ausgepolstert, um bequem sitzen und auf »Feinde« lauern zu können. Die nötigen Werkzeuge hatten wir geklaut.

Oder wir gingen auf »Büffeljagd«, dann waren wir Winnetou und Genossen. Mein Bruder Werner stürmte über die Koppel hinter der Kuhherde her, ich feuerte ihn an, und er schleuderte wie ein echter Indianer den Tomahawk – die geklaute Axt – auf das arme Milchvieh. Aufgeschreckt durch das aufgeregte Getrappel seiner Kuhherde, die mit schlingernden Eutern über die große Koppel raste, hatte Onkel

Reinhold vom Hof aus das Spektakel beobachtet. Er geriet in Wut und prügelte Werner windelweich. Der verzog sich jammernd auf seinen Weidensitz – und dabei fiel er senkrecht wie ein Stein in den Karpfenteich. Ich sah erschrocken zu, wie er versank, und rannte hinterher, doch da tauchte er schon aus dem trüben Karpfenteich auf: Rabenschwarz, von Schlamm bedeckt, watete er an Land. Nun wurde er natürlich bemitleidet, und das nutzte er weidlich aus. Zum Trost gab es Eierkuchen mit Blaubeeren. Denn Tante Lotte liebte ihn heiß, auch noch in späteren Jahren.

Auf dem Gut Bismarck wurde einmal im Jahr groß geschlachtet und eingeweckt. Um von den Köstlichkeiten, die dabei entstanden, möglichst viel abzubekommen, heckten wir einen Plan aus.

Die Vorratskammer befand sich in einem Anbau des bildhübschen weißen Gutshauses. Dieser war architektonisch nicht gerade schön, aber nützlich. Vor dem Haus stand rechter Hand ein riesiger Faulbeerbaum, der so duftete, wie er hieß. In diesen übel stinkenden Baum kletterten wir ganz hoch hinauf, dann hatten wir vor unseren Augen die schmalen Luftluken der Vorratskammer. Da konnte nur ein ganz Dünner hindurch: Werner. Der, braun gebrannt und behände wie ein Indianerjunge, wagte den Sprung zur nächstgelegenen senkrechten Öffnung. Wie ein Klammeraffe hing er eine Weile, die kleinen Hände in den Backstein verkrallt, dann quetschte er sich wie ein Aal hindurch. Hansi und ich flüsterten noch schnell: »Nur Karbonade!«

Nach einer Weile, in der wir vor Angst zitterten, kam er zurück und reichte die ersten Dosen tollkühn über den Abgrund an mich weiter und flüsterte: »Noch mehr?«

»Nein«, raunte ich , »ich glaube, es kommt jemand.«

Wie die Affen kletterten wir hinunter, rannten, so schnell wir konnten, zu den Trümmern der ehemaligen Ziegelei, die unser »Bunker« war. Dort, verborgen im Schutt, machten wir uns über die Dosen her. Karbonade war einfach himmlisch!

Bismarck war ein Kinderparadies – allerdings nicht immer. Denn es gab dort Gewitter, die sogar die Erwachsenen das Fürchten lehrten.

Das Gutshaus lag etwas erhöht auf einem sanften Hügel, und es gab keine anderen Blitzableiter als die beiden Starkstrommasten bei der Scheune und auf der Koppel. Immer, wenn das Gewitter direkt über uns stand, schlug der Blitz in diese nahen Strommasten ein. Eines Mittags, wir saßen gerade beim Essen, brach ein besonders schweres Unwetter los. Es krachte ganz fürchterlich. Wir erstarrten und ließen Messer und Gabel fallen, als ein heller Blitz aus der nächsten Steckdose im Salon senkrecht in den Parkettboden fuhr. Oma stand auf, faltete die Hände und sagte tonlos: »Den Schläfer lass schlafen, den Fresser schlag tot!«

Im gleichen Moment begann Tante Lotte das Vaterunser zu beten, und ich rannte in Panik durch die Veranda in den Garten, um Schutz in dem kleinen Glaspavillon zu finden. Oma riss mich zurück. »Du bleibst hier! Draußen ist die Hölle los!«

Im letzten Jahr unserer heiß geliebten Ferien in Bismarck beschloss ich das Reiten zu erlernen. Die beiden Pferde, Hans und Liese, lammfromm angeblich, wurden nicht nur vor den altmodischen, hübschen Landauer gespannt, sondern ab und zu auch von Onkel Reinhold geritten.

Eines Tages saß ich im Sattel auf Liese, und Onkel Reinhold ließ mich an der Longe im Kreis traben. Er war ein guter Lehrmeister, selbst ein blendender Reiter, dem man auch ein Klassepferd gegönnt hätte. Bewundernd schauten Hansi und Werner zu mir hinauf, wenn ich an ihnen vorbeikam.

Dann durfte ich an der Seite von Onkel Reinhold ausreiten. Natürlich hatte ich keinen Reitdress an, und Jeans gab es damals noch nicht. Ich saß im kurzen, karierten Baumwollkittel mit nackten Beinen auf Liese, in den Steigbügeln Sandalen. Es sah ganz unprofessionell aus, machte aber trotzdem unbändigen Spaß. Wir ritten Seite an Seite die sandigen Feldwege entlang. Alles ging glatt, natürlich erst einmal nur im Trab. Dann kamen wir am Ende der einen Koppel an eine kleine Feldscheune.

Hier ließ Onkel Reinhold mich anhalten. »Ein bisschen ausruhen«, meinte er und deutete auf die Rampe, die etwa in gleicher Höhe mit meinem Sattel war. Ich hielt Liese an, stieg hinüber und saß mit baumelnden Beinen auf der Rampe in der Sonne, während Liese graste. Onkel Reinhold schwang sich neben mich. In der Ferne schimmerte das weiße Gutshaus, die Sonne glühte vom blauen Himmel, es war eine heiß flimmernde Sommerstimmung, die den Onkel wohl verwirrt haben musste. Denn ich fühlte mit einem Mal seine Hand auf meinem nackten Knie.

Erschrocken sah ich auf und erkannte in seinen Augen einen merkwürdig flackernden Ausdruck. Ich spürte Gefahr. So schnell ich konnte, war ich von der Rampe herunter, griff Liese am Zügel und schwang mich auf ihren Rücken. Onkel Reinhold folgte mir in einigem Abstand. Von diesem Tag an lehnte ich es ab, mit ihm auszureiten.

Aber ich wollte doch so gerne reiten! So bat ich an einem der nächsten Tage den Knecht, mir Liese zu satteln. Tante Lotte warnte. »Du kannst doch nicht allein reiten.«

»Doch«, beharrte ich, »ich kann es schon. Es passiert nichts.«

Ich verließ den Hof im sanften Trab. Hans wieherte hinter uns her, und die ganze Familie stand am Gartentor und schaute mir nach. Ich war unheimlich stolz.

Gemütlich ging es den langen Fahrweg auf weichem Sand hinunter bis fast an die Grenze des kleinen Ortes. Ich kraulte Liese hinter den Ohren und drehte um. Da legte sie die Ohren an, streckte den Hals und preschte los, in furiosem Galopp, den ich überhaupt noch nie geübt hatte. Trotz meiner furchtbaren Angst saß ich wie eine Eins im Sattel. Liese war nicht mehr zu bremsen und ich konnte plötzlich Galopp.

Aber es wurde dramatisch. Vor dem Gartentor stand die gesamte Familie und versuchte mit wilden Bewegungen Liese anzuhalten. Ich preschte durch den Familienclan direkt auf das Hoftor zu, das für den Abend bereits geschlossen war. Vom Stall her wieherte Hans, und Liese sauste mit mir auf dem Rücken durch das kleine noch geöffnete Nebentörchen, quer über den Hof geradewegs auf die Stalltür zu, dass die Funken unter ihren Hufen nur so stoben. Im letzten Moment realisierte ich, dass der Türbalken niedriger als meine Kopfhöhe war, und krallte mich in Lieses Mähne. Dann waren wir unter dem bedrohlich tiefen Querbalken hindurch. Hans wieherte fröhlich in seiner Box, und ich fiel halb tot dem Knecht in die Arme. Das war mein letzter Ritt in Bismarck. Erst Jahre später versuchte ich es mit dem Reiten noch einmal, aber dazu war ich wohl nicht geboren.

Ferien, dieses schönste Wort im kindlichen Sprachschatz – für uns drei Geschwister verband sich damit Bismarck. Bismarck war die vollkommene Freiheit. Doch ich habe es nach meinem Reitabenteuer nicht wiedergesehen. Das Gut wurde in diesem Jahr noch verkauft, die Familie Lagemann übersiedelte nach Berlin. Ein Teil meiner Kindheit war zu Ende.

Auch in diese Gegend, nach Greifswald, reisten wir nur noch einmal. Der Anlass war das fünfzigjährige Stiftungsfest der Studentenverbindung »Cimbria«, der mein Vater angehörte. Dieses Mal wohnten wir in einer gemieteten kleinen Wohnung in Wyck, einem Fischerdörfchen gegenüber von Eldena. Das strohgedeckte, rote Backsteinhäuschen war urgemütlich, aber die Wege zum Hafen sandig und für meine

Mutter und mich mit unseren hohen, dünnen Absätzen jedes Mal eine besondere Strapaze. Wir mussten ja festlich gekleidet zur Dampferanlegestelle gehen, um nach Greifswald zu fahren. Meine Brüder waren manchmal gerade dann verschwunden, wenn Vater zum Aufbruch mahnte. Die nahe Ostsee mit den vielfältigen Möglichkeiten, Abenteuer zu bestehen, war zu verlockend. So kamen sie gelegentlich nicht mit, weil sie einfach nicht zu finden waren – und ich war herzlich froh darüber! Aber an jenem heißen Julitag, an dem der große Frühschoppen der Cimbria angesagt war, hatte man sie doch beizeiten einfangen können. Die Familie versammelte sich vollzählig mit all den anderen Bundesbrüdern und Gästen im Garten des Cimbernhauses am Wall. Ein festliches Bild, die Herren mit den traditionellen rosa Mützen der Burschenschaft, die Damen sommerlich schick gekleidet. Meine Mutter war natürlich am elegantesten – wie immer! »Paris«, flüsterte man. Das war sogar richtig, aber eben nicht ganz. In Wahrheit handelte es sich um eines der schönen Kleider aus zweiter Hand, die sie bei ihrer jüdischen Freundin Liane Hagedorn gekauft hatte.

Der Erstchargierte, ein gut aussehender, dunkelhaariger junger Jurist, Heinrich von Düren, sprach die Begrüßungsworte. Danach kam die große Rede des »Alten Herrn«, Dr. Heinrich Sahm, der zu dieser Zeit als Senatspräsident von Danzig »regierte«, das nach dem Ersten Weltkrieg von Deutschland abgetrennt und zur »Freien Stadt« erklärt worden war. Dann gab es einige Hochs und es wurden ein paar »Salamander gerieben«. Ich stand mitten unter ein paar »Füchsen« und unterhielt mich blendend. Aber von Zeit zu Zeit hatte ich ein Auge auf meine »schrecklichen Brüder«. Ich hatte versprochen, sie unter Kontrolle zu halten. Schließlich war ich fast siebzehn und somit erwachsen. Was entdeckte ich tatsächlich alsbald? Zwei Rücken im Dunkelbau-Weiß der

Kieler Matrosenanzüge unter der rosa Phloxhecke! Was taten sie da? Sie sammelten Schnecken und ließen sie auf den blank geputzten Scheiben der Glastüren kriechen. Ich kannte dieses »Spiel« und hatte mich Jahre zuvor als Kind sogar an den »Wettrennen« der Schnecken beteiligt. Jetzt aber sah ich es mit Entsetzen! Von der Wand im großen Saal blickte streng der Heideschriftsteller Hermann Löns aus dem großen Ölbild herab, das prominenteste Mitglied der Cimbern! Aber was tat die Schnecke da auf seinem Gesicht? Ich rannte hinein und riss meinen kleinen Bruder zurück. Hermann Löns, der ja »Was da kreucht und fleucht« geschrieben hatte, sah missmutig auf das langsam kreuchende Tier. Zum Glück wurde in diesem Augenblick zum Aufbruch geblasen. Der Erstchargierte verbeugte sich vor mir und reichte mir seinen Arm. Ich war erlöst und glücklich, so davonzukommen, und schenkte ihm mein schönstes Lächeln. Zwei Knaben in Kieler Tracht hielten der aufbrechenden Prozession das eiserne Pförtchen auf. »Sie haben sehr wohlerzogene Brüder, gnädiges Fräulein!«, versuchte Heinrich von Düren ein Kompliment. Aber ich hätte den Bürschchen am liebsten rechts und links eine heruntergehauen! Wir zogen hinaus in die Lange Straße, und es schien, als liege ganz Greifswald in den Fenstern, um dem Umzug zuzuschauen. In langer Parade zogen wir zum Markt. Ich, am Arm des sympathischen jungen Mannes, der das Cerevis, die schirmlose Mütze der Corpsmitglieder, keck schräg in die Stirn gerückt hatte, trug ein seegrünes Kleid mit weißen Applikationen. Munter schritt ich dahin, immer bemüht, mit meinen hohen, spitzen Absätzen nicht in den Fugen des dicken Kopfsteinpflasters hängen zu bleiben. Bald war der Marktplatz erreicht. Dort standen vor dem besten Gasthof der Stadt im Freien festlich gedeckte, lange Reihen schmaler Tische. »Cimbria sei's Panier!« war auf den vielen moosgrün-silber-rosa Fähnchen zu lesen. Die

Kapelle spielte flotte »Alte Burschenherrlichkeits«-Lieder. Als Couleur-Dame des Erstchargierten saß ich am Kopfende der Tafel. Bei aller Euphorie war ich unruhig! Was mich bewegte, war diesmal aber nicht die Sorge um meine schlimmen Brüder, sondern die Erinnerung an die feurigen Blicke zweier junger Männer, die mich während des langen Marsches über die Lange Straße vom Bürgersteig her intensiv gemustert hatten. Sie sahen skandinavisch aus, und sie waren mit ihren gut geschnittenen, hellgrauen Flanellanzügen und den etwas zu langen, wehenden blonden Haaren äußerlich der absolute Gegensatz zu meinen Begleitern. Am Abend gab es einen großen Ball in der Stadthalle, zu dem auch andere befreundete Verbindungen eingeladen waren. Die beiden Skandinavier schlichen sich ein, und es gelang ihnen, von meiner Mutter – ganz gegen jeden »Comment« – die Erlaubnis zum Tanz mit mir zu erlangen. So lernte ich Ivar Lissner kennen, mit dem mich später eine lebenslange Freundschaft verband.

Unsre Fahne flattert uns voran

In den Jahren, in denen ich das Gymnasium besuchte, also einen ganz neuen Bekanntenkreis fand, begannen meine Brüder ebenfalls sich zu verändern. Die Anziehungskraft des aufstrebenden Nationalsozialismus verfehlte auch auf sie nicht ihre Wirkung. Während ich mit meinen vielfach jüdischen Freundinnen ins Theater ging, Tucholsky las und Thomas Mann verehrte, folgten meine Brüder dem Appell des Liedes »Unsre Fahne flattert uns voran«. Wir entfernten uns gedanklich voneinander. Gelegentlich verfasste mein Bruder Horst noch Gedichte in der Art Rainer Maria Rilkes, begeisterte sich aber immer mehr für Baldur von Schirach.

Mein Vater hatte durch den Tod seiner Mutter eine beträchtliche Geldsumme geerbt. Er verkündete, dass für jedes von uns drei Kindern 5000 Reichsmark auf Sparkonten lägen, damit wir nach bestandenem Abitur studieren könnten. Ich, die Tochter, könne das Geld aber auch für eine Aussteuer verwenden, falls ich lieber heiraten wollte.

Vorläufig ging ich aber noch mit Begeisterung in meine neue Schule, das Fürstin-Bismarck-Realgymnasium. Ich war in die Untertertia gekommen und begann mit Latein. Drei Jahre Französisch hatte ich schon hinter mir. Unser Lateinlehrer war ein sympathischer und trotz seines komischen Namens – er hieß Linpinsel – sehr respektierter Mann.

»Sie sieht so verträumt glücklich aus«, soll er über mich gesagt haben. Manchmal träumte ich wirklich, allerdings nur ein bisschen, vor mich hin mit dem Blick auf die weißen Wolken und den hohen blauen Himmel.

Meine Freundinnen begannen zu tuscheln. »Der ist in dich verliebt«, sagten sie.

Ich fand das spannend. Gewiss ist, dass Dr. Linpinsel, der meist schräg auf meiner Tischplatte zu sitzen pflegte, sehr dazu beitrug, dass ich Latein einfach großartig fand. Ich lernte es schnell, ja es wurde sogar zu meinem Lieblingsfach, und schließlich schrieb ich – auf einer anderen Schule – im Abitur eine Eins in Latein.

Dass ich auf einer anderen Schule als meinem heiß geliebten Fürstin-Bismarck-Realgymnasium das Abitur machen musste, ist eine traurige Geschichte. Dieses Realgymnasium wurde von vielen jüdischen Schülerinnen besucht. Sie kamen aus wohlhabenden Familien in der Nähe des Kurfürstendamms. Mit Ruth Seeliger, Lonny Strohmberg und Betty Lochner, der Tochter des damaligen Direktors der Associated Press in Berlin, und Britta von Raumer, der Tochter des früheren Wirtschaftsministers, befreundete ich mich.

Den morgendlichen Weg zur Schule legte ich im Sommer per Rad zurück. Im Winter 1929, der mit minus 29 Grad in Berlin der kälteste seit Menschengedenken war, musste ich diesen Weg zu Fuß gehen. Manchmal weinte ich vor Kälte. Trotzdem ging ich gern zur Schule.

Für meine Brüder hingegen, die die Werner-von-Siemens-Oberrealschule besuchten, in der mein Vater unterrichtete, war das tägliche Pensum ein hartes Muss. Sie lernten ungern. Keiner von beiden schaffte es, trotz zwischendurch erfolgter Umschulung, weiter als bis zur Obersekunda vorzudringen. Sie hatten andere Interessen: Sie waren Mitglieder bei den Pfadfindern, träumten von Geländespielen, und als die nationalsozialistischen Jugendbünde aufkamen, waren sie sofort dabei. Kein Wunder, dass sie mit der Machtübernahme Fähnleinführer in der HJ wurden. Eine Weile noch gab es »weltanschauliche Diskussionen«, später nur eine Wand von Schweigen.

Meine politische Einstellung wurde als Siebzehnjährige von dem jungen Jurastudenten Ivar Lissner geprägt. Dieser empfand Abscheu gegen die stehend auf Lastwagen fahrenden, Parolen brüllenden, braun gewandeten SA-Leute. Dieser zog mich eines Tages beiseite und sagte: »Grässlich, always marching, immer das Geschrei ›Deutschland erwache‹. Man muss dieses Land bald verlassen.«

Ich stellte mich der Befragung durch die Carl-Duisberg-Stiftung und erhielt die Zusage, für ein Jahr als Austauschstudentin in die USA gehen zu dürfen, sobald ich das Abitur gemacht hätte. Ivar freute sich darüber, denn er hatte das arrangiert. Doch mein Vater erlaubte es nicht. Ich war tief enttäuscht von ihm.

Vaters sonniges Herbstglück

In diesen Jahren hingen schwere Wolken über unserem häuslichen Glück. Meine Eltern verstanden sich nicht mehr. Die Familienmitglieder verkrochen sich. Eine beängstigende Stille lag über allen Zusammenkünften. Es war die Ruhe vor dem Sturm – und der Sturm kam.

Nach der offenbar so gelungenen Reise zum 50. Stiftungsfest der Verbindung meines Vaters erkrankte meine Mutter an Typhus. Sie wurde im Schlafzimmer der Eltern isoliert, eine Pflegerin vom Gesundheitsamt kam täglich, darüber hinaus war Oma die Einzige, die Mutter half, die schreckliche Krankheit mit Haarausfall, Erbrechen und Durchfall durchzustehen. Wir drei Kinder waren wie gelähmt vor Entsetzen, besonders an jenem denkwürdigen Tag, als Mutti plötzlich wie ein Gespenst im weißen, flatternden Nachtgewand, fast ohne Haare, aus dem Schlafzimmer stürzte und laut weinend klagte, sie könne sich nur noch umbringen. Sofort flehten wir sie an, das nicht zu tun. Was war geschehen? Sie hatte einen Brief an ihren Mann gefunden von einer fremden Frau, in dem diese sich über seine Zeilen freute und ein Treffen im Harz vorschlug, um dem »sonnigen Herbstglück«, das sie per Inserat gesucht hatte, auf den Puls zu fühlen. Nun konnte es nur noch eine Scheidung geben. Mein einst so liebevoller und fürsorglicher Vater war völlig verwandelt. Er nahm mich aus der Schule und meinte, ich solle mir einen Beruf suchen, er sei zu keinerlei finanziellen Aufwendungen mehr bereit.

Doch ich wollte weder die Schule verlassen noch mich von meinen besten Freundinnen trennen. Ich wollte Französisch und Spanisch studieren. Ivar bekräftigte mich in dieser Absicht, aber auch ihn durfte ich nicht mehr sehen. Ich flehte darum, wieder auf mein Gymnasium gehen zu dürfen, aber Vater brüllte nur »Judenschule«! Ich war bis ins Mark getroffen und total verzweifelt. Warum »Judenschule«? Meine Freundinnen waren doch meine Freundinnen.

Ich biss bei meinem Vater in dieser Hinsicht auf Granit. Eines Abends, als der Vollmond ein langes rechteckiges Kreuz auf den Boden meines Zimmers malte, dachte ich, es sei wohl besser, ich würde mich an diesem Kreuz erhängen.

Mein Vater befahl mir, zum Arbeitsamt zu gehen, um mir eine Lehrstelle zu besorgen. Wie eine Verurteilte schlich ich die heiße Wallstraße entlang. Weltuntergang!

Doch die sehr freundliche Sozialbeauftragte brachte eine vorläufige Rettung. Sie warf einen kurzen Blick auf mein letztes Zeugnis und erklärte kategorisch: »Was wollen Sie hier? Gehen Sie wieder zur Schule und machen Sie Ihr Abitur. Nehmen Sie nicht anderen, schlechteren Schülern eine vielleicht noch offene Lehrstelle weg.«

Vater war ratlos. Doch da erschien wie ein rettender Engel Vaters Bundesbruder, Direktor Paul Junghans vom Büxenstein-Konzern. Diesem gelang es, meinen völlig verstörten Vater zu beruhigen und das Familiendrama zu beenden. Scheidung? Kommt überhaupt nicht infrage! Nach achtzehnjähriger Ehe! Meine Mutter hatte sich auch gesundheitlich wieder erholt, die Eltern versöhnten sich und blieben schließlich lebenslang verheiratet.

Paul Junghans sorgte dafür, dass Horst in seinem Büxenstein-Konzern eine Lehrstelle als Drucker erhielt. Das war in einer Zeit des wirtschaftlichen Niedergangs in Deutschland wie ein Wunder. Er sorgte auch dafür, dass Werner bei Bamag in die Lehre kam.

Dann geschah ein weiteres Wunder: Die Stadtverwaltung bot meinem Vater eine große Sieben-Zimmer-Wohnung in der Bismarckstraße an, mit Veranda und Garten. Ich bekam ein kleines, aber entzückendes Zimmer und konnte in die großen Linden hineinträumen, die vor meinem Fenster standen. Und meine Mutter hatte endlich, was sie eine »herrschaftliche« Wohnung nannte. Sieben Zimmer in einem villenähnlichen Haus an einer Prachtstraße.

Paul Junghans hatte die Familie gerettet. Er hatte meinem Vater ganz einfach verboten, mich eineinhalb Jahre vor dem Abitur aus der Schule zu nehmen. Vater war zwar hochrot angelaufen, hatte aber nachgegeben. »Aber nur in einer anderen Schule«, war seine einzige Bedingung.

So wurde ich wieder eingeschult, zu meinem Groll und meiner Enttäuschung in meine alte Königin-Luise-Schule, die gerade eine Oberstufe aufbaute. Nichts stimmte mehr mit meinem Programm. Ich hatte schon sieben Jahre Französisch, sechs Jahre Latein und zwei Jahre Spanisch, bisher aber kein Wort Englisch gelernt.

Ich kam in eine Klasse, die von einem rüden Fanatiker geleitet wurde. Schon der allererste Tag in meiner neuen Schule verlief verhängnisvoll. Ich hatte mich, als ich die Klasse betrat, umgesehen. Von feindseligen Blicken aufmerksam betrachtet, setzte ich mich verlegen in die allerletzte Reihe, wo ein Platz frei war, und harrte der Dinge, die da kommen sollten. Alle saßen ruhig auf ihren Plätzen. Mit einem Mal wurde die Tür ruckartig aufgerissen. Ein sportlicher, gut aussehender Mann betrat im Sturmschritt das Podium, auf dem der Katheder stand. Es war Dr. Jüthe. Alle Schülerinnen, 26 an der Zahl, sprangen auf, als sie den Fausthieb auf die Türklinke hörten, und standen wie Soldaten stramm, die

Köpfe nach rechts. Es fehlte nur noch, dass er gerufen hätte: »Rührt euch!«

Wir setzten uns. Seine Blicke schweiften über die Klasse. Dann entdeckte er mich. »Hallo, du da!«

Darauf reagierte ich nicht.

»Die Neue da hinten, sach ma, wat tuste denn da? Markierste etwa mecklenburgische Wappenbilder?«

Ich hatte beide Arme aufgestützt und meinen Kopf in die verschlungenen Hände gelegt.

»Die Neue da, aufstehn!«

Ich merkte, dass ich nun nicht länger Widerstand leisten konnte, stand sehr, sehr langsam auf, indem ich mich gegen die Tischkante stützte. »Herr Dr. Jüthe, wenn Sie *mich* meinen, bitte ich Sie, mich zu siezen. Ich bin es nicht gewohnt, geduzt zu werden.«

Tatsächlich hatte man uns im Fürstin-Bismarck-Gymnasium bereits von der Obersekunda an mit »Fräulein« und Nachnamen angeredet.

Er lachte hell auf und sah mich böse an. »Kannste haben, wen ick nich' leiden kann, den sieze ick. Vorkommen!«

Ich verstand überhaupt nichts mehr. Meinte der wirklich mich? Wahrscheinlich doch. Also ging ich langsamen Schrittes zum Katheder vor, wo bereits mein Abgangszeugnis vom Gymnasium lag. Er las es durch, herauf und herunter.

»Versteh ick nich', wieso kommste zu uns, wenn hier nüscht stimmt? So schlecht warste ja jar nich.«

Ich musste mir das gefallen lassen.

»Na«, sagte er triumphierend, »hier seh ick ja was Feines: Chemie 'ne 4.«

Ich nickte. Chemie war nie mein Lieblingsfach gewesen. Er musterte mich von oben bis unten, und seine Blicke streiften meinen kleinen Busen, der sich unter dem roten Pullover leicht abzeichnete. »Warst wohl besser in Ars amandi, wat?«

»Nur nicht in Tränen ausbrechen«, dachte ich. Du kannst jetzt nur noch diese Klasse verlassen, dies ist keine Schule für dich. Doch dann durchfuhr mich der Schreck: Ich würde nie Abitur machen, denn mein Vater würde mich nicht noch einmal in einer anderen Schule anmelden. Ich gab auf. Ich sah diesen Tyrannen gefasst an und sagte: »Ja, die Chemie liegt mir nicht.«

»Von nun ab sitzte hier vorne in der ersten Bank, ick will gleich richtig begrüßt werden, wenn ick rinkomme.«

Ich nahm meine Aktentasche und setzte mich folgsam auf einen leeren Platz in der ersten Reihe gleich an der Tür.

Von da an war ich das Opfer seiner morgendlichen Glanzauftritte. Der einzige Trost, der mir in diesem entsetzlichen letzten Jahr meiner Schulzeit blieb, war, dass ich zwei meiner früheren Mitschülerinnen auf dem Gymnasium wieder traf. Sie waren durch Zufall gezwungen worden, ebenfalls in diese Schule zu gehen.

Marion von der Porten und Susi Steintal wurden meine besten Freundinnen. Beide waren Jüdinnen und in den Augen von Dr. Jüthe nichtarische »Rassenfeinde«. Wenn sie vor dem Religionsunterricht die Klasse verließen, waren sie für ihn Dissidentinnen. Er fand das witzig. Ich hatte es darauf angelegt, alle meine Aktivitäten auf passiven Widerstand zu beschränken, und so wurde es besonders ungemütlich, als der Direktor der Schule mich kommen ließ und sagte, mein Abitur sei infrage gestellt. Es waren dann wirklich nur meine Freundinnen, die meine Stimmung hochhielten.

Die Überraschung kam beim Abitur, als ich in den meisten Fächern eine Note besser schrieb, als es die Lehrer mir zugebilligt hatten.

Daraufhin ließen sie mich in fast allen Fächern Nachprüfungen machen, sogar in Religion – immer allein an einem kleinen Tischchen, umgeben von Lehrern aus dem Provinzial-Schulkollegium. Aber in Latein hatte ich als Einzige von vierzig Schülerinnen eine Eins.

Nach dem bestandenen Abitur zog ich in bester Laune mit Marion von der Porten über den Kaiserdamm. Wir diskutierten noch einmal das Thema, das ihr Vater, Dr. Max von der Porten, Generaldirektor der Vereinigten Aluminium Werke, mit meinem Vater besprechen wollte. Marion sollte in Genf Kunstgeschichte studieren. Und ihr Vater hatte mir ganz dezidiert gesagt: »Ilse, aus Deutschland muss man jetzt verschwinden. Hier wird es fürchterlich. Ich werde mit deinem Vater sprechen, damit auch du wie Marion in Genf studieren kannst.«

Ich hatte immer ein Studium auf dem Romanischen Seminar mit Französisch und Spanisch im Sinn gehabt. Ich war voller Hoffnung, aber auch voller Zweifel, die sich als berechtigt erwiesen: Vater war zwar mit dem Studium einverstanden, aber nicht mit Genf. Er wollte auf keinen Fall die Großzügigkeit des Dr. von der Porten in Anspruch nehmen, der ihm eine Art Beihilfe für mein Studium zugesagt hatte. Nein, nicht von einem Juden!

Eines Tages fuhr ich mit Bus und U-Bahn zur Uni Unter den Linden, um mir die Immatrikulationspapiere zu besorgen. Und die nächste Enttäuschung wartete auf mich. Das Romanische Seminar hatte einen Numerus clausus in Französisch und Spanisch eingeführt. Als ich das zu Hause berichtete, das dicke Vorlesungsverzeichnis unter dem Arm, sagte Vater: »Dann studierst du eben Philologie!«

Nein, dachte ich, das nicht. Ein Pauker in der Familie reicht!

Ich hieß nun Ilse Riefenstahl

(1933–1939)

Kein Studium – was nun?

Ich war völlig verzweifelt. All diese belastenden Ereignisse, die Krankheit meiner Mutter, die Absicht meines Vaters, sich scheiden zu lassen, mein letztes, trauriges Oberprima-Jahr in der ungeliebten Schule, schließlich die Trennung von meiner besten Freundin Marion, hatten mich so verstört, dass ich einen Nervenzusammenbruch erlitt. Ein Arzt verschrieb mir eine Kur im schlesischen Bad Salzbrunn.

Mein Vater war einverstanden. Mit bescheidenen Mitteln ausgestattet fuhr ich in das weit entlegene Schlesien. Meinen todschicken aufklappbaren Schrankkoffer schulterte ein kräftiger Dienstmann und so machte ich mich auf den Weg zu der empfohlenen, billigen Adresse in dem kleinen gepflegten Bad – sehr hübsch, ganz nahe am Kurpark.

Ich mietete ein Parterrezimmer mit winzigem Gartensitzplatz und Vollpension. Die Erholung konnte beginnen.

Am nächsten Tag ging ich ins Kurhaus, buchte dort ein paar Solebäder, dann schloss ich mit allen Büschen, Blumen und Bäumen im Kurpark Freundschaft und stand schließlich staunend vor dem eleganten Grandhotel »Schlesischer Hof«. »Jeden Nachmittag Five-o'clock-tea«, verkündete eine Tafel. Ich zweifelte an meiner eigenen Courage. Erst drei Tage später, als eine sanfte Tango-Melodie durch das Portal nach außen drang, wagte ich mich in das vornehme Gebäude. Ich trat in das große Rund der Hotelhalle und setzte mich im

Schatten einer Säule in einen der hübschen Korbsessel an ein kleines Tischchen. Zu schön! Ganz und gar große Welt! Nur nicht so elegant wie in Berlin, wo ich ja schon des Öfteren mit meiner Mutter zum Tanztee ins Eden-Hotel gegangen war.

Schon stand ein Tänzer vor mir. Ich legte ihm meine Hand auf die Schulter, und beflügelt von der neuesten Tango-Melodie, schwebten der Jüngling und ich über das Parkett. Als er mich zum Tisch zurückführte, fragte er mit Blick auf den zweiten leeren Sessel: »Gnädiges Fräulein erwarten sicherlich die Frau Mama?«

»Nein«, schüttelte ich den Kopf, »ich bin allein hier.«

Sein freundliches Lächeln erlosch so jäh wie die Flamme einer Kerze, die ein kalter Windstoß getroffen hat. Er verbeugte sich mit leerem Gesicht und zog sich an sein Tischchen zurück.

Aha, dachte ich, verstanden, ein Gigolo! Er muss ja Geld fürs Tanzen bekommen, und mir fehlt die Frau Mama, die ihn am Ende bezahlt. Ich tanzte nicht mehr.

Doch Bad Salzbrunn hatte noch ein anderes Erlebnis der besonderen Art für mich in petto. Eines Tages fragte mich ein Bekannter, ob ich mit ihm und seinen besten Freunden zu einer politischen Veranstaltung mitkommen wolle. Adolf Hitler würde am kommenden Mittwoch im nahe gelegenen Waldenburg reden. Natürlich sagte ich zu. Alle wussten, dass er Deutschlands Führer werden wollte. Es würde interessant sein, ihn reden zu hören.

Der Saal war brechend voll. Wir saßen in der ersten Reihe. Die Rede des mittelgroßen, braun gekleideten Mannes mit dem schwarzen Bärtchen auf der Oberlippe war reine Demagogie. Er hetzte, bis er heiser war. Die dunkle Strähne seines Haares klebte nass auf seiner Stirn, sein braunes Hemd war schweißdurchtränkt. Er hatte einen unvergesslichen, aber keinen guten Eindruck bei mir hinterlassen!

Zurück in Berlin meldete ich mich auf der Reimann-Schule an, einer großartigen Zeichenschule für Mode. Nach einem halben Jahr zeigten sich meine Grenzen: Aktzeichnen sehr gut, Modezeichnen mäßig. Damit konnte ich kein Geld verdienen. Also Handelsschule!

Ich meldete mich bei Rackow zu Schnellkursen in Schreibmaschine und Stenografie an. Das Leben sah wieder grau aus. Wenigstens einen Lichtblick gab es: Mit einer Freundin und deren Tante als Anstandsdame reiste ich für zwei Wochen zum Skilaufen nach Arosa in die Schweiz. Eine meiner ersten Ideen war, ins Kulm-Hotel zum Five-o'clock-tea zu gehen. Auf der Stelle verliebte sich ein Engländer in mich. Er hieß Edgar Granville, war Member of Parliament und Sekretär von Lloyd George, dem einstigen britischen Premierminister. Jeden Tag schickte er mir gegen 18 Uhr einen Pferdeschlitten um mich zum Dinner ins Kulm-Hotel abholen zu lassen.

»Was wird aus diesem Hitler?«, wollten er und sein Freund von mir wissen.

Ich winkte lächelnd ab. »Nichts. Er hat seine Chance verpasst«, sagte ich.

Die beiden Briten sahen mich zweifelnd an. Schon am nächsten Tag wurde ich eines Besseren belehrt. Während wir Tee tranken, kam eine Lautsprecherdurchsage: Hitler war Reichskanzler geworden. Es war der 30. Januar 1933, der unselige Tag der »Machtergreifung«.

Nach einigen Tagen reisten wir mit dem Zug ab. Edgar winkte. »Come to London, soon!«

Noch oft musste ich an diese Worte denken.

Im hässlichen, staubigen Unterrichtsraum der Rackow-Handelsschule lernte ich tippen. Gelangweilt schob mir ein gut aussehender Mitschüler seine misslungenen Tippversuche zu. Meine Blicke streiften ab und zu sein blondes, gelocktes Haar, und ich wunderte mich über seine sonnengebräunte Haut. Ein reicher Nichtstuer sicherlich! Als der Kursus sich dem Ende näherte, sprach er mich an: »Hätten Sie Lust, im Kaffee Kranzler eine Tasse Kaffee mit mir zu trinken?«

Ich nickte. Wir zogen die Tauentzienstraße entlang, und ich sah mit Genugtuung, dass manche Blicke uns bewundernd streiften.

In der Spiegelung der Schaufenster musterte ich das junge Paar. Er war sehr groß – 1,87 m, wie ich später erfuhr – ich wirkte schmal und zierlich mit meinen 1,68 m. Bei »Kranzler« fanden wir einen hübschen Tisch. Der junge Mann erzählte mir, dass er gerade aus Indien zurückgekommen sei, wo er für den neuen Palast des Maharadschas von Indore eine Klimaanlage installiert hatte. Das war in jener Zeit eine höchst interessante und komplizierte Aufgabe, denn es war ein ganz neuer Geschäftszweig im Heizungsbau. Im Palast sollten sämtliche Räume europäisches Klima haben. Der von mir zunächst als schöner Nichtstuer und reicher Erbe eingestufte Heinz Riefenstahl, so stellte er sich vor, war also ein Ingenieur und Juniorchef einer bekannten Heizungsfirma, die sich auf »airconditioning« spezialisiert hatte. Allein seine Berichte über Indien, das Erlebnis von Fatehpur Sikri, den Ruinen und Palästen der alten Königsstadt, all dies war für mich faszinierend.

»Sind Sie mit der Filmschauspielerin Leni Riefenstahl verwandt?«, fragte ich neugierig.

»Ja, sie ist meine Schwester. Gerade wird ihr Film »Das blaue Licht« gespielt. Kennen Sie ihn?«

Natürlich hatte ich ihn gesehen, aber so beeindruckend wie ihre früheren Filme »SOS Eisberg« oder »Die weiße Hölle vom Piz Palü« fand ich ihn nicht. Für mich war das zigeunerhafte Bauernmädchen, das im Dorf als halb verrückt galt, weil sie in Vollmondnächten mit nackten Füßen im Dolomitengestein herumkletterte, einfach zu sehr »Blut und Boden«

– »BluBo«, ein Begriff der Nazis, den wir übernommen hatten, wenn uns etwas zu erdverbunden, zu simpel erschien. Ich wich aus.

»Eine große filmische Regieleistung«, sagte ich betont sachlich. »Ihre Schwester hat ja sowohl Regie geführt als auch die Hauptrolle gespielt. Eine tolle Leistung!« So, das reichte wohl. Er sollte mir lieber mehr von Indien erzählen. Die Schwester interessierte mich eigentlich nicht. Als er mich um ein Wiedersehen bat, willigte ich mit klopfendem Herzen ein. Er war mein Apoll . Warum aber, zum Teufel, wollte er unbedingt Schreibmaschine schreiben lernen?

Seine Antwort war vage, als wir uns wiedersahen. »Ach, wissen Sie, die wirtschaftliche Situation ist ja nicht gerade rosig, und wir mussten die Firma stark verkleinern. Wäre da nicht der indische Auftrag gekommen, so hätte es wohl wie bei vielen anderen in der Branche einen Konkurs gegeben. Wie es nun weitergehen soll, ist noch unklar. Meine Schwester will eventuell einen Film im Jemen drehen, im Wadi Hadramaut. Wenn sie das Projekt realisiert, begleite ich sie mit einer Reiseschreibmaschine für eine Reportage. Deshalb also Rackow!« Er lächelte. »Kommt ja dabei nicht so drauf an, wie ich tippe. Und nun gehen wir erst mal einen Cocktail im Eden trinken. Aber lassen Sie uns bitte Englisch reden. Macht mir mehr Spaß, und Sie können es ja auch!«

Als wir das Foyer des Hotels betraten, sprachen wir Englisch. Ihm zuliebe spielte ich die Ausländerin.

Es wurde eine hübsche, kleine Liebesgeschichte, in der ich beinahe zu schnell unterlag. Als wir uns eines späten Nachmittags in seinem Appartement, das abgetrennt von Büro und Wohnung seiner Eltern an der Regensburger Straße lag, sehr verliebt küssten, flüsterte er mir ein paar zunächst unverständliche Worte ins Ohr.

Dann erstarrte ich. Was ich hörte, war unglaublich und

grausam: »Ich bin verlobt, ich muss es dir sagen. Ich werde Rosemarie heiraten, wenn sie aus den USA zurück ist. Sie trifft dort nur ihren Freund, Dr. Spanner, um ihm korrekterweise mitzuteilen, dass sie mich heiraten wird! Aber bis dahin …« Wieder versuchte er mich an sich zu ziehen.

Ich wurde zum Eisblock. »Nicht mit mir«, flüsterte ich, mit Tränen in der Stimme, »das nicht!« In mir erwachte die beleidigte Berlinerin, die nie um ein treffendes Wort verlegen ist. »Ich bin doch kein Pausenpony!«

Dann sprang ich auf, riss Mantel und Tasche an mich und verließ fluchtartig die Wohnung. Zu Hause heulte ich mich aus. Ich war reingefallen, hatte verloren gegen ein Flittchen – denn das war sie, das musste sie sein, wenn sie meinen Apoll heiraten würde.

Erst später erfuhr ich, dass eine verrückte Geschichte dahinter steckte: Kaum zurück mit Heinz aus Indien, hatte Eckart Muthesius, der Architekt des Palastes und sein Freund, die glanzvolle Idee, einmal ins »Resi« zu gehen, das berühmt für seine kunterbunten Lichteffekte und seine Tischtelefone war. Jeder Gast konnte dort jeden anderen anrufen. So entstanden auf die Schnelle mehr oder weniger kurze Abenteuer. Die beiden Indienfahrer setzten sich, und schon läutete das Telefon. »Den großen Blonden bitte!« Eine schmeichelnde Stimme. Heinz sah hinüber zur Nummer, die sie angegeben hatte. Das war genau sein Typ. Groß, blond, schick, Rosemarie, Schuhverkäuferin bei Bally. Ausgehalten wurde sie von Dr. Spanner, einem in Fachkreisen hoch geschätzten Elektro-Manager, der die fabelhafte neue Neon-Beleuchtung in der Heerstraße eingerichtet hatte. Ganz Berlin sah sich das an. Und Rosemarie war seine Freundin. Nur heiraten wollte er sie nicht. So verlobte sie sich also mit Heinz und reiste dann mit der »Bremen« ab nach New York, um mit der Riefenstahl-Verlobung Druck auf Spanner auszuüben.

Heinz telegrafierte auf die »Bremen«, er schickte riesige Blumensträuße, aber er verlor das Spiel. Rosemarie ereichte ihr Ziel und wurde Frau Dr. Spanner. Heinz war verzweifelt und litt.

Drei Monate lang hörte ich nichts mehr von meinem Apoll. Aber dass seine Schwester nicht das Wadi Hadramaut im Jemen filmte, sondern für Adolf Hitler den Film »Sieg des Glaubens« über den Reichsparteitag der NSDAP in Nürnberg drehte, das stand in allen Zeitungen.

Erst im Dezember rief mich überraschend Heinz' bester Freund, Gerd Mundt, an und fragte mich vorsichtig, ob ich Heinz nicht doch noch einmal wiedersehen wollte.

»Der ist doch verlobt! Was soll das? Nie und nimmer!« Ich hätte fast aufgelegt.

»Hören Sie bitte einmal zu! Nur ein paar Minuten. Er ist furchtbar verletzt worden, er ist traurig, er leidet. Bitte überlegen Sie gut. Sie könnten ihm helfen, darüber hinwegzukommen.«

»Ich, in der Samariterrolle?« Fast hätte ich die Zumutung, den leidenden Schönen aufzuheitern, ärgerlich abgewehrt. Aber da war noch die Glut unter der Asche. Ich sagte zu, mit Heinz ins Theater zu gehen.

Als ich ihn wiedersah, war ich über sein Aussehen erschüttert. Sein Gesicht erschien mir schmal und blass, die Augen rot gerändert. Entweder er weint oder er trinkt, dachte ich. Der Theaterabend verlief harmonisch, wir sahen uns wieder und wieder und wurden bald ein Liebespaar. Mit seinem Wanderer-Cabriolet fuhren wir durch halb Deutschland. Es war hochromantisch! Aber nicht nur. Überall wurde ich in kleinen Gasthöfen abgesetzt, und er verschwand mit seinem Wanderer in irgendeiner Waldstraße. Erst allmählich kam ich dahinter, was das zu bedeuten hatte. In ganz Deutschland entstanden versteckte Flugplätze, an deren Bau die Firma

Riefenstahl beteiligt war. Natürlich hatte Leni mit ihrem direkten Kontakt zu Hitler die Türen zu den Staatsbehörden aufgestoßen. Die Firma begann zu florieren.

Bin ich für Leni nur eine Requisite?

Eines Nachmittags nahm mich Heinz zu seiner Schwester mit. Sie wohnte am Schöneberger Stadtpark. Eine Haushälterin öffnete. »Frau Riefenstahl ist in ihrem Ankleidezimmer, aber Sie möchten doch bitte gleich dort hineinkommen.«

Die berühmte Schwester probierte gerade Badeanzüge, die ihr ein Luxusgeschäft zur Auswahl geschickt hatte. Sie gab ihrem Bruder einen Kuss, mir reichte sie eine kühle, wohlgeformte Hand. Genauso hatte ich sie mir vorgestellt nach ihrer Rolle im »Blauen Licht«, eine dunkle Schönheit mit kastanienrotem Haar, einer fabelhaften Figur und glitzerndem Silberblick. Temperamentvoll und dominierend, mit scharfer Zunge und ebenso scharfem Profil.

Sie musterte mich. »Sie sehen Olivia de Haviland ähnlich. Vielleicht kann ich Sie mal in einem meiner Filme verwenden«, meinte sie beiläufig, während sie zwei ausgemusterte Badeanzüge in einen Karton warf.

War ich für sie nur eine Filmrequisite? Es ging etwas von ihr aus, das mich zur Vorsicht mahnte. Heinz zuliebe hätte ich sie gern ins Herz geschlossen. In ihrer Nähe war er ein anderer. Wie ich später immer wieder erleben musste, unterwarf er sich vollkommen der vier Jahre älteren Schwester. Wie weit ihrer beider Zuneigung ging, ahnte ich nicht. Jedenfalls war es eine extreme Geschwisterverbindung. Dass seine Schwester dabei die Stärkere blieb, war unverkennbar. Ob seine Schwierigkeiten mit allen Frauen, die er traf, davon herrührten, dass seine Schwester eine Schlüsselrolle in seinem

Leben spielte? Er blieb ihr gehorsamer Paladin, was auch immer geschah.

Aus ihrem Ankleideschrank zog sie eine goldblonde Perücke mit zwei langen Zöpfen, unter der sie lachend ihre rotbraune Mähne versteckte. »Steht mir doch gut, nicht wahr?« Sie kicherte hell und meinte dann: »Ich wäre viel lieber blond! Wie du, Heinz!« Sie streichelte seinen Kopf.

Ich fand das Ganze albern. Wir gingen bald. In der frischen Luft des Stadtparks atmete ich tief durch. Nein, wir würden nie Freundinnen werden.

Dass Goebbels, der kleinwüchsige Propagandaminister mit dem Klumpfuß, bei ihr ein und aus ging, hatte sie mir selbst erzählt und dass er stets Hering nach Hausfrauenart mit Pellkartoffeln begehrte. Aber wie hatte sie ihn kennen gelernt? Und kannte sie auch Hitler?

Heinz erzählte auf dem Nachhauseweg bereitwillig. Bei der Premiere des Films »Das blaue Licht«, der ihr ureigenstes Werk war, war sie unter tosendem Beifall vor den Vorhang getreten. Da hatte sie einen plötzlichen Schwächeanfall. Um nicht zu stürzen, hatte sie mit der rechten Hand in den roten Samt gegriffen.

Das Publikum hatte die Geste als einen angedeuteten Hitlergruß verstanden, und der Applaus war noch intensiver geworden. Im Parkett hatte auch Goebbels gesessen. »Die Frau müssen wir kennen lernen«, hatte er zu Hitler gesagt. Wenig später hatte Goebbels ihr einen Besuch abgestattet. Leni war im Aufbruch zu einem Skiurlaub gewesen. Als Geschenk hatte er ihr Hitlers »Mein Kampf« mit persönlicher Widmung mitgebracht. Sie hatte es gelesen und war begeistert. Nach ihrer Rückkehr aus dem Urlaub lernte sie Hitler kennen.

Und weil auch Hitler inzwischen von ihrem Film »Das blaue Licht« hingerissen war, sagte er kategorisch: »Wenn ich eines Tages an die Macht komme, dann machen Sie meine Filme!«

1933 kam Hitler an die Macht, und Leni drehte auf dem Parteitag 1933 ihren ersten Parteifilm, »Sieg des Glaubens«, und 1934 den zweiten, »Triumph des Willens«.

Auch Heinz und ich waren 1934 in Nürnberg. Wir wohnten im Fembohaus, einem alten Nürnberger Patrizierbau, und fanden es hochromantisch, trotz des »Sieg-Heil«-Geschreis in den engen Nürnberger Gassen. Vor den Massenaufmärschen auf dem Marsfeld drückten wir uns.

Noch immer waren wir verliebt wie am ersten Tag, und als wir wieder einmal ein ganz besonders romantisches Wochenende im »Eisenhut« in Rothenburg ob der Tauber verbrachten, wagte Heinz die Frage: »Was hältst du davon, wenn wir uns zu Weihnachten verloben?«

»Viel«, hauchte ich und küsste ihn.

Mein Hund Peggy, den mir Heinz zum Geburtstag geschenkt hatte, zupfte an meiner Daunendecke. Das hieß so viel wie: »Mich habt ihr wohl ganz und gar vergessen.« Wir mussten Gassi gehen. Dann tobte die kleine, weiße Foxterrier-Hündin so vergnügt durch die raschelnden roten Blätter am Tauberufer, dass auch die anderen Spaziergänger ihren Spaß daran hatten. Wir drei waren glücklich, und zu Weihnachten 1934 verlobten wir uns.

1934 zogen dunkle Wolken auf. Im Juni kam es zum »Röhm-Putsch«: Hitler, von den Massen bejubelt, hatte in einer Nacht- und Nebelaktion seinen engsten Freund und dessen Gefolgsleute verhaften lassen. Ich wurde aufgeschreckt, als nach Mitternacht mein Bruder Horst völlig verstört vor der Tür stand und mir berichtete, dass auch er verhaftet, dann aber mit einem seiner Freunde entlassen worden sei. Warum, wisse er nicht. Sie hätten keine Verschwörung gegen Hitler geplant.

Ich ahnte etwas. Mich hatte am Abend überraschend Sturmbannführer Karl Wolff, der spätere General der Waffen-SS und oberste Polizeiführer in Norditalien, angerufen. Ihn hatte ich durch einen jungen Jura-Studenten kennen gelernt, und später wurden er, Heinz und ich gute Freunde. Diese Freundschaft sollte uns später noch sehr nützlich sein.

»Wölffchen«, wie wir ihn nannten, hatte mich am Abend des 30. Juni angerufen und gefragt, zu welcher SA-Einheit mein Bruder Horst gehörte.

Ich sagte ihm: »SA-Führer Gruppe Ernst«.

Wolff hatte sich für die Störung entschuldigt und schnell aufgelegt. Offenbar hatte er sofort Horsts Entlassung aus dem Gefängnis am Alex angeordnet, weil er wusste, dass es zu Erschießungen kommen würde.

Obwohl das Regime mit dieser umfangreichen Ermordungsaktion sein wahres Gesicht gezeigt hatte, ebbte die öffentliche Erregung über den Röhm-Putsch und seine blutigen Folgen bald ab.

Das »heilige Recht der Notwehr«

Als wir von unserem Skiurlaub aus Corvara zurückkehrten, wo wir ganz unbekümmert bereits als Herr und Frau Riefenstahl logiert hatten, wussten wir, dass sich zwischen uns alles positiv entwickelt hatte. Ein so enges Zusammenleben in einem Zimmer über einen längeren Zeitraum hatten wir ja noch nie erlebt. Alles war wundervoll, und den Hochzeitstermin sehnten wir herbei. Traurig winkte ich Heinz nach, als er mich wieder in der Bismarckstraße abgesetzt hatte. Bald würde es anders sein. Enttäuscht wachte ich am nächsten Morgen auf. Etwas einsilbig erschien ich zum Frühstück mit Mutti und Oma.

»Gut siehst du aus, so braun gebrannt.« Mutti schob mir die Zeitung zu.

»Na ja«, brummte ich, »ihr habt mich nur noch ein halbes Jahr!« Verdrossen warf ich einen Blick auf den »Tagesspiegel« und erschrak fürchterlich. *Zwei junge, adelige Damen wegen Hochverrats geköpft!* So lautete die Schlagzeile. Ich las den sehr knappen Bericht. Die Namen Falkenhayn und Natzmer waren mir sehr bekannt.

»Ich muss sofort den ›Völkischen Beobachter‹ kaufen!«, stammelte ich. » Hier steht mir zu wenig drin.«

Meine Mutter sah mir verstört nach, als ich aus dem Zimmer stürzte, um an der Ecke Leibnizstraße die offizielle Zeitung der NSDAP zu kaufen. Und im »VB«, wie er genannt wurde, stand dann alles ausführlich. Benita von Falkenhayn, Irene von Jena und Renate von Natzmer, alle drei im Reichswehrministerium beschäftigt, hatten dem polnischen Rittmeister Sosnowski Geheimdokumente, sog. GKDOS, verschafft, insbesondere den »A-Plan«, wie der Aufmarschplan gegen Polen und Frankreich intern genannt wurde.

»Das heilige Recht der Notwehr« nannte der Volksgerichtshof das Urteil vom 16. Februar 1935, das zwei der beiden jungen Frauen zum Tode, die dritte, Irene von Jena, und den polnischen Rittmeister zu lebenslangem Zuchthaus verdammte. Der »Führer«, hieß es, habe von seinem Begnadigungsrecht keinen Gebrauch gemacht. Benita von Falkenhayn und Renate von Natzmer seien bereits hingerichtet, geköpft worden!

Mir lief es kalt über den Rücken. Geköpft! Das »heilige Recht der Notwehr«! Die Worte rasten in meinem Kopf. Wieder und wieder versuchte ich mir die Gesichter der Frauen in Erinnerung zu rufen.

Jerzy Sosnowski war ein illegaler Resident des polnischen Militärgeheimdienstes in Berlin gewesen und hatte nicht gemerkt, dass er längst von der militärischen Abwehr beschattet wurde. Jedes Essen, ob bei Horcher, Kempinski oder Adlon, wurde notiert. Auch dass Benita von Falkenhayn, Sosnowskis Geliebte, von ihm ein Reitpferd bekommen hatte, das sie sich von ihrem Sekretärinnengehalt nie hätte leisten können.

Ich lehnte mich auf meiner Couch zurück. Ich fühlte, wie ich unter meiner Bräune blass geworden war.

»Was hast du denn, Ilse?«, fragte meine Mutter.

Ich reichte ihr den VB. »Lies das! Es könnte sein, dass ich sie gekannt habe. Sie waren ja gerade etwas über zwanzig.«

»Aber es war doch Hochverrat, Kind!«

»Ja, schon möglich. Und mir wäre das auch sicher nie passiert. Aber sie waren schöne, junge Frauen, Mutti.« Ich sinnierte und zündete mir eine Zigarette an.

»Aber du bist verlobt und heiratest demnächst«, entgegnete meine Mutter ungeduldig und griff nervös nach ihrer Kaffeetasse.

»Ja«, antwortete ich langsam und gedankenvoll. »Das ist es ja gerade! Ich heirate Heinz, den Mann, den ich liebe. Aber seine Schwester ist Leni Riefenstahl, des Führers Lieblingskind, wie sie genannt wird. Durch sie komme ich ihm zu nahe, verstehst du?«

»Dir kann doch überhaupt nichts geschehen, du hast Heinz an deiner Seite.« Meine Mutter spielte alles herunter.

Ich schüttelte den Kopf. »Heinz ist völlig in Ordnung«, sagte ich. »Er ist ein ganz unpolitischer Mensch, er ist international orientiert, schon allein durch seine Zeit in Indien. Er hasst Uniformen und liebt alle schönen Dinge. Er ist ein Ästhet. Er passt gut zu mir. Aber seine Schwester … Heinz und sie stehen sich sehr nahe. Mich aber mag sie nicht. Leni hat zu vielen Parteigrößen eine enge Beziehung.« Ich schloss die Augen.

»Was hast du nur?«, murmelte meine Mutter und stand auf. »Geh ein wenig an die frische Luft!«

Das tat ich. Ich musste allein sein. Ich musste nachdenken. Noch war es Zeit. Dr. Max von der Porten fiel mir ein, der Vater meiner besten Freundin Marion. Hatte er mir nicht nach unserem Abitur geraten, mit Marion in der Schweiz zu studieren?

»Ilse, hier muss man beizeiten weg. Hier wird es fürchterlich!«

Er hatte Recht gehabt. Hier war es bereits fürchterlich. Ich wollte den Bruder von Leni Riefenstahl heiraten und hatte plötzlich Angst davor.

Filmpremiere mit Leni

Berlin erlebte einen wirtschaftlichen Aufschwung, der die trügerische Freiheit verhieß, das Leben genießen zu können. Im Frühjahr 1935 lernte ich Adolf Hitler kennen. Der Anlass war die Premiere des Films »Triumph des Willens« über den Reichsparteitag 1934. Schon als wir die Gedächtniskirche umrundeten, sahen wir, welches Ereignis uns bevorstand: Der Ufa-Palast erstrahlte im Glanz unzähliger Scheinwerfer, mit riesigen Hakenkreuzfahnen dekoriert, die goldene Bänder unterteilten. Tag und Nacht hatte Leni an dem Film gearbeitet. Menschenmassen säumten die Anfahrt, die hermetisch abgesperrt war. Doch für uns war es kein Problem, hineinzugelangen. Wir mussten nur mit den Ehrenkarten winken und konnten unser Cabriolet auf einem reservierten Parkplatz abstellen. Wir stiegen aus, ein junges Paar in Smoking und Abendkleid, und gingen schnell durch die dichten Reihen der Neugierigen, die hinter den Absperrungsseilen die Passage zum Filmtheater umdrängten. Im ersten Rang wurden wir in die der Ehrenloge benachbarte Box geleitet. Dann kam Leni, wunderschön anzusehen in ihrem schwarzen Abendkleid von Schulze-Biebernell. Blass und erschöpft nahm sie Platz, neben ihr die Mama, eine elegante grauhaarige Dame, die herzlich zu uns herübergrüßte. Für sie war dieser Tag die Krönung des Erfolgs ihrer Tochter. Das Publikum applaudierte frenetisch zu Leni hinauf. Dann trat spannungsgeladene Stille ein. Alle Zuschauer im Parkett hatten sich von ihren Sitzen erhoben und starrten zu uns herauf. Die Gesichter waren erwartungsvoll zur Mittelloge gewandt. Es war so weit: Adolf Hitler betrat mit seinem Gefolge das Theater. Er verbeugte sich tief vor Leni, genauso wie der Reichspropaganda-Minister, Joseph Goebbels, und seine Eskorte. Die Menge brach in donnernde »Heil«-Rufe aus. Erst als der große, prächtige Theatersaal sich verdunkelte, wurde es ruhig. Der Film lief ab. Riesige Aufmärsche, Kolonnen im Gleichschritt, zackige Ehrenbezeugungen und immer wieder das ekstatische Geschrei der Menge: »Heil, Heil!« Zehntausende, die wie ein einziger Körper marschierten, die Vollkommenheit einer Militärmaschine. Es war unheimlich. Ich dachte an Ivar Lissner und sein »Always marching, always marching«.

Mit einem Mal sah ich, dass Goebbels und Heinz die Köpfe zusammensteckten und flüsterten. Schon drehte sich Heinz zu mir: »Wir sind nachher zu einem Abendessen in die Reichskanzlei gebeten.«

Nicht enden wollender Jubel brach aus, als der rote Samtvorhang sich vor der Leinwand schloss und die Lichter wieder angingen. Wieder waren alle Gesichter der Zuschauer zur Führer-Loge gerichtet, wieder schrie die Menge wie in Trance: »Heil, Heil!«, als sich Adolf Hitler über Lenis Hand beugte und ihr ein wundervolles Blumengebinde überreichte. Dieses Bild ging um die ganze Welt. Dann drehte sich Hitler um, noch einmal mit erhobenem Arm das Publikum grüßend, und verließ mit seinem Gefolge die Loge. Wir standen respektvoll und stumm da und sahen dem Auszug nach.

Plötzlich sank Leni ohnmächtig zu Boden. Stumm und leblos lag sie, während draußen die Schritte von Hitler und seiner Eskorte verhallten. Die SS-Wachen sprangen hinzu, zogen Leni halb hoch und schleppten sie hinaus. Sie hatte einen Schuh verloren. Ich ergriff ihn und hastete mit Heinz hinter der kleinen Gruppe her. Im Nu war ein Notarzt zur Stelle, der ihr eine Injektion verabreichte.

Während ich die noch immer Bewusstlose ansah, ihren Schuh in der Hand, zürnte ich innerlich mit ihr. Ich war doch so neugierig auf den Empfang in der Reichskanzlei. Musste sie ausgerechnet jetzt ohnmächtig werden? Da schlug sie die Augen wieder auf. Der Arzt sprach mit ihr, und Heinz fragte: »Du wirst doch jetzt lieber nach Hause fahren, Leni?«

Leben kam in ihre Augen, und eine leichte Röte belebte ihre bis eben noch blassen Wangen. »Was denkst du? Natürlich nicht, ich fahre!«

Mit Leni in der Reichskanzlei

Tatsächlich fuhr Leni selbst in ihrem silbergrauen Mercedes-Coupé mit ihrer Mutter voran, wir folgten. Bevor wir, sozusagen als allerletzte Gäste des Ufa-Palastes, durch den Cordon der immer noch wartenden Menschen schritten, griff eine Frau über die rote Absperrkordel nach meiner Hand und rief fast hysterisch: »Lassen Sie mich diese Hand drücken! Der Führer hat sie berührt!«

Verschämt zog ich meine Hand zurück. Aus den Augen dieser Frau sprach eine Verehrung für Hitler, die an Hysterie grenzte. Wir fuhren im Konvoi durch die nun schon sehr leeren Straßen Berlins, bis wir zur Wilhelmstraße und zum dortigen alten Reichskanzlerpalais kamen. Leni fand rasch einen Parkplatz für ihren Wagen und verschwand sofort im Entrée der Kanzlei.

Heinz sagte zu mir: »Steig du schon aus, ich werde einen Parkplatz suchen. Bitte warte hier.« Ich stand vor dem prächtig erleuchteten Eingang, umgeben von einigen in Schwarz gekleideten Wachen, die aussahen wie steinerne Statuen. Ich war ganz allein, niemand außer mir, die Wilhelmstraße leer. Selten habe ich mich so einsam gefühlt. Dann sah ich Adolf Hitler, und dieser Anblick brachte mich völlig durcheinander. Am Ende des tunnelartigen Eingangs stand er: schwarze Hosen, braunes Jackett, mittelgroß, kleiner, dunkler Oberlippenbart, eine schräge, dunkle Haarsträhne über der Stirn – der »Führer«.

Ich zögerte nur eine Sekunde, dann schritt ich auf ihn zu. Während meiner letzten Schritte rasten die Gedanken durch meinen Kopf, erst den Arm hoch mit: »Heil, mein Führer!«, dann die Hand geben. Da rutschte mein kleines weißes Pelzcape, fast hätte ich den Arm nicht hochbekommen, die Geste verunglückte. Dann kam der Händedruck, sehr lasch von seiner Seite, und es durchfuhr mich: Er hatte ja gar keine dunklen Augen, nein, sie waren überraschend hell, aber mit ihren dunklen kleinen Pupillen wirkten sie noch stechender als in der Wochenschau. Wie Fotos doch täuschen konnten! Schon hatte er mir den Arm um die Schulter gelegt und führte mich mit einer runden Bewegung rechts in einen kleinen, eleganten Raum. »Hier ist die Damengarderobe, hier können Sie ablegen.«

»Ja danke«, sagte ich, »ich werde hier auf Herrn Riefenstahl warten. Er stellt nur den Wagen ab.«

Hitler ging mit einer Verbeugung davon, hinein in die große Empfangshalle. Ich stand und wartete, da kam auch schon Heinz. Er rückte noch seine Smokingfliege zurecht, nahm meinen Arm und wir betraten ebenfalls die große Empfangshalle.

Vor dem Sandsteinkamin zur Linken stand ein überdimensionierter Refektoriumstisch, auf dem die köstlichsten Getränke und Tabakwaren aufgebaut waren – im devisenbewirtschafteten Deutschland sehr seltene Marken. Sofort trat eine Ordonnanz auf uns zu, um uns nach unseren Wünschen zu fragen.

Wir sahen uns an und entschieden schnell. »Ein Glas Pommery bitte!«, sagte Heinz. Dann wählten wir unsere Zigaretten. Es gab einfach jede internationale Sorte. Ich griff nach einer »Chesterfield«, Heinz nach einer »Camel«. Als er sich zu mir niederbeugte, um mir Feuer zu geben, flüsterte ich ihm zu: »Keine Diplomaten! Nur Parteigrößen!«

Er lächelte, denn er kannte meine Vorliebe für Diplomaten und Intellektuelle. Albert Speer unterhielt sich mit Heinz, den er von der Modernisierung der Reichskanzlei gut kannte. Heute hatte er glänzende Laune.

Ich kannte so gut wie niemanden, versuchte aber das Beste daraus zu machen. Die eben gesehene Uraufführung von Lenis Film war ein gutes Anknüpfungsthema. Ich rauchte noch eine »Chesterfield«, und nach dem zweiten Glas Champagner ging alles ganz leicht. Goebbels trat auf uns zu. »Würden Sie mich bitte Ihrer reizenden Verlobten vorstellen?«

Heinz tat es. Der kleine Mann mit den intelligenten Augen, den Heinz um Haupteslänge überragte, küsste mir die Hand: »Sie haben ein entzückendes Kleid an«, sagte er, sah mir tief in die Augen und dann ins Dekolleté.

In diesem Moment öffneten sich die großen Türen zum Speisesaal. Der Hausintendant Arthur Kannenberg stand mit einer Phalanx seiner Mannen in der Mitte und gab das Zeichen zum Eintreten. Der Zug der Gäste, angeführt von Hitler, der meiner zukünftigen Schwiegermutter und Leni den Arm gereicht hatte, setzte sich in Bewegung. Beide Frauen sahen großartig aus, wie sie ihn flankierten: Leni in tiefschwarzer Abendrobe, ihren tizianroten Locken und der schönen Figur einer Tänzerin; ihre Mutter, eine hoch gewachsene, grauhaarige, würdige Dame mit blitzenden blauen Augen und einem aristokratischen Profil.

Hitler nahm an der Längsseite der großen, ovalen Tafel zwischen beiden Damen Platz. Zauberhafte Blumenarrangements teilten in der Mitte das feine Damasttuch, das Silber war erlesen, ebenso das Porzellan aus der Königlich Preußischen Manufaktur.

Goebbels war es gelungen, sich zwischen Heinz und mich zu setzen. Als rechten Tischherrn hatte ich Reichsleiter Philipp Bouhler, einen intellektuell aussehenden, bebrillten Mann, mit dem ich eine Konversation eröffnen musste, um nicht nach links ins Gespräch gezogen zu werden. Das war schwer, denn ich hatte keine Ahnung von seiner Funktion in der Partei. Erst sehr viel später erfuhr ich, dass dieser so sachverständig über die Schönheiten der ostpreußischen Landschaft plaudernde Mann später zusammen mit Hitlers Leibarzt Dr. Brandt mit der Durchführung des Euthanasieprogramms beauftragt werden sollte. Während er bilderreich über das so genannte »Volk ohne Raum« plauderte, schweifte mein Blick über die riesige Tafel. So viele braune Parteiuniformen – eben die Spitzen der Partei. Dort drüben Hitler zwischen Leni und ihrer Mutter, zu weit von mir entfernt, als dass ich ihre Gespräche hätte mitbekommen können. Noch weiter drüben saß Rudolf Hess, der »Stellvertreter des Führers«, der mit finsterem, zerquältem Gesicht, in dem die dichten, über der Nase zusammengewachsenen Augenbrauen auffielen, noch immer ziemlich lustlos in seiner Vorspeise stocherte.

Plötzlich drang die melodiöse Stimme des Propaganda-Ministers an mein Ohr: »Sind Sie nicht auch der Meinung, dass alle Männer zur Untreue verpflichtet sind, weil es solchen Frauenüberschuss gibt, damit auch die anderen, armen Frauen glücklich werden?«

Heinz nahm mir schnell die Beantwortung der Frage ab. Er lachte etwas unnatürlich. »Da gäbe es noch die Eifersucht – ein den Menschen wohl angeborenes Gefühl.«

Zum Glück wurde der zweite Gang aufgetragen: Getrüffelte Kalbsmedaillons. Es wurde wirklich fabelhaft getafelt in der Reichskanzlei.

Als ich wieder einmal zu Leni hinübersah, fiel mir auf, dass Hitler ein anderes, vegetarisches Gericht serviert wurde. Man hatte schon davon gehört, dass er kein Fleisch aß, jetzt sah ich es. Auch das Dessert war ausgezeichnet. Dann wurde die Tafel aufgehoben, die Kavalkade der Gäste bewegte sich zurück in die Halle, wo Heinz und ich uns sofort wieder an den Refektoriumstisch begaben. Wir rauchten und tranken.

Leise, aber bestimmt wurden wir von einem dienstbaren Geist darüber informiert, dass wir uns nun in den Wintergarten begeben müssten, wenn wir uns mit dem Führer zu unterhalten wünschten. Dort dürfe nicht geraucht werden. Heinz und ich nahmen das zur Kenntnis, bewegten uns aber nicht vom Platz, während ein Zug an Ehefrauen der höheren Parteichargen in den Wintergarten strömte. Wir unterhielten uns währenddessen mit Alfred Rosenberg, dem »Theoretiker« der NSDAP, der mich fragte, ob ich seine Bücher kenne.

»Natürlich«, sagte ich rasch, »sehr interessant, Ihr ›Mythos des 20. Jahrhunderts‹!«

Er lächelte geschmeichelt. In Wahrheit handelte es sich um ein grauenvoll langweiliges Buch. Einer meiner Brüder hatte es mir gegeben, aber ich war nicht fähig gewesen, diese abstrusen Ausführungen über nationalsozialistische Rassenideologie zu lesen. Albert Speer trat ebenfalls hinzu. Mit ihm verband Heinz eine Art Hassliebe. Seine Firma war an den Um- und Neubauten der Parteigebäude beteiligt, war sie doch eine der wenigen, die Klimaanlagen einbauen konnten. Über einem solchen Auftrag war es einmal zum Eklat gekommen, als Hitler in Nürnberg die große Luitpoldhalle zur ersten Inbetriebnahme besichtigte. Denn die riesigen Hakenkreuzfahnen, die beide Seitenwände zierten, flatterten und zitterten unter dem Luftstrom der Klimaanlage um die Wette, anstatt straff gespannt zu stehen wie rote Pylonen. Hitler hatte gebrüllt: »Wer hat diese Anlage gebaut?«

Heinz wurde herbeizitiert und zur Rechenschaft gezogen. Aber er konnte seinen Kopf noch einmal aus der Schlinge ziehen, indem er in einer Nachtschicht zusammen mit der Firma Siemens, die die Aggregate geliefert hatte, diese neu regulierte. Am folgenden Tag beim neuen Probelauf flatterten die Hakenkreuzfahnen nicht mehr, sondern hingen so ruhig und pompös, wie es den Wünschen des Auftraggebers entsprach.

Speer gab sich heute liebenswürdig. Die Fahnenpleite war vergessen. Ich fand ihn sympathisch, fast als Einzigen in der Parteihierarchie.

Aus dem Wintergarten schritt eine Prozession, vorneweg Adolf Hitler mit meiner zukünftigen Schwiegermutter am Arm, dahinter ein ganzes Rudel von mehr oder weniger dicken, bunt gekleideten Ehefrauen der Parteigrößen. Sie durchquerten die große Halle, und wir wurden diskret informiert, dass der Führer uns nun seine Privaträume zeigen würde.

»Willst du?«, fragte mich Heinz. Seinem Gesicht war anzusehen, dass er nicht interessiert war. Hatte er doch gerade in der vergangenen Woche jede Menge Scherereien mit der Modernisierung der Heizungen und der sanitären Anlagen sowie dem Einbau der Klimaanlage gehabt.

»Ach nein«, sagte ich, »du hast mir ja schon alles geschildert.«

Bald kam die Prozession zurück, in derselben Reihenfolge, die Frauen mit vor Aufregung geröteten Wangen. Heinz' Mutter eilte auf uns zu. Sie war, wie man sah, vollkommen aufgelöst vor Begeisterung. »Nein, so etwas Schönes! Wir durften sogar sein Schlafzimmer besichtigen!« Sie tupfte mit einem Taschentüchlein ihre vor Rührung nassen Augenwinkel. »Stellt euch vor, nur ein Kachelofen!« Das wusste ich schon, er hatte sich den Einbau einer Zentralheizung verbeten. »Und dann das schmale Eisenbett! Es war schon aufgeschlagen für die Nacht. Er trägt keinen Pyjama, ein Nachthemd lag da ausgebreitet, ein Nachthemd mit Borten!« Sie tupfte sich wieder die Augenecken. Sie war immer schnell gerührt, ob nun aus Freude oder aus Mitleid. Das Eisenbett und das Nachthemd mit Borten hatten es ihr angetan!

Heinz versuchte sie zu beruhigen. Gott sei Dank trat in diesem Moment ein großer, stattlicher Herr in Uniform zu uns und bat, den Damen vorgestellt zu werden.

Heinz tat es auf seine liebenswürdige Art. »Mutti, darf ich dir General Ritter von Epp vorstellen? Und dir auch?« Er wies auf mich.

Der General verbeugte sich vor uns beiden. »Eine Ehre für mich, die Mutter unserer berühmten Künstlerin kennen lernen zu dürfen. Mein Kompliment, gnädige Frau, zur Leistung Ihrer Tochter. Der Reichsparteitags-Film ist ein Meisterwerk!«

Wieder war sie zu Tränen gerührt, das Tüchlein trat in Aktion. »Nein, wie schön Sie das gesagt haben, Herr Major!«

Heinz griff nach ihrem Arm. »Mutti, du sprichst mit einem General!«

Ritter von Epp lachte gutmütig. Er ergriff ihre Hand und küsste sie. »Liebe, gnädige Frau, Sie glauben gar nicht, wie ich

Oma Ruwold mit den Kindern Ilse (2 Jahre) und Horst Rehtmeier (6 Monate)

Im Alter von 13 Jahren mit den beiden Brüdern Horst und Werner

In der Berliner Bismarckstraße 20 bewohnte Familie Rehtmeyer eine großzügige Siebenzimmerwohnung.

Das schönste Geschwisterpaar von Berlin – Leni und Heinz Riefenstahl. Die Beiden verband eine besonders tiefe Beziehung.

Der gutaussehende Heinz Riefenstahl galt in Berlin als Traumpartie.

Jung verheiratet und glücklich – ich war nun eine Riefenstahl.

Familie Rehtmeyer im Garten des Hauses Bismarckstraße 20. V.l.n.r.: Inge und Werner, Vater Viktor, Mutter Margarete, Oma Ruwold mit Enkel Ingo, Ilse, Käthe und Horst

Frühsommer 1940 in Zernsdorf auf dem großartigen Familienbesitz der Riefenstahls. Mutter Ilse filmt Ehemann Heinz und die Kinder Eckart und Uta.

Premiere des NS-Propagandafilms »Triumph des Willens« am 28. März 1935. Hitler überreichte Leni Riefenstahl einen Blumenstrauß.

Heinz Riefenstahl mit seinen Eltern Berta und Alfred

Silvester 1935 – Ilse und Heinz Riefenstahl in festlicher Abendgarderobe

mich freue, einmal wieder mit Herr Major angesprochen zu werden.« Er strahlte sie an. Er hatte wirklich enormen Charme, sicherlich genauso viel wie sie, die mit ihrem drolligen Deutsch überaus charmant wirkte.

Alle lachten. Dann fand Heinz, wir hätten nun genug gestanden. Also durchquerten wir die große Halle, und plötzlich kam Leni auf uns zu, ganz allein. Noch immer wirkte sie gespannt wie eine Violinsaite, vielleicht etwas blass, aber die Augen blitzten. »Komm«, sagte sie zu ihrem Bruder, »ich muss mich ein wenig ausruhen.«

Wir setzten uns auf ein großes Sofa. Auf einmal stand Hitler vor uns. Er nahm gegenüber auf einem Sessel Platz und sah Leni bewundernd an. »Ich danke Ihnen! Sie haben ein Meisterwerk geschaffen, ein unvergessliches! Die Welt wird es zu würdigen wissen.« Auf einmal schien er durch uns hindurchzusehen. »Deutschland ist groß, größer denn je!« Wie er die Rs rollte! »Deutschland wird der Mittelpunkt der Welt sein. Und Sie« – wieder sah er Leni direkt in die Augen – »Sie haben seine Größe und Stärke in diesem Film erfasst. Ich kann Ihnen nicht dankbar genug sein. Sie werden noch viel für mich tun ... ich habe viel vor!« Wieder schauten seine Augen in eine Ferne, die für uns unsichtbar blieb. »Nehmen Sie nur unsere Autobahnen: Sie durchziehen ganz Deutschland, sie werden ganz Europa durchziehen! Wir werden sie auch durch Afrika bauen ...« – jetzt rollten die Rs in jedem Wort – »... bis nach Kapstadt!« Seine Augen schienen Afrika geradezu zu sehen, und seine Pupillen waren ganz klein, stecknadelklein – ein Visionär sprach zu uns. Plötzlich lehnte er sich zurück, als wäre er von seiner Vision erschöpft. Seine Hände, die gerade noch die Sessellehne umklammert hatten, lösten sich wie erschlafft. Vor einem Augenblick noch, als er seine unheimlichen Voraussagen gemacht hatte, war er aufs Äußerste gespannt gewesen, jetzt sank er zusammen. Er erhob sich mühsam und strich die dunkle Haarsträhne zurück, die die halbe Stirn verdeckte. »Ich glaube, es ist Zeit …« Keine rollenden Rs mehr. Geistesabwesend verabschiedete er sich von uns.

In respektvoller Distanz folgten wir ihm durch die Halle, baten Heinz' Mutter aus einer Runde sorglos schwatzender Frauen und gingen ins Parterre zur Damengarderobe. Schweigend legten wir unsere Mäntel um und verließen die Reichskanzlei.

»Willst du wirklich selbst fahren?«, fragte Heinz und blickte besorgt auf seine Schwester. »Wir könnten euch mitnehmen, du musst erschöpft sein.«

Leni winkte ab. »Natürlich fahre ich mit Mutti nach Hause. Gute Nacht!«

Wir sahen ihnen nach, dann suchten wir unseren Wagen und fuhren etwas verwirrt ab. Durch meinen Kopf rasten Bilder und Eindrücke dieses unglaublichen Abends. Das Wort »Kapstadt« dominierte. Hatte ich richtig gehört? Waren die Pläne des Führers so weltüberspannend? Als ich nach Hause kam, knipste ich noch einmal Licht im Wohnzimmer an. Ich holte meinen Atlas aus dem Regal und schlug die Seite mit der Weltkugel auf. Afrika war riesig, viel kleiner Europa und darin ein winziges Deutschland. Ich fand Kapstadt. Alles, was ich gehört hatte, war mir unbegreiflich.

Ein Name als Hypothek: Riefenstahl

Unsere Hochzeit fand am 3. August 1935 statt, ohne kirchliche Trauung – Heinz wollte es so. Ich wäre so gerne in der Kaiser-Wilhelm-Gedächtnis-Kirche getraut worden, am liebsten von Pfarrer Gentz, der mich dort auch konfirmiert hatte. Aber Heinz, wohl unter dem Einfluss seiner Schwester, wollte keine kirchliche Trauung. Aus der Traum von dem schönen weißen Kleid und dem langen Tüllschleier, in dem ich durch das neugotische Kirchenschiff geschwebt wäre!

»Welche Konfession sollen denn einmal unsere Kinder haben?«, wagte ich ihn zu fragen.

»Das können sie später für sich selbst entscheiden«, war die knappe Antwort.

Ich ließ mir ein langes weißes Kleid aus Organza nähen mit einem türkisfarbenen Samtband als Gürtel.

Nach der standesamtlichen Trauung in Wilmersdorf fuhren wir nach Schloss Brüningslinden, wo es in einem wunderhübschen Gartensaal ein exquisites Essen gab. Heinz' Eltern, meine Eltern, meine Brüder und Oma, einige Freunde waren dabei ..., nur Leni nicht. Dringende Filmarbeiten! Nun gut, mir war es recht. Vergnügt stiegen wir gegen 17 Uhr in den »Fliegenden Hamburger«, der uns innerhalb von drei Stunden nach Hamburg brachte, wo wir im Hotel »Atlantik« unsere Hochzeitsnacht verbrachten. Am nächsten Morgen, viel zu früh und verkatert, fuhren wir mit dem Dampfer nach Helgoland. Aus der geplanten Hochzeitsreise nach Venedig wurde nichts – wegen der gesperrten Devisen. So genossen wir Hummer auf Helgoland und zwei Wochen Golf auf Norderney.

Ich hieß nun Ilse Riefenstahl. Wenn ich bei einer Bestellung bei Rosenhain oder Rollenhagen nach meinem Namen gefragt wurde, kam dieses plötzliche Aufschrecken in staunenden Augen. »Nein, nein, ich bin es nicht.« Ein Name als Hypothek, das hatte ich mir so nicht vorgestellt. Je berühmter meine Schwägerin wurde, desto peinlicher wurde mir die Nennung meines Namens.

Heinz und ich zogen in eine Vier-Zimmer-Parterrewohnung in der Landhausstraße 39. Wir hatten getrennte Schlafzimmer, weil junge Snobs das damals für sehr schick hielten.

Ein gefährlicher Irrtum, denn wer erst einmal in seinem breiten, französischen Bett lag, schon mit Zeitunglesen oder einem Buch beschäftigt, der stand nicht mehr auf, um hinüber ins offene andere Schlafzimmer zu gehen. Die elegante Version des Ehelebens ist deren tatsächlicher Tod! Man berührt nicht die warme Haut des anderen, wenn man den Arm ausstreckt. Traurig.

Das schönste Geschwisterpaar

Der Vater meines Mannes, Alfred Riefenstahl, war ein Selfmademan, der sich vom Klempnerlehrling zum Eigentümer einer hoch angesehenen Heizungsfirma emporgearbeitet hatte. Er rackerte bis zur völligen Erschöpfung, sodass er mitunter schon beim Essen einschlief und mit dem Kopf in den Teller fiel. Heinz' Mutter Berta, immer zu Tränen bereit, sei es aus Freude oder aus Schmerz, war die personifizierte Güte und Liebe. Da sie in Polen geboren und aufgewachsen war, sprach sie ein schlichtes Deutsch. Sie war eine Schönheit. Das erklärt auch die ungewöhnliche Schönheit ihrer beiden Kinder Leni und Heinz, die von vielen in Berlin als das »schönste Geschwisterpaar« bezeichnet wurden.

Von wem Leni allerdings ihren Jähzorn geerbt hatte, konnte ich nicht herausfinden. Oft rief ihre Hausdame Heinz zu Hilfe. »Sie liegt auf dem Teppich, schreit und strampelt! Was soll ich bloß tun, Herr Riefenstahl?«

»Einen Eimer Wasser drüberkippen, wenn's nicht hilft, den Arzt rufen«, war dessen stereotype Antwort. »Ich habe Leni schon einmal mit dem Kopf in ein volles Waschbecken getaucht«, erzählte er mir, »das hat geholfen.«

Ich selbst erlebte später einen von Lenis Wutanfällen in ihrem Haus, Heydenstraße 30. Heinz ging mit ihr ins Bad, um nach der defekten Wasserspülung zu sehen. Ich wartete unten in der Halle, zusammen mit Hermann Storr, ihrem damaligen Freund. Plötzlich hörten wir laute, schimpfende Stimmen, Türenknallen, ein bleicher Heinz rannte mit zerzausten Haaren die Treppe herunter und rief mir zu: »Schnell, raus! Dieses Haus betreten wir nie wieder! Komm!«

Schon erschien oben Leni als Furie im wallenden Gewand, einen Bergstiefel schwingend. Den warf sie ihrem Bruder nach, traf aber nur ihren Freund am Kopf, der zusammenbrach.

Natürlich versöhnten sich die Geschwister wieder. Sie waren seit ihrer Jugend immer unzertrennlich gewesen, und Heinz litt furchtbar, als Leni nach einem Krach mit ihrem Vater die Familie verließ. Aber nach diesem Erlebnis begleitete ich meinen Mann nicht mehr zu ihr.

Der »Führer« bestellt Leni

Eigentlich weiß ich bis heute nicht, wie ich zu dieser Ehre kam: Ich sollte Leni begleiten, als sie in die Reichskanzlei bestellt wurde. Es war ein heller, kühler Vormittag, als das silbergraue Mercedes-Cabriolet vor unserem Haus in der Landhausstraße hielt, und ich beeilte mich, die berühmte Schwägerin nicht warten zu lassen. Wir fuhren geradewegs über die Linden zur Wilhelmstraße. »Der Führer hat mich bestellt. Ich weiß nicht, wie lange es dauern wird, aber du wartest am besten im Hotel Kaiserhof in der Halle auf mich. Also bis bald!«

Ich stieg aus und betrat die Hotelhalle. Dort setzte ich mich in einen bequemen Sessel und wartete bei einem Vermouth Soda auf Leni. Mit blitzenden Augen und geröteten Wangen kam sie zurück, ein weißes Papier schwenkend, das sie mir sofort zu lesen gab. Sie hatte den Auftrag erhalten, die Olympiade 1936 zu filmen, und war dabei allein dem Führer und dem Reichspropagandaministerium verantwortlich. Das Honorar sollte 200 000 Mark betragen. Hervorgehoben aus dem Text sah ich nur diese einzige Zahl. Es flimmerte vor meinen Augen – ein phänomenales Honorar.

»Da kann ich mir jetzt mein Haus bauen«, sagte sie glücklich.

»Und hast du keine Angst, mit diesem Riesenkomplex fertig werden zu müssen?«, fragte ich.

Sie lachte nur. »Bin durch die Arbeit für die Parteitage an Massenbewegungen gewöhnt, natürlich, nun wird's international. Aber ich kann mir so viel Kameraleute nehmen, wie ich will!«

Und so geschah es auch. Am 9. Dezember 1935 wurde die »Olympia-Film-GmbH« mit den Gesellschaftern Leni und Heinz Riefenstahl gegründet. Mein Mann hatte eine fiktive Summe von 20 000 Mark einzubringen, die er aber tatsächlich seiner Firma nicht entnahm, was ihm manchmal furchtbare Albträume bereitete.

Leni saß bereits über den Bauplänen des Architekten Ostler aus Garmisch, der ihr in Dahlem auf ihrem 4000 qm großen Grundstück eine sehr bayerisch angehauchte Villa bauen sollte – das Dach mit Mönch- und Nonne-Ziegeln aus dem Sarntal gedeckt, der Innenhof und das Speisezimmer in spanischem Stil, die Halle mit Solnhofener Platten gepflastert.

Für uns Berliner waren die Olympischen Sommerspiele 1936, die vom 1. bis 16. August 1936 stattfanden und an denen über 4000 Athleten aus 49 Ländern teilnahmen, das »Fest der Völker«. So lautete auch der offizielle Titel des Olympia-Films. Man empfing Freunde aus aller Welt, aus den USA, England und Italien.

Unsere Stammplätze im neuen Olympiastadion auf dem Reichssportfeld waren in der zweiten Reihe gleich neben dem Ziel. Der großartige schwarze Sprinter Jesse Owens, dem Hitler sogar die Hand reichte, war zum Anfassen nah. Leni hatte diesen braungoldenen Athleten für Großaufnahmen einölen lassen, damit seine Haut noch mehr glänzte.

Lenis Hauptaugenmerk galt der Ehrenloge von Hitler. In ihrem weißen Olympiaanzug, das Megafon vor dem Mund, turnte sie wenige Reihen darunter zwischen den Sitzbänken herum und herrschte die Kameraleute an: »Näher heran! Großaufnahme! Jetzt, jetzt! Näher!«

Wenn Hitler den Arm hob, wenn alle »Heil« zur Führerloge hinaufschrien, wenn er sich vor Begeisterung auf die Schenkel schlug, weil wieder einmal ein Deutscher siegte – und das war nicht selten –, dann war Leni mit ihrem Megafon in Höchstform.

Das süße Leben vor dem Sturm

Abends gingen wir mit unseren ausländischen Freunden aus. Der internationale Sport verband alle in einem Gefühl weltweiten Friedens, das trügerisch war. Denn Hitler betrieb schon lange sein Aufrüstungsprogramm, das mit der Wiedereinführung der allgemeinen Wehrpflicht 1935 offenbar geworden war. Wer wusste das besser als Heinz, der für die Flugplätze arbeitete, die im Geheimen angelegt wurden? Das Leben war schön, wenn im Schein des olympischen »Lichterdoms« aus einer Vielzahl von Flakscheinwerfern Hunderte von bunten Fahnen im weichen Nachtwind flatterten.

Und schön waren die so genannten »Kerzenbälle« im Esplanade, wo der ungarische Geiger Barnabas von Geczy sich in die Herzen des Publikums geigte. Ich sehe ihn noch vor mir, wie er, ganz allein auf dem Parkett, auf seiner Geige einen Tango oder einen langsamen Walzer spielte. Aber es gab auch einfachere Vergnügungen, zum Beispiel ein Treffen bei »Mampe« am Kurfürstendamm, wo als Spezialität des Hauses »Aal grün« serviert wurde, oder im »Blockhaus« in Nikolskoe am Wannsee, wo man das gleiche Gericht, ein Lieblingsrezept der Berliner, vorzüglich zubereitete. Auch »Steinbutt mit Sauce hollandaise« bei Kempinski gehörte zu unseren bevorzugten Genüssen. Unsere Freunde Conky und Emmy Whitehead, die an der Firma Coca-Cola beteiligt waren, luden uns nach Paris ins Hotel »Crillon« an der Place de la Concorde ein. Da dort gerade die Weltausstellung stattfand, kamen wir der Einladung mit Freuden nach und lernten Paris von der luxuriösesten Seite kennen.

»Keine Zigaretten, kein Alkohol«: Eckart

Etwa sechs Wochen später wurde ich aus gewissen Gründen unruhig und erkundigte mich bei einer Freundin nach einem Arzt. Mir wurde der Gynäkologie-Professor Dr. Döderlein empfohlen. Ich fuhr zum West-Sanatorium, der besten Privatklinik Berlins. Als ich durch die Pforte ging, ahnte ich noch nicht, dass diese Klinik einmal schicksalsbestimmend für mich sein und mein Leben und das meiner Kinder von dieser Klinik abhängen würde.

Prof. Döderlein bestätigte mir, dass ich im zweiten Monat schwanger war. Es folgten die üblichen Ratschläge: »Möglichst keine Zigaretten, wenig Alkohol, viel spazieren gehen, mäßig essen, alle zwei Monate zur Untersuchung …« Ich hätte ihn umarmen mögen!

Ich schwebte buchstäblich nach Hause, es kam mir vor, als hätte ich Flügel. Zu Hause saß Heinz hinter einer Zeitung.

»Heinz«, begann ich leise, doch ich kam nicht weiter. Er ließ die Zeitung sinken, und ich schaute in ein wütendes Gesicht. »Wo kommst du her? Du warst ohne den Hund fort!«

Ich brach in Tränen aus. »Ich war beim Arzt, bei Professor Döderlein im West-Sanatorium. Ich bekomme ein Kind …«

Er schaute mich verdutzt an, dann nahm er mich in den Arm. »Tut mir Leid. Ist es wirklich wahr?«

Spät in der Nacht lag ich noch wach und grübelte. Warum war er so eifersüchtig? Hoffentlich hatte er nicht, wie seine Schwester, den Jähzorn seines Vaters geerbt. Mir fiel ein, dass schon einmal ein Angestellter von einem Wutausbruch in der Firma erzählt hatte.

Meine erste Schwangerschaft verlief ohne besondere Schwierigkeiten. Ich wurde immer dicker, aber die langen Spaziergänge mit unserem Hund Peggy blieben fester Bestandteil des Tagesprogramms. Am aufgeregtesten über das kommende Baby war meine Schwiegermutter. Sie beschenkte uns mit entzückenden Babysachen, und entsprechend ihren Wünschen hinsichtlich des Nachwuchses waren fast alle Sachen hellblau. Es war ihr kaum etwas gut und teuer genug.

Der Januar 1937 war bitterkalt. Auch Peggy mochte in diesen Tagen nicht mehr so gern spazieren gehen. Und dann setzten mit einem Mal ganz starke Rückenschmerzen ein. »Heinz, ich glaube, es ist so weit«, sagte ich und drückte mich fest in einen Sessel.

Heinz stürzte ans Telefon: »Wir sollen sofort ins West-Sanatorium kommen!«

Man brachte mich in ein sehr schönes Zimmer und teilte mir mit, dass der Professor bald da sein würde. Die Wehen kamen in Abständen von drei bis fünf Minuten. Ich wanderte ständig um das Bett herum, immer wieder nach einem Halt suchend, wenn die Schmerzen zu stark wurden. Nach einer

Zeit wurden jedoch die Wehen schwächer, und eine entsetzliche Nacht brach an.

Am nächsten Morgen kam Heinz mit seinen Eltern. Gegen Mittag wurde ich in den Kreißsaal gebracht und bekam Wehenspritzen. Das wirkte, und zwei Stunden später brachte ich einen prachtvollen Sohn auf die Welt, sieben Pfund schwer und 53 Zentimeter lang.

Heinz war überglücklich. Er beugte sich über mich und eine Träne fiel auf mein Gesicht. Ich fühle sie noch heute, wenn ich daran denke. Und immer fällt mir die eine Zeile des Liedes ein, das Edith Piaf sang: »Mais vous pleurez, Mylord, je ne l'aurais jamais cru!«

Unser Sohn Eckart war nach 24-stündigen Wehen auf die Welt gekommen, ein Sonntagskind. Nach nur drei Tagen musste ich leider abstillen. Mein Kind bekam Alete-Milch. Prof. Döderlein zerstreute meine Bedenken und meinte: »Sie werden sehen, er wird ein Prachtkerl werden!« So war es auch.

Leni ließ sich nicht sehen. Sie ließ sich mit Arbeit entschuldigen, wie immer, und ich vermisste sie nicht. Aber ich bekam noch eine echte Riefenstahl-Nuss zu knacken. Heinz fragte mich, was ich davon hielte, wenn Adolf Hitler Eckarts Taufpate werden würde. Leni könnte das arrangieren. Mein Bett schien zu schwanken. Ganz plötzlich hatte ich die Vision, wie ich an der Seite von Adolf Hitler, das Taufkissen mit Eckart im Arm, den Mittelgang der Dahlemer Dorfkirche entlangschritt. Nein, das konnte nicht sein, ganz schnell musste mir etwas einfallen, und ich beschloss, Heinz mit seinen eigenen Argumenten zu überzeugen. »Weißt du, Heinz«, begann ich zögernd, »ich finde, man sollte so ein kleines Wesen« – ein Blick auf das neben mir stehende, mit weißem Mull bespannte Bettchen mit dem friedlichen, kleinen Gesicht darin – »nicht an eine Religion binden, die es vielleicht später ablehnt. Lassen wir ihn doch erst einmal älter werden, vielleicht bis zur Schulzeit. Dann könnte er selbst entscheiden, ob er getauft, protestantisch oder katholisch, was immer, werden möchte. Findest du nicht auch?« Heinz gab mir Recht. Eckart wurde erst mit sieben Jahren, zusammen mit seiner Schwester, in Oberstdorf getauft.

Und dann gab es noch einen bemerkenswerten Besuch im blumenübersäten Zimmer im Westsanatorioum, einen ganz heimlichen: Heinz schmuggelte Peggy ein. »Das arme Tier hat jegliche Nahrung verweigert, nachdem ich dich am Sonnabend in die Klinik gebracht habe. So habe ich sie einfach mitgenommen, draußen unter meinem Mantel versteckt, an der Schwester vorbei. Nun weiß Peggy, dass es dich noch gibt und dass es dir gut geht!«

Die Freude war groß, das Tier umrundete stürmisch mein Bett. Doch, was war das? Mit einem Mal hielt es inne, richtete die Ohren auf und lauschte angespannt. Peggy hatte etwas gehört, einen kleinen maunzenden Laut. Der Hund richtete sich auf die Hinterbeine auf und versuchte in das kleine Bettgestell hineinzuschauen.

Heinz nahm Peggy auf den Arm. »Da, schau mal, Peggy, das ist dein kleines neues Herrchen!« Der Hund sah verdutzt auf das rosige, schlafende Baby. Dann schaute Peggy mich an mit einem Blick, der zu fragen schien. »Soll ich das etwa ernst nehmen?«

Als ich mit Eckart nach Hause kam und ihn in sein weißes Paidi-Bettchen gelegt hatte, das in meinem Schlafzimmer stand, verließ der Hund, der sich erst vor Freude wie irrsinnig aufgeführt hatte, mit eingezogenem Schwanz das Zimmer und verzog sich in sein Körbchen.

Es wurde problematisch. Jedes Mal wenn ich mit dem Baby auf dem Arm ins Wohnzimmer kam, verließ der Hund sofort den Raum und verkroch sich. Kein Zureden half.

»Wenn das so bleibt, müssen wir ihn weggeben!«, sagte Heinz. Ein entsetzlicher Gedanke! Und dann war der Hund eines Tages verschwunden! Wir suchten ihn überall, nirgends auch nur eine Spur, bis wir ihn schließlich, friedlich schlafend, unter dem Paidi-Bettchen fanden. Der Hund hatte seine Eifersucht überwunden und sich zum Wächter des Kindes gemacht. Alles war in Ordnung. Die beiden wurden die allerbesten Freunde und blieben das sieben Jahre lang.

Hitler bei Leni

Im Sommer dieses Jahres hatte Lenis Architekt Ostler das Haus in der Heydenstraße vollendet. Da stand es nun. Mit seinem schönen, weißen Rauputz, dem weit überstehenden, flach geneigten Dach hätte es irgendwo in Oberbayern stehen können, nur – es passte überhaupt nicht nach Dahlem.
Wir waren zur festlichen Einweihung mit dem »Führer« und dem Propagandaminister Goebbels eingeladen. Sie erschienen mit ihrem Gefolge, und nachdem sich dieses diskret zurückgezogen hatte, tranken wir mit den beiden Herren Tee im spanischen Atriumhof. Dann kam die Runde durch den Garten, und schon war ein Fotograf da, der uns bat, uns ein wenig im Halbrund zusammenzustellen. So entstand ein Foto, das später berühmt wurde, weil es davon zwei Versionen gab: Auf der einen, der originalen, standen Leni, ihre Haushälterin, Hitler und Goebbels neben Heinz und mir. Auf der zweiten findet sich dieselbe Gruppierung, aber Goebbels wurde sorgfältig herausretuschiert! Beide Versionen gingen später durch die deutsche Presse. Niemand konnte sich erklären, warum Goebbels auf der einen Version herausretuschiert wurde.

Vielleicht waren wir zu erfolgsverwöhnt, vielleicht wollten wir aber auch einfach das Böse nicht erkennen. Natürlich schreckten wir auf, wenn wieder einmal ein jüdischer Freund Abschied nahm, weil er Angst hatte, wie er sagte. Angst wovor? Natürlich hatten auch wir von den Nürnberger Gesetzen gehört, mit denen den Juden seit September 1935 Zug um Zug die bürgerliche Gleichberechtigung entzogen wurde. Aber irgendwie glaubten wir nicht, dass es in einer Kulturnation wie Deutschland zu mehr als ein paar Einschränkungen kommen könnte. Als dann aber am 9. November 1938 die Synagogen brannten, als jüdische Geschäfte gestürmt und geplündert wurden, als ganz Berlin von den Glasscherben zerstörter Schaufenster übersät war, erschraken wir zutiefst. Erschüttert stand ich vor meinen Lieblingsgeschäften Rosenhain und Grünfeld, die, verwüstet und beschmutzt, ein Bild des Grauens boten. Jetzt stieg auch in uns die Angst auf. Die »Reichskristallnacht« zeigte erstmals unübersehbar die hässliche Fratze des Regimes.

Und schon vollzog sich ein Drama in nächster Nähe: Das Ehepaar Schrobsdorff, Erich und seine jüdische Frau »Schnuff«, ließen sich scheiden – im Guten, wie sie uns versicherten, um Schnuff zu retten. Sie wurde von ihm in die bulgarische Hauptstadt Sofia gebracht, wo er eine Handelsgesellschaft für Südfrüchte gründete, um sie materiell abzusichern. Denn nach den neuen Rassegesetzen durfte es Mischehen nicht mehr geben. Und Liebesbeziehungen zwischen Juden und Ariern galten als »Rassenschande«, die mit hohen Strafen, in manchen Fällen sogar der Todesstrafe, bedroht waren!

Nie werde ich vergessen, wie wir eines Nachts herausgeklingelt wurden, und eine verschüchterte Frau in Regenmantel und Kopftuch an der Gartentür um Einlass bat. Sie war kaum wiederzuerkennen, die schöne, blonde, hochelegante Minnie N., Frau eines Diplomaten. Wir holten sie herein und sie erzählte stockend: »Ich bin Jüdin«, erklärte sie, »aber um mich geht es nicht, sondern um meine Mutter. Sie hat den Bescheid zum Abtransport in den Osten zwecks Umsiedlung erhalten.« Minnie bat Heinz, sich bei einem höheren Parteimitglied dafür einzusetzen, dass ihre alte, gebrechliche Mutter in ihrer Wohnung in der Konstanzer Straße bleiben könne. Ihr selbst würde wegen des Diplomatenstatus ihres Mannes nichts geschehen.

Heinz beruhigte sie und versprach, alles Menschenmögliche zu tun. Als sie wieder hinaushuschte, färbte das Morgenrot den Himmel schon hell. Heinz gelang es, unseren Freund, den Obergruppenführer der SS Karl Wolff, »Wölffchen« genannt, zu erreichen. Der sicherte ihm zu, der alten Dame würde kein Haar gekrümmt, wenn sie für die Öffentlichkeit unsichtbar bliebe, und so geschah es. Die alte Dame wurde von ihrer Tochter tagtäglich versorgt, verließ ihre Wohnung nie und starb friedlich nach einem Jahr.

Und noch ein weiteres Mal klingelte es nachts bei uns. Dieses Mal war es die Schwägerin von Dr. Erich Schrobsdorff. Man hatte Alfred, ihren Mann, verhaftet, mitten in der Nacht abgeholt. Er hatte in seinem Landhaus in Peek ein Schwein ohne Genehmigung geschlachtet. Wieder bemühte Heinz Karl Wolff, und Alfred kam frei.

Langsam wurde es unheimlich in Deutschland. Freunde verschwanden ganz unvermittelt, auch wenn sie keine Juden waren, beispielsweise Arno Kunheim. Als er nach drei Monaten wieder auftauchte, erzählte er, man habe ihn in ein KZ gebracht, weil er homosexuell sei. Mehr konnte man von ihm nicht erfahren. Darüber hinaus allerdings war kein Wort über das so genannte Arbeitslager aus ihm herauszubekommen.

Vermutlich hatte man ihn mit massiven Drohungen eingeschüchtert. Also gab es sie doch, diese KZs, von denen hin und wieder gemunkelt wurde. Dass es Judendeportationen gab, ahnten wir hingegen nicht. Dabei hätten wir es doch leicht herausbringen können, denn diese gingen in der Regel vom Bahnhof Grunewald ab, wo ich auf meinen Spaziergängen mit Hund und Kinderwagen mitunter vorbeikam. Auf dem Rückweg über den Flinsberger Platz fiel mir jedenfalls auf, dass auf einigen Bänken das Verbot: »Nicht für Juden« wieder aufgemalt war, das man während der Olympiade 1936 entfernt hatte.

Draußen in Zernsdorf aber, wohin wir jetzt des Öfteren übers Wochenende fuhren, um die Großeltern Riefenstahl zu besuchen, merkte man von alldem nichts. Die Riefenstahls besaßen dort ein herrliches Grundstück am Wasser, und meine Schwiegermutter war zur passionierten Gärtnerin geworden. Sie zog sogar Wein an einer sonnigen Mauer, während mein Schwiegervater seine Tage mit seiner Angel lieber am Bootssteg verdöste. Zappelte wirklich mal ein winziges Fischlein am Haken, warf er es schnell wieder ins Wasser zurück.

Schwiegervater zog sich seiner Gesundheit wegen aus der Firma zurück, und Heinz musste die Geschäfte übernehmen. Er fand einen großartigen Spezialisten, Dr. Graeser, der über die nötigen technischen Kenntnisse verfügte, um komplizierten Klimaanlagen bauen zu können. Mit ihm und seiner Frau freundeten wir uns an. Bei ihnen lernten wir Dr. Wilhelm Kaute und seine Frau Thesi kennen, Besitzer der berühmten Privatklinik West-Sanatorium, in der Prof. Döderlein Belegarzt war und wo ich Eckart zur Welt gebracht hatte. Wir waren einander sehr sympathisch. Das Schicksal wollte es, dass uns unsere Wege später zusammenführten. Sie ermöglichten mir und unseren Kindern das Überleben.

Und wieder erwarte ich ein Kind: Uta

Leider aber waren in unserer Ehe die ersten dunklen Wolken aufgezogen. Alles begann mit einem weißseidenen Schal, den Heinz eines Abends, als wir zum Bridge eingeladen waren, nicht finden konnte. Er bekam einen Tobsuchtsanfall, riss sämtliche Schubladen seiner drei Meter breiten Ankleidekommode heraus und kippte ihren Inhalt auf den Boden. Unterwäsche, Socken und Hemden türmten sich zu einem hohen Haufen. »Eine Schande, dieser schlampige Haushalt!«, brüllte er, während Else, unsere Haushälterin, schluchzend neben dem wüsten Durcheinander der umgestülpten Schubladen stand. »Los, wir fahren!« Er riss einen Kaschmirschal von der Garderobe, wir fuhren schweigend los. Bei unseren Bridge-Freunden angekommen, setzte er sein strahlendes Lächeln auf und war sofort beliebter Mittelpunkt der Runde.

Am nächsten Tag, o Wunder, nachdem er zum Mittagessen nach Hause gekommen war und wieder in die Firma fahren wollte, hing der weißseidene Schal wie selbstverständlich an der Garderobe. »Wo kommt der denn her?«, fragte ich arglos.

»Ich hatte ihn in der Firma vergessen«, war die kurze Antwort, und schon war er aus dem Haus. Keine Erklärung, keine Entschuldigung. Erst viel später kam ich hinter das Geheimnis des weißseidenen Schals. Keine angenehme Entdeckung: Mein Mann betrog mich.

Heinz war jetzt öfter abends nicht zu Hause. Kurz nach Weihnachten gab es eine hässliche Szene zwischen uns, weil ich es »Bonzenwirtschaft« nannte, dass Leni von Hitler ein neues Mercedes-Cabriolet geschenkt bekommen hatte.

»Du bist gemein und niederträchtig«, sagte Heinz und sah mich kalt an.

Da stand ich auf und ging in die Nacht hinaus. Ich musste allein sein. Als ich wieder zurückkam, war Heinz schon in seinem Schlafzimmer verschwunden. Es war ihm offensichtlich egal, ob ich wiederkam oder nicht.

Am 28. Januar 1939 um 14.45 Uhr wurde unsere Tochter Uta nach nur zweieinhalb Stunden Geburtswehen im West-Sanatorium geboren, ein bildschönes Kind mit schmalem Kopf und vielen dunklen Haaren. Als Heinz dann endlich in meinem Zimmer erschien, um sich sein zweites Kind anzusehen, hatte er nur eine halbe Stunde Zeit für uns. »Ich muss zu Leni, sie ist heute Mittag aus den USA zurückgekommen. Ich muss alles hören, was sie dort erlebt hat. Vielleicht komme ich später noch einmal vorbei …« Er ging.

Ich angelte nach dem Telefon und rief Lenis Haushälterin an. »Sagen Sie meinem Mann, wenn er kommt, ich könne heute keinen Besuch mehr haben. Man hat mir ein Schlafmittel gegeben.« Das stimmte zwar nicht ganz, aber ich war gekränkt – zumal es mir bei der Geburt sehr schlecht gegangen war und ich eine Menge Blut verloren hatte. Wieder einmal gingen Leni und ihr Bericht aus Hollywood, wo sie auch von Walt Disney empfangen worden war, vor. Ich heulte mich in den Schlaf.

Mit Lenis Devisen auf Capri

Um mich von meinem Kummer abzulenken, fing ich wieder an zu lesen. Dabei merkte ich schnell, dass mir bei allem bunten Spiel unseres Lebens in der Berliner Gesellschaft die Bücher gefehlt hatten.

Im Frühjahr 1939 wollte Heinz nach Capri. Da wir für Auslandsreisen pro Kopf nur 500 Mark an Devisen bewilligt bekamen, konnte nur Leni helfen. Sie filmte gerade in der

Nähe von Bozen Vorstudien für ihren Film »Tiefland«. Da sie immer genügend Devisen erhielt, fuhren wir zu ihr nach Bozen. Sie versorgte uns ausreichend mit Lire und Benzingutscheinen, sodass wir mit unserem neuen Wagen die Reise antreten konnten. Unser neues Auto war für die Italiener, die wegen des Abessinien-Krieges unter strengsten Konsumbeschränkungen lebten, ein absolutes Wunder: Es handelte sich um einen Opel Admiral, ein Cabriolet mit geteilter Windschutzscheibe, schwarz mit hellem Dach und roten Ledersitzen. Wir hatten ihn auf der Automobil-Ausstellung 1938 für nur 7500 Mark als Vorführwagen erworben – eine fast fünfeinhalb Meter lange Karosse. Wir fuhren bei schönstem Wetter durch Italien, mit gepumpten Lire und Benzingutscheinen, die auf Lenis Auto ausgestellt waren. Bei jedem Tankstopp fand dasselbe Ritual statt: Wir fuhren vor, Heinz beaufsichtigte die Tankuhr, um mir dann einen schnellen Blick zuzuwerfen. In dem Moment, in dem er dem bewundernden Tankwart die Benzingutscheine zusteckte, drehte ich das Autoradio auf höchste Lautstärke, er sprang ans Steuer, startete, und wir preschten mit quietschenden Reifen auf die Hauptstraße. Es ging immer alles gut.

So kamen wir bis Sorrent, verpassten jedoch wegen der Suche nach einer Garage den letzten Dampfer. Das Meer war grau und stürmisch, wir mieteten ein kleines Motorboot und hatten eine entsetzliche Überfahrt. Doch dann verbrachten wir vier herrliche Wochen auf Capri, noch einmal verliebt wie am ersten Tag! Als uns eines Abends bei Vollmond und traumhafter Kulisse in den »giardini publici« der volle Strahl einer polizeilichen Taschenlampe traf und wir uns sogar ausweisen mussten, dachten wir im ersten Schock: die Benzingutscheine! Doch das Ganze entpuppte sich als ganz normale Personenkontrolle, und nach dem ersten Schreck lachten wir herzlich darüber.

Krieg – der zweite in diesem Jahrhundert

Ein wunderbarer Sommer 1939 in Berlin. Noch ahnten wir nicht, wie trügerisch das leichte, sorglose Leben war, das uns, wie es schien, zu verwöhnen liebte. Der Morgen mit dem köstlichen Frühstück im Halbrund unseres Blumenerkers, das lustige Treiben von Eckart mit Peggy, die sich vor dem Würzburger Schrank balgten. Eckarts witzige Kindersprache, die der Hund verstand. Uta im Wagen mit staunenden Augen.

»Oh Gott, schon halb neun!« Ein flüchtiger Kuss auf meine linke Schläfe, schon wollte Heinz hinaus. Ich fasste allen Mut zusammen: »Heinz, ich brauche Wirtschaftsgeld.«

Zusammengezogene Augenbrauen, ein unwilliges: »Schon wieder?«

Schnell streckte ich ihm mein Haushaltsbuch entgegen, in dem ich alle Ausgaben säuberlich aufgeschrieben hatte bis hin zu 20 Pfennig Teilstrecke zum Roseneck und 10 Pfennig Petersilie.

»Dieser Haushalt verschlingt Unsummen«, knurrte er nur und rückte widerwillig einen Hundertmarkschein heraus.

Mit fünfzig Mark stand ich schon bei meinem Vater in der Kreide. Das wusste Heinz natürlich nicht. Er stürzte hinaus, und ich hörte den Opel Admiral aufheulen. Ich rief Annelise Kuntze an, die in der ersten Etage wohnte. Wir hatten sie beim Einzug in die neue Wohnung kennen gelernt, und da sie auch eine junge Familie hatte, hatten wir uns angefreundet. Gemeinsam zogen wir los, Uta im Kinderwagen, Eckart und Lutz Hand in Hand, Streiche planend, Annelise und ich mit dem Hündchen. So ging es zum Hohenzollerndamm.

»Du bist wohl wieder knapp mit Wirtschaftsgeld?«

Ich nickte. »Schrecklich, er gibt es mir nur in Raten und ich muss am Monatsanfang immer erst einmal Else bezahlen, da sind schon 80 Mark von 200 weg.« Heinz war geizig. Er hielt mich in Abhängigkeit.

»Schmeiß ihm doch mal 'ne Vase vor die Füße«, meinte Annelise, »du musst dich wehren!«

Diesen Rat befolgte ich eines Tages und warf ihm im Streit zwei Bücher vor die Füße. Doch er blieb unbeeindruckt und stieß sie nur beiseite.

Heinz pflegte mittags zum Essen nach Hause zu kommen, dabei fand immer das gleich Ritual statt: Der große, offene Wagen fuhr vor, aus dem Haus stürzte die ganze Familie, vorneweg Peggy, dann die Kinder, dann ich und Else. Eines Tages aber verpatzte ich das Ritual; denn ich war gerade mit einer komplizierten Näharbeit an einem Kleidchen für Uta beschäftigt. Heinz stürzte wütend ins Wohnzimmer. »Du hast es wohl nicht nötig, mich zu begrüßen!«

Ich ließ die Näherei fallen und entschuldigte mich. Schweigend legte ich eine Schallplatte mit seiner Lieblingsmusik auf und goss ihm einen Wermut mit Gin ein.

Er entspannte sich. »Wir können ein paar Wochen in Zernsdorf bei den Eltern verbringen. Ich muss natürlich tagsüber in die Firma. Aber meine Mutter sehnt sich so nach den Enkeln.«

O lieber Himmel, dachte ich, ein paar Wochen allein mit den Schwiegereltern! Doch dann kam mir eine Idee: »Da könnte ich doch endlich den Führerschein machen. Bitte, Heinz, sag ja! Alle meine Freundinnen haben einen Führerschein. Lixie, Munky, Barbara, alle ... nur ich nicht!«

»Na gut«, sagte er zögernd, »dann sag' ich meinen Eltern Bescheid!«

Mit voll gepacktem Opel Admiral fuhren wir hinaus, um drei Wochen in unserem Gästeappartement mit eigenem Bad zu verbringen. Nett und gemütlich war es schon, nur eng. Aber da war ja der Garten, lang gestreckt zum See hin mit eigenem Steg. Auf dem saß der unförmig dicke Opa Riefenstahl und angelte oder döste vor sich hin.

Jeden Tag, Punkt elf Uhr, fuhr der Opel mit dem Fahrlehrer vor, um mich abzuholen. Es machte mir wahnsinnigen Spaß. Nach zwölf Fahrstunden wollte ich meinen Führerschein geschafft haben. Und so war es auch.

Am 1. September 1939 aber brach der Krieg aus.

Leni und ich und noch mehr Krieg

(1939–1944)

Es wird zurückgeschossen

Konnte es denn wirklich jedes Mal gut gehen, wenn Hitler im »Namen des deutschen Volkes« wieder irgendeine militärischen Coup inszenierte, wie die Rückgewinnung des Saargebiets, die Besetzung der entmilitarisierten linksrheinischen Gebiete, den Anschluss Österreichs, die »Rückgabe« des Memel- und die Annexion des Sudetenlandes? Bislang hatte ihn die Welt jedes Mal schreckerstarrt gewähren lassen, und jedes Mal hatte das deutsche Volk jubelnd und demütig an die »Vorsehung« seines geliebten »Führers« geglaubt und ihm gehuldigt, wenn wieder einmal alles glatt gegangen war. Was nutzten englische und französische Proteste – der Erfolg gab dem rücksichtslosen Machtpolitiker Recht.

Nun aber hatten die »bösen Polen« den Sender Gleiwitz überfallen, es wurde »zurückgeschossen«. Später flüsterte man sich hinter vorgehaltener Hand zu, dass alles ein makabrer, vom SD inszenierter Handstreich gewesen war. Am 31. August des Jahres gab Hitler den Befehl zum Angriff auf Polen, und am frühen Morgen des 1. September überschritten deutsche Truppen die polnische Grenze. Damit hatten wir nun wirklich Krieg.

Unsere manchmal bedrückenden Ahnungen, es könne doch nicht immer alles gut gehen, hatten nicht getrogen. Schon die Einführung von Bezugsscheinen auf Lebensmittel,

Seife, Textilien, Schuhe und Kohle am 27. August 1939 war uns unheimlich. Schnell aber etablierte sich ein schwarzer Markt.

Wenige Tage zuvor hatte ich selbst ein Erfolgserlebnis: Ich durfte im Admiral durch die Stadt fahren, um meinen Mann im Büro abzuholen. Natürlich nicht ganz allein, sondern mit dem guten Chauffeur an der Seite. Stolz umrundete ich die Gedächtniskirche. Es ging alles glatt, nur einmal vergaß ich, den Winker nach links einzuschalten. Ein sympathischer Mann, ebenfalls in einem Cabriolet, drohte mir scherzhaft mit dem Finger. Heil und sicher hielt ich vor dem Firmenbüro an, Heinz kam heraus, dankte dem Chauffeur und übernahm das Steuer. Ich hätte ihn gern auch nach Hause in die Kranzer Straße gefahren, aber er war wohl zu nervös, um sich das anzutun.

Es war das einzige Mal, dass ich mit meinem frisch erworbenen Führerschein Auto fuhr. Erst 1953, vierzehn Jahre später, setzte ich mich wieder hinter das Steuer eines Wagens, um noch einmal eine Führerscheinprüfung abzulegen. Dazwischen lagen sechs Jahre Krieg, Jahre der Armut und des Hungers, und in München, der ehemaligen »Hauptstadt der Bewegung«, glaubte man mir nicht, dass ich den Führerschein besaß. Denn bei Kriegsende hatte ich das Originaldokument, des Namens Riefenstahl wegen, vor dem Einmarsch der Russen verbrannt.

An diesem 1. September nun, als wir aus dem Radio die Stimme des »Führers« sagen hörten, »ab 4 Uhr 45 wird zurückgeschossen«, verging uns die Freude am Frühstück. Wir sahen uns nur entsetzt an. »Ich muss schnellstens in die Firma«, entschied Heinz. »Komme früher zurück. Wir müssen zu meiner Schwester!« Schon verließ er das Haus.

Benommen besprach ich mit Else die notwendigen Einkäufe, gab ihr die auf den Bezugsscheinen fälligen Abschnitte für 700 g Fleisch, 120 g Marmelade, 280 g Zucker, 63 g Kaffee und 1141 ml Milch pro Person und Woche und bat sie, alles zu besorgen. Sie jammerte beim Hinausgehen.

Ich beschäftigte mich mit meinen Kindern, kontrollierte die Verdunkelungspapiere und klingelte dann bei Annelise. Die schloss mich todunglücklich in die Arme. »Helmut ist schon seit sieben Uhr in der Firma. Wir sollen ins Landhaus.«

Wenn Heinz das hörte, würde er mich mit den Kindern zu seinen Eltern schicken – ein gerade überstandener Albtraum!

Leni: »Der Führer schafft es!«

Ich bereitete das Mittagessen vor. Heinz rief an, er käme nun doch später. Am frühen Nachmittag fuhren wir zu seiner Schwester Leni in die Heydenstraße. Sie empfing uns mit unbewegtem Gesicht. »Ach ja, eine Art Krieg. Deutschland kann sich doch nicht alles gefallen lassen. Dieser polnische Korridor ist doch eine ständige Herausforderung! Der Führer schafft es! Ich glaube an ihn. In kürzester Zeit ist der Spuk vorbei!« Ihre Augen leuchteten.

In diesem Moment heulten die Luftschutzsirenen. Mir wurde eiskalt vor Entsetzen.

»Fliegeralarm!«, rief Heinz.

Ich hörte das Wort Fliegeralarm, sprang auf und lief zur Haustür. Auf dem Trottoir holte mich Heinz ein: »Du bist wohl verrückt! Bei Fliegeralarm auf die Straße zu laufen! Du kannst standrechtlich erschossen werden!«

»Meine Kinder«, weinte ich. »Ich muss zu ihnen …«

Er packte mich und zerrte mich wieder ins Haus. »Du musst bis zur Entwarnung warten.«

Ich sank in den nächsten Sessel. Er sah mich an, als wäre ich geisteskrank. In diesem Augenblick ertönte das Entwarnungssignal. Ich nahm die Hände vom Gesicht. »Bitte, bring mich nach Hause!«

»Wir müssen noch warten. Leni hat uns noch etwas mitzuteilen.«

Ich merkte erst jetzt, dass sie verschwunden war. Aber da kam sie auch schon die Treppe herunter. In Uniform, Hosen und Stiefeln, ein Lederkoppel um die schlanke Taille, einen schmalen Gurt schräg über Schulter und Brust.

»Nun?«, sagte sie und strahlte ihren Bruder an. »Gefällt dir des Führers Kriegsberichterstatterin für Polen?«

Heinz betrachtete sie mit einer Mischung von Verlegenheit und Bewunderung. »Und wo trägst du das Gewehr?«

Sie lachte grell. »Du Dummer, ich hab doch die Kamera, das ist mein Gewehr!«

»Aber wenn du nun mal zufällig doch auf einen Polen triffst, was dann?«

»Da hab ich dann meine Pistole, hier hinten!« Sie zeigte auf ihre rechte Hüfte.

Mir verschlug es nun vollends die Sprache.

Heinz fragte nur noch: »Wann geht's los?«

Sie strahlte: »Heut' Nacht! Entschuldigt mich nun, es gibt noch viel vorzubereiten.«

Wir fuhren schweigend nach Hause, aufgewühlt und sehr skeptisch.

Nach vier Wochen war Polen überrollt, am 27. September kapitulierte Warschau. In der Wochenschau sah man schreckliche Bilder, beispielsweise von einem Angriff polnischer Kavallerie auf deutsche Panzer, der in einem grauenhaften Blutbad endete.

Leni sah man auch, wie sie mit schreckgeweiteten Augen inmitten von deutschen Soldaten stand. Sie schaute zu, wie kniende polnische Menschen, durch Genickschuss ermordet, in eine Grube fielen. Dieses Foto wurde nach dem Krieg 1950 in deutschen Illustrierten veröffentlicht. Uns erzählte sie damals, als sie aus Polen zurückkam, sie sei entsetzt und beschämt wegen dieser Gräueltat gewesen und sofort bei General Reichenau vorstellig geworden.

Heinz und ich konnten Lenis Optimismus im Hinblick auf den Krieg in Polen, »den Deutschland leicht gewinnen würde«, nicht teilen. Wir saßen abends, wenn Else in ihre kleine Wohnung unterm Dach gegangen war, vor unserem großen, in die Bücherwand eingebauten Radio und drehten an allen Knöpfen, um möglichst eine Nachricht aus dem Ausland einzufangen. Natürlich mussten wir uns vorsehen: Fenster zu und später Kontrolle, dass die Suchtaste des »Körting« wieder auf Radio Berlin stand. Wer konnte schon seinen Hausangestellten hundertprozentig trauen? Lachen mussten wir trotzdem, wenn wir uns manchmal mitten in der Nacht vor dem Radio wiedertrafen, weil jeder in seinem Schlafzimmer noch kurz vor dem Einschlafen die Schreckensvorstellung einer auf BBC London stehen gebliebenen Taste hatte, die die Haushälterin am frühen Morgen entdecken würde. Zuchthaus und sogar die Todesstrafe standen auf das Abhören feindlicher Sender.

Heinz wird u.k. gestellt

Nach dem 1. September hofften wir zwei Tage lang immer noch, der »Krieg«, von dem wir außer der Verdunkelung in Berlin nichts merkten, könnte vorübergehen, ohne Europa in den Abgrund zu stürzen. Dann wurde es bitterer Ernst: Am 3. September erklärten Frankreich und England Deutschland den Krieg. Dass sich Australien und Marokko, Irak, die Südafrikanische Union und Kanada der Kriegserklärung anschlossen, nahmen wir kaum wahr – wohl aber, dass Mussolini, Hitlers Achsenverbündeter, erklärte, Italien sei nicht kriegsbereit. Hitler meinte dazu öffentlich, Italiens Waffenhilfe sei nicht nötig, England und Frankreich aber nun unsere großen Gegner.

Wie würde es nun weitergehen? Langsam wurde mir bange bei bei dem Gedanken an einen ernsthaften Krieg. In verbissener Pflichterfüllung legte ich Vorräte an und richtete den Luftschutzkeller »wohnlich« ein. Heinz hatte von einer Baufirma Stockbetten für uns alle, auch für Kuntzes, besorgt, und nun statteten Annelise und ich diese einfachen Kiefernholzgestelle ein bisschen gemütlich aus. Matratzen, Decken und kleine Kopfkissen, möglichst bunt und lustig, Plüschtiere und Bilderbücher, Notproviant.

Heinz stellte Hacken neben die Tür.

»Wofür denn die Hacken?«, fragte ich Heinz.

»Falls wir verschüttet werden«, war die lakonische Antwort. Dann schaufelten die beiden Männer, Helmut und Heinz, die Licht- und Einstiegsluken im Garten zu – gegen Bombensplitter, wie sie uns erklärten.

Mir wurde beinahe schlecht. Einmal musste das Ganze auch geübt werden. Ein makabrer Zug setzte sich vom Parterre und ersten Stock aus in Bewegung. Annelise mit ihren Kindern, Helmut, das Hausmeisterpaar, wir mit Eckart und Uta, die ich im Arm trug, der Foxl Peggy, der unten gleich auf das Fußteil meiner Pritsche sprang.

Schon meckerte unser Hausmeister: »Der Hund gehört in einen anderen Kellerraum!«

»Aber warum denn?«, fragte ich.

»Weil er uns den Sauerstoff wegnimmt.«

»Der Hund bleibt bei mir!«

»Probe beendet«, verkündete Helmut und drückte die Metalltür der Gasschleuse wieder nach außen auf. »Wir müssen noch eine Kochgelegenheit installieren.«

»Stimmt, haben wir vergessen. So einen Trockenpetroleum-Kocher, nicht wahr?«

»Schade«, maulten Eckart und Lutz, denen es offenbar ungeheuren Spaß machte, von einem oberen Stockbett auf das andere zu hangeln. Wie Affen im Zoo hingen sie da.

»Los, runter«, befahl Helmut, und ihm gehorchten sie sofort. Der Kellerspaß war beendet.

Wieder in unserer Wohnung, machten wir uns erst einmal einen guten Drink. »Ob das im Ernstfall auch so abläuft?« Was waren wir doch für Ignoranten!

Hitlers Krieg sollte uns das Fürchten lehren. Am 6. Oktober endete der »Blitzkrieg mit der Kapitulation der letzten polnischen Truppen bei Kock. Am selben Tag verkündete Hitler in der Kroll-Oper die »Neuordnung im Osten und Südosten Europas«. Zudem erfuhren die Deutschen, dass über 10 000 deutsche Soldaten im Polenfeldzug gefallen waren.

Nun spürten wir eine ganze Weile nichts von diesem Krieg, den keiner von uns gewollt hatte. Allerdings waren wir etwas ängstlich, da Heinz, Jahrgang 1906, sofort hätte rekrutiert werden müssen. Dann aber verkündete er erleichtert, er sei nun als Chef einer für die Rüstungswirtschaft wichtigen Firma »u. k.« gestellt, das heißt unabkömmlich. Ab sofort aber durfte der Opel Admiral mit seinem hohen Benzinverbrauch nicht mehr benutzt werden, er würde nun das kleine Firmenauto zum Hin- und Herfahren verwenden. Der Admiral wurde in der Garage aufgebockt, genau wie Helmut Kuntzes hübsches blaues BMW-Cabrio in der Garage daneben.

Eckart und Lutz erfanden ein neues Spiel, das sie »Auto fahren« nannten und exzessiv betrieben, bis sie erwischt wurden. Sie schlichen sich in unsere Doppelgarage, bekamen irgendwie die Türen des Admiral auf und sprangen darin wie die Affen herum, bis das Auto von den Unterstellböcken herunterfiel. Als Heinz es bemerkte, versohlte er ihnen den Hosenboden. Beide Väter beschlossen jedoch, ihren Sprösslingen zu Weihnachten je ein Auto zu schenken. Der Jubel war unbeschreiblich, als unter dem Weihnachtsbaum bei uns ein rotes und oben bei Kuntzes ein blaues Tretauto stand. Weil an Weihnachten noch kein Schnee lag, wurden die beiden Gefährte sofort ausgiebig ausprobiert.

Unser schöner Opel Admiral hingegen hat uns nicht mehr lange Freude bereitet. Eines Tages wurde er für die Wehrmacht requiriert – wahrscheinlich als Dienstwagen für irgendeinen General in der Etappe. Wir haben nie erfahren, was aus ihm geworden ist.

Wohlgesinnter Reichsminister

Als »Une drôle de guerre«, ein komischer Krieg, wurde der Krieg in Frankreich bezeichnet. Seit der britisch-französischen Kriegserklärung am 3. September vorigen Jahres lagen sich die Feinde am Westwall gegenüber. Nichts rührte sich. Nicht ein Schuss fiel, wenn man von einem Zwischenfall mit einer kleinen französischen Einheit am 7. September absah – »Sitzkrieg«.

Wir hörten zwar eifrig die verbotenen Auslandssender ab, aber mehr, als dass unsere U-Boote Erfolge vor Großbritannien erzielten, erfuhren wir nicht. Wir lebten also weiter unser, wie es schien, fast ungetrübtes kleines Familienleben. Heinz hatte mehr denn je zu tun, die Firma florierte. Reichsminister Speer war jetzt der oberste Auftraggeber. Mit Leni gut befreundet, war er auch der Firma Riefenstahl wohl gesinnt. Man hätte sich an diesen Zustand gewöhnen können – da gab Hitler den Befehl zur Besetzung Dänemarks und

Norwegens – am 9. April 1940 lief das »Unternehmen Weserübung« an. An der »Siegfried-Linie« wollten die Alliierten ihre Wäsche aufhängen – »We will hang our washing on the Siegfried line«, hatte es geheißen. Aber auch daraus wurde nichts. Denn während in Norwegen noch gekämpft wurde, überrannte die deutsche Armee in einem »Blitzkrieg« Holland, Belgien und Frankreich. In nur sechs Wochen war alles vorbei, Hitler zog als Sieger in Paris ein. Die »Grande Nation« wurde gedemütigt, die »Schmach von Versailles« ausgelöscht.

Auch mein Bruder Werner hatte im Range eines Leutnants der Wehrmacht daran teilgenommen. Er besuchte uns und brachte uns eine Flasche Armagnac mit. Wir waren froh, dass er unversehrt geblieben war.

Der Sommer 1940 war herrlich. Er wäre noch schöner gewesen, hätte ich nicht manchmal unter Depressionen gelitten. Heinz kam oft abends nicht nach Hause. Ich fühlte mich ziemlich verloren. Geschäftliche Besprechungen, in der Firma natürlich, die Rüstungsindustrie ... Ich musste und wollte es auch glauben. Doch es kamen mir Zweifel, wenn ich abends so ganz allein mit dem Hündchen Peggy Gassi ging. Irgendetwas stimmte in unserer Ehe nicht mehr. Der flüchtige Kuss auf die Stirn, mit dem er mich begrüßte, wenn ich schon zu Bett gegangen war, stimmte mich traurig. War das nun alles? Ich vertiefte mich wieder in meine Bücher.

Die ersten Bombenangriffe – »Tiefland«

An meinem Geburtstag, dem 12. August 1940, luden wir unsere engsten Freunde ein. Als alle versammelt waren und mit einem Glas Sekt auf mein Wohl angestoßen werden sollte, ging die Wohnzimmertür auf, und herein spazierten meine

Kinder, dreieinhalb und anderthalb Jahre alt, hellblond gelockt, entzückend anzusehen in ihrer »Hamburger Kinderstube«-Garderobe, die Biedermeiersträußchen in den Händchen. Eckart versuchte ein Gedicht, Utas blaue Augen schwammen in leichten Tränen – das hatte sie wohl von ihrer Omi geerbt? Die anwesenden Gäste waren gerührt. »Das hübscheste Paar von Berlin! Mit den schönsten Kindern!« Während ein Freund sein Glas hob und den Toast ausbringen wollte, erfuhren wir, dass britische Bomber den Dortmund-Ems-Kanal angegriffen hatten.

Vierzehn Tage später erfolgte der erste wirkliche Luftangriff der Briten auf Berlin. Die Einschläge trafen Lichtenberg und Pankow. Wir hörten in unserem Haus nur die Flak bellen. Drei Tage später dann der nächste Bombenangriff auf weitere Wohnviertel Berlins. Dieses Mal wurde Kreuzberg schwer getroffen, es gab zahlreiche Tote und Verletzte. Uns packte die Angst. Das war Churchills Vergeltung für die deutschen Angriffe auf die Londoner Innenstadt einige Tage zuvor.

Was nun? Heinz meinte: »Ihr müsst aus dieser Stadt fort. Ihr müsst aufs Land, bis es hier wieder ruhig wird. Irgendwann wird England doch wohl das Friedensangebot Hitlers annehmen.« Ganz überzeugt klang das nicht. Aber ich fügte mich.

Als Ausweichquartier wurde der oberbayerische Ort Krün gewählt, weil Leni dort in der idyllischen Landschaft zwischen Klais, Krün und Mittenwald vor dem Karwendelmassiv ihren Film »Tiefland«, den sie in Spanien begonnen hatte, zu Ende drehte. Heinz brachte uns hin, und wir fanden ein bescheidenes Quartier im hübschen Häuschen »Alpspitz«, zwei Doppelzimmer zu einem bescheidenen Preis und dazu eine freundliche Wirtin, die Kinder und auch Peggy mochte. Alles irgendwie ländlich und bizarr und auch etwas einfach. Zum Essen gingen wir in den Gasthof »Zur Post«. Wir hatten Essensmarken. Bei so genannten »markenfreien Gerichten« gab es Pellkartoffeln mit Quark oder einen bayerischen Eintopf.

Natürlich waren wir gleich am ersten Tag auf dem Filmgelände, das man von der Landstraße Krün–Klais aus erreichte. Es war fantastisch, was der Filmarchitekt dort auf die grünen Buckelwiesen gestellt hatte: Ein spanisches Dorf aus dem letzten Jahrhundert, mit alten Häusern und Straßen, in denen originalgewandete spanische Bauern und Bäuerinnen hin und her liefen. Dahinter das majestätische Karwendelmassiv – eine atemberaubende Kulisse! Und mitten in diesem so »echten« Dorfleben eines spanischen Gebirgsvölkchens – die Statisten waren übrigens Sarntaler Bauern und Zigeuner – meine Schwägerin Leni. Auf einem Kamerawagen, das Megafon vor dem Mund, erteilte sie in scharfem Ton ihre Anweisungen. Leni spielte selbst die Rolle der jungen Magd Martha in einem spanischen Kleid mit Spitzenmantilla auf dem Kopf. Sie war Hauptdarstellerin, Regisseurin und Produzentin in einer Person. Der Film verschlang Millionen, wurde erst nach dem Krieg 1952 uraufgeführt und verschwand nach drei Wochen wieder in der Versenkung.

Leni kam auf ihren Bruder zu, warf den Kopf zurück und lachte. Wir waren für eine kurze Weile Mittelpunkt des Interesses. Auch ein gut aussehender Offizier der Mittenwalder Gebirgsjäger wurde uns vorgestellt. »Major Jacob!«

Er gefiel uns gut, und im März 1944 wurde er Lenis erster Ehemann. Die Ehe hielt allerdings nur zwei Jahre, aber er sorgte noch jahrelang für sie und ihre Mutter. Er war ein ganz besonderer Mensch, dieser Peter Jacob. Viele Jahre später – er war inzwischen mit der Schauspielerin Ellen Schwiers verheiratet – traf ich ihn in Jagsthausen wieder. Er spielte dort im »Götz von Berlichingen« mit.

Inzwischen hatte sich Eckart mit den Kindern der Sinti und Roma angefreundet, die mit ihren Familien aus dem Lager Glaxgau bei Salzburg geholt worden waren, um im Film als Statisten mitzuwirken. Sie waren in einer großen Scheune untergebracht, hatten aber auch richtige Wohnwagen dabei. Für sie waren es die reinsten Ferien vom Lagerleben, das sie sonst unter schwerster Bewachung führten.

Von den Filmleuten wurden die Zigeunerkinder unglaublich verwöhnt, besonders ein vierjähriger Junge mit großen, pechschwarzen Augen, der bevorzugt um Zigaretten bettelte, die man ihm auch leichtfertig schenkte.

Eckart und er waren gleich alt, zusammen waren sie ein beliebtes Foto-Objekt, Eckart, silberblond, neben dem schwarzhaarigen kleinen Zigeunerjungen.

Leider musste Heinz bereits nach wenigen Tagen nach Berlin zurück, da er sich dringend um die Firma kümmern musste.

Der zweite Kameramann: Klaus Collignon

Eines Tages rief er mich an und fragte, ob ich es begrüßen würde, wenn Thesi Kaute, die Frau des Arztes Dr. Wilhelm Kaute, mit ihren beiden kleinen Töchtern nach Krün käme.

»Ja«, sagte ich, »ich werde sicher ein Quartier finden.« Drei Häuser entfernt von unserer Unterkunft konnte ich für sie zwei Zimmer mieten.

Als ich wieder einmal auf dem Filmgelände war, fiel plötzlich ein langer Schatten auf mich. Vor mir stand lächelnd ein sehr großer, schlanker Mann mit einer Kamera. Er verbeugte sich: »Sie sind doch Frau Riefenstahl? Meine Eltern haben mir von Ihnen erzählt! Sie trafen Sie im Ifen-Hotel. Mein Name ist Klaus Collignon!«

Lächelnd gab ich ihm die Hand. »Was tun Sie denn hier?«

»Ich bin zweiter Kameramann bei Ihrer Schwägerin. Aber Sie habe ich hier noch nie gesehen.«

Ich nickte. »Es liegt mir nicht so viel an diesem Trubel hier und außerdem ist es auch nichts für zwei kleine Kinder. Sehen Sie, schon wieder muss ich meinen Sohn einfangen, der ist von den Zigeunern ganz begeistert.«

Der Kameramann verabschiedete sich.

Eines Abends stand Klaus Collignon vor unserem Haus. Es wurde ein Abend mit Musik und interessanten Gesprächen, ein Abend, wie er sich oft wiederholen sollte. Die Musik zu »Rosamunde« lag wie ein Zauber über der halbrunden bayerischen Sitzecke. Die Kerzen auf dem Tisch, der Rotwein und die anbetenden Blicke des jungen Kameramannes … Es war wirklich schwer, dem Charme dieser Stimmung zu widerstehen.

An einem schönen, warmen Abend verließen wir das Haus und gingen die Landstraße nach Kranzberg entlang. Die Nacht sah wundervoll aus mit stürmenden, weißen Wolkenfetzen vor den hohen Wänden des Wetterstein- und des Karwendelgebirges. Der Wind zerrte an uns, unnatürlich lau und verrückt – eben Föhn, der warme Fallwind, der von Süden über die Alpen kam.

Mit einem Mal nahm mich Klaus Collignon in seine Arme. Es gelang mir, seinem Mund auszuweichen. »Ich habe sieben Jahre lang niemand anderen als meinen Mann geküsst! Bitte, lassen Sie mich los!«

Er versuchte es noch einmal. Ich befreite mich. »Bitte lassen Sie mich in Ruhe. Ich will nicht …« Verstört lief ich nach Hause.

Dort saß Thesi Kaute, die mit uns den Abend verbracht hatte, noch immer am Tisch. Ich schob den Tonarm so brüsk von der Schallplatte, dass es fürchterlich krachte. »Bitte lass uns Krün verlassen! Ich kann hier nicht bleiben. Ich fahre morgen nach Mittenwald und suche ein neues Quartier.«

Wir zogen um nach Mittenwald, in die Pension Hoffmann, eine altmodische Villa mit dem etwas modrigen Charme alter Häuser.

Eines Vormittags rief mich das Mädchen herunter. Ein Herr wolle mich sprechen. An der Tür stand Klaus Collignon und lächelte schüchtern. »Die Filmarbeiten sind zu Ende. Ich habe mich für ein paar Tage hier in Mittenwald einquartiert.«

Ich wusste nicht, sollte ich lachen oder weinen. Die Einladung zum Tee nahm ich zwar an, bat ihn aber, mir nicht weiter den Hof zu machen: »Bitte, versprechen Sie mir, morgen abzureisen. Lassen Sie mir und meinem kleinen Leben die Ruhe, die es braucht. Bitte!«

Er sah mich fassungslos an, gab aber nach. Am nächsten Tag verabschiedeten Thesi und ich ihn am Bahnhof Mittenwald.

Nun konnte wieder Ruhe in mein Leben kommen. Aber auch aus Mittenwald wollte ich fort. In Seefeld fanden wir ein neues, behagliches Quartier in einem schönen, neuen Haus, das »Rote Erde« hieß. Besitzer waren zwei Damen aus dem Westfälischen.

»Alles in Ordnung?«, fragte mich Thesi, als sie mein ausdrucksloses Gesicht sah, nachdem wir bei den beiden älteren Damen mehrere Zimmer mit Küchenbenutzung gemietet hatten.

»Ist doch völlig egal, wo und wie wir unser Exil gestalten« antwortete ich mürrisch.

»Aber das hier ist ein sehr hübsches Haus!«

»Gut, mag sein. Aber es ist nicht meines. Ich hasse dieses Zigeunerleben!«

»Du leidest unter einer Depression, die du möglichst schnell bis Weihnachten überwinden musst, wenn unsere

Männer kommen!«, sagte sie energisch. Da saß sie wieder, die würgende Angst, die nach meinem Herzen griff. Aber es war doch alles in Ordnung, nichts war geschehen, absolut gar nichts. Das redete ich mir Tag für Tag ein, wenn ich mit den Kindern die sanften Hügel hinunterrodelte. Ein so schöner Ort, dieses Seefeld! Weit und ausgedehnt lag es auf einer besonders sonnigen Höhe. Da konnte es uns doch nur gut gehen!

Die Kinder waren begeistert vom Schnee und vom Rodeln. Ich lernte wieder lachen und betrachtete meinen Anfall von Verliebtheit als überwunden. Nichts war gewesen, nicht einmal ein Kuss. Dies war sehr beruhigend für mich, ich würde meinem Mann, wenn er kam, in die Augen sehen können. Nun konnten die Weihnachtstage kommen, zu denen wir unsere Männer erwarteten – endlich einmal ein wenig länger als sonst!

Als wir zwei Tage vor dem Fest am Bahnhof standen und Heinz uns alle drei in die Arme schloss, war meine kleine Welt noch in Ordnung. Dr. Wilhelm Kaute verwöhnte uns mit einer riesigen Packung Pralinen, was es schon lange nicht mehr gegeben hatte. Der absolute Höhepunkt aber war eine richtig fette Gans, die er auf dem Küchentisch auspackte. »Ein dankbarer Patient!«, sagte er mit einem verschmitzten Lächeln.

Für Heiligabend hatte man uns das Esszimmer der Pension zur Verfügung gestellt. Ein Lichterbaum stand da, ein kleiner zwar, aber wir waren doch sehr gerührt. Heinz und Wilhelm überboten sich gegenseitig an Generosität, wenn es um Überraschungen, Geschenke und Ausgehen ging. Dass Heinz und Thesi sich nicht leiden konnten, versuchten Wilhelm und ich durch ausgleichende Heiterkeit und betonte Harmonie zu überspielen. Doch Heinz verstand dies falsch. Er wurde von Tag zu Tag eifersüchtiger.

Am Silvesterabend veranstalteten wir ein feierliches Diner zu viert im »Palace« in großer Abendtoilette. Als Punkt zwölf die Tanzmusik jäh abbrach und die Glocken aus dem Tal zu läuten begannen, stand plötzlich ein Page mit zwei riesigen Blumensträußen vor uns, die er im Auftrag von Dr. Kaute überreichte – Thesi einen dunkelroten, mir einen rosaweißen. Heinz war nahe daran, die Fassung zu verlieren. Totenblass stieß er hervor: »Das hätte eigentlich mir einfallen müssen!«

Wir gingen an unseren Tisch zurück. Während das Ehepaar Kaute fröhlich plaudernd davontanzte, traktierte mich mein Mann mit seiner Eifersucht. »Was fällt ihm ein? Dir Blumen zu schenken!«

»Warum nicht?«, konterte ich, nun ebenfalls beleidigt.

»Er ist in dich verliebt!«

»Ach, mach' dich nicht lächerlich! Er ist einfach ein geborener Kavalier!«

»Ich glaube, wir gehen besser! Wir sind nicht mehr in der richtigen Stimmung …«

Ich stand auf, nahm schweigend die rosa-weißen Blumen. Er zahlte, wir verabschiedeten uns, und er führte mich an seinem Arm die etwa hundert Meter zur »Roten Erde«. Kein Wort, keine Entschuldigung. Im dunklen Wohnzimmer des Hauses fand ich in der Kredenz eine große Vase. Als ich mit Vase und Blumen unser Zimmer betrat, stieß Heinz böse hervor: »Aha, die Blumen von deinem Kaute!«

Ich antwortete nicht, zog mich im Bad aus und legte mich neben ihn ins Bett. Doch es sollte keine Ruhe geben. Jetzt gingen die Beschuldigungen erst richtig los. Verdächtigungen, ich hätte Dr. Kaute beim Tanz geduzt – wir siezen uns immer noch –, was ich denn an ihm so fände und so weiter und so weiter. »Die Wahrheit will ich, hörst du, die Wahrheit! Hast du etwas mit ihm?«

Ich wehrte mich, er schüttelte mich. »Ach, es hat ja doch alles keinen Sinn«, sagte ich schließlich und stand auf. Ich ging auf den dunklen Flur hinaus, stieg die Treppe hinab zum Kinderzimmer. Da lagen sie beide, die hellblonden Engelchen, und schliefen fest. Ich sah sie liebevoll an. Dann ging ich wieder nach oben, ins Bad. Zwei Röhrchen Phanodorm hatte ich mir aufbewahrt, für alle Fälle. Die schluckte ich und warf die leeren Packungen aus dem Fenster, wo sie im tiefen Schnee verschwanden. Dann legte ich mich wieder zu Heinz ins Bett. Der einseitige Dialog ging weiter, die alten Verdächtigungen. Ich spürte lähmende Müdigkeit, wehrte mich noch einmal: »Es hat ja doch keinen Sinn mehr!«

Als ich wieder aufwachte, war es heller Tag. Ich lag in einem anderen Zimmer, und mir schien, als sei ich furchtbar weit fort. Thesi saß neben dem Bett und brachte mir sofort eine Tasse Bouillon. Ich schluckte sie brav. »Du hast uns ganz schön aufgeregt letzte Nacht! Mein Gott, sind wir erschrocken, als Heinz bleich und verstört wieder im ›Palace‹ erschien und nur noch stockend herausbrachte: ›Schnell, schnell, Ilse hat etwas Entsetzliches getan!‹« Dr. Kaute raste durch die Silvesternacht zum Haus des uns befreundeten Seefelder Arztes, der ihm die Apparatur für einen solchen Notfall leihen musste. Dann ging es wieder zurück in die »Rote Erde«, wo ich totenblass einen endlosen Schlaf schlief. Die vereinten Bemühungen des Arztehepaars hatten schließlich Erfolg. Ich schloss nach dieser Beschreibung wieder die Augen und schlief weiter. Als ich endgültig erwachte, war Heinz nach Berlin abgereist.

Die Ehre, eine Riefenstahl zu sein

Nach diesem 1. Januar 1941 war nichts mehr wie zuvor. Heinz hatte sich bei Leni ausgeweint, und von nun an mischte sich diese in unsere Angelegenheiten. Unübersehbar wollte Leni ihren schönen Bruder von der kleinen Aufrührerin trennen. Sie gab mir zu verstehen, dass es eine Vermessenheit wäre, sich den Vorstellungen ihres Bruders zu widersetzen, wenn man Ilse *Riefenstahl* hieß und die Ehre genießen durfte, gelegentlich mit der berühmten Schwägerin zusammen zu sein. Ich fand ihr Verhalten empörend!

Ich hatte meinen Lebensmut wiedergefunden und meldete mich in der Skischule Kirchmaier an. Jeden Morgen um neun Uhr ging ich zum Skikurs. Es machte mir viel Spaß und brachte mich auf andere Gedanken.

Von Klaus Collignon erhielt ich über Thesi einen Brief, in dem er mir mitteilte, dass er zur Marine-Propagandakompanie einberufen worden sei, und zwar als Kamera-Berichterstatter. Er hatte auch ein kleines Gedicht in Sonettform beigelegt. Ich war gerührt, zögerte aber, ob ich ihm antworten sollte. Schließlich tat ich es doch.

Die armen Soldaten! So viele waren schon gefallen. Ein etwas wehmütiges Gefühl empfand ich schon, als ich den kurzen Brief mit der Feldpostnummer versah. Verweht, vergangen, vorbei ...

Heinz telefonierte, wie gewohnt, in der Woche ein- bis zweimal mit mir. Es sei ihm furchtbar schlecht gegangen, als er in Berlin eingetroffen sei, er habe einen grauenvollen Ischiasanfall erlitten. Else hätte ihn zwar sehr gut verpflegt, sei aber wohl nicht die richtige Krankenschwester gewesen. Jetzt ginge es ihm aber wieder besser. Wieder einmal wollte er nur bemitleidet werden, und ich tat es dann auch in gebührendem Maße. Er aber fragte nie mehr nach meinem Befinden. Es lag immer ein kleiner Vorwurf in seinen Worten: »Aber du hast es ja gut, du kannst dauernd Ski laufen und nette Leute sehen.«.

Das gefiel mir nicht. Ich fühlte mich verstoßen. Was er in Berlin trieb, wenn er nicht in der Firma war, wusste ich nicht, aber ich hatte einen kleinen Verdacht, der sich später auch bewahrheitete.

Aus zwei mach eins

Für mich begann nun eine harte Zeit. Meine beiden Kinder wurden krank, nachdem in Seefeld und Mittenwald eine Grippeepidemie ausgebrochen war. Sie bekamen hohes Fieber, die Lymphknoten schwollen an, sie röchelten und husteten. Der Arzt überwies die Kinder in die Universitätsklinik nach Innsbruck.

In dieser Zeit wohnte ich im »Tiroler Hof« und saß jeden Tag an ihren Betten. Schließlich besserte sich ihr Zustand ein wenig. »Jetzt wäre wahrscheinlich die Höhenluft von Seefeld das Beste!«, meinte der Professor. Also fuhr ich mit den beiden dorthin und mietete mich im »Karwendelhof« ein. Während Utas Befinden sich tatsächlich besserte, jagte mir Eckart eines Morgens einen furchtbaren Schrecken ein. Als ich ihn anziehen wollte, knickten seine Beine ein.

»Mami, ich kann nicht mehr stehen!«, jammerte er. Die Lymphdrüsen an seinem Hals waren auf Pflaumengröße angeschwollen.

»Bleib schön liegen«, befahl ich ihm. In panischer Angst rannte ich zum Portier und telefonierte mit der Universitätsklinik in Innsbruck.

»Rufen Sie den Arzt an und lassen Sie Ihren Sohn sofort zu uns bringen!«

In der Kinderklinik wurde Eckart in ein Einzelzimmer gelegt. An der Tür des Nebenzimmers sah ich ein Schild mit dem Namen des Reichsaußenministers Ribbentrop. Man berichtete mir, dort läge sein kleiner Sohn Adolf. Und nun, an der Tür daneben, der Name Eckart Riefenstahl.

Durch Klatsch und Tratsch entstand so ein merkwürdiges Gerücht, das sich bis in die Fünfzigerjahre gehalten hat: »Leni Riefenstahl hat mit dem Führer einen Sohn, er liegt in der Innsbrucker Klinik und heißt Adolf Riefenstahl.« Aus zwei mach eins.

Ich fuhr schnell wieder nach Seefeld zurück, denn ich hatte Uta dort allein zurückgelassen. Aus Innsbruck kamen schlechte Nachrichten. Schließlich telefonierte ich mit unserem Berliner Kinderarzt, Dr. von Maltzahn. Der sagte: »Wenn es nicht besser wird, bringen Sie das Kind ganz schnell hierher.« Bevor ich wieder nach Innsbruck fuhr, löste ich meinen provisorischen Hausstand im »Karwendelhof« auf und buchte einen Schlafwagen nach Berlin. Uta und unser Gepäck sollte uns in Seefeld an den Zug gebracht werden.

Als der Zug in Seefeld hielt und ich ausstieg, um Uta in Empfang zu nehmen, stand plötzlich Heinz vor mir. Wir fuhren mit beiden Kindern nach Berlin. Gott sei Dank gab es während der ganzen Fahrt keinen Fliegeralarm.

Gleich am nächsten Tag kam der Kinderarzt. Er stellte bei Eckart eine lymphatische Grippe fest. »Die Lymphdrüsen, die so geschwollen sind, müssen noch größer werden, dann kann ich sie punktieren. Sie müssen ganz heiße Umschläge mit einem Antiphlogistine-Brei machen, so heiß, wie die Haut es aushält. Selbst wenn das Kind schreit, müssen Sie die Umschläge immer wieder erneuern. Die Lymphdrüsen werden weiter anschwellen. Ich komme jeden Morgen vorbei und schaue nach dem Kind.«

Ich tat es, und das arme Kind schrie jedes Mal, wenn ich ihm den Wickel mit dem heißen Brei um den Hals legte. Eines Morgens glaubte ich nicht recht zu sehen: Die Lymphdrüsen waren viel kleiner geworden, es war fast keine Schwellung mehr zu erkennen. Ich bekam entsetzliche Angst. Dr. von Maltzahn hatte mir ja gesagt, er könne sie nur punktieren, wenn sie ganz dick geworden seien.

Der Arzt kam. »Vielleicht haben wir Glück, vielleicht regen sich die Immunkräfte in ihm, sofern er sie noch hat«

Und so war es. Ich machte mit den Wickeln noch ein paar Tage weiter, und mit einem Mal war Eckarts Hals wieder dünn, die geschwollenen Lymphdrüsen waren nicht mehr zu fühlen. Er war zwar überaus schwach, er konnte nicht stehen, er tat mir Leid, aber er hatte kein Fieber mehr und wurde bald wieder gesund.

In diesen Tagen gab es zwischendurch immer wieder Alarm. Wir waren oft im Keller und hörten fernes Flakfeuer und Bombeneinschläge. Aber noch blieb unser Stadtteil verschont.

»In vier Wochen sind wir am Ural!«

Am 22. Juni 1941 stellten wir mittags das Radio an, weil eine große Ansprache des »Führers« angekündigt war. Dieser verkündete, dass um 3.15 Uhr die Wehrmacht die deutsch-sowjetischen Grenzen überschritten habe. Das »Unternehmen Barbarossa« war angelaufen.

Ich brach in Tränen aus. Heinz, der mir gegenübersaß, sah mich verständnislos an. »Was heulst du denn?«

Ich antwortete stockend: »Das ist der Anfang vom Ende!«

Da brüllte er mich an: »Du bist eine Defätistin. In vier Wochen sind wir am Ural!«

Ich verbarg das Gesicht in meinen Händen und weinte wie ein Schlosshund.

Diese meine Bemerkung blieb nicht ohne Folgen und gelangte bei den Behörden Speers und Bormanns in die »Akte Riefenstahl«, die dort über unsere Scheidung und die Auseinandersetzung um das Sorgerecht geführt wurde. Wie dies zustande kam, ist offenkundig: Mein Ehemann weinte sich über mich bei seiner Schwester aus, und die stand bekanntlich mit den höchsten Nazis in Verbindung ...

Leni: »Deine Ehe ist kaputt«

Während Heinz Siegesstimmung verbreitete und der schnelle Vormarsch der Wehrmacht ihm einstweilen Recht zu geben schien, blieb ich skeptisch, meinerseits bestätigt durch das Debakel vor Moskau Ende des Jahres und die Kriegserklärung der USA. Das konnte einfach nicht gut gehen! Heinz redete inzwischen nicht mehr mit mir. Nur wenn Else servierte, sagte er gelegentlich »Danke« oder »Bitte, reich mir doch einmal das« oder »Würdest du gerne noch etwas haben?« Kaum war Else wieder draußen, sprach er kein Wort mehr. Auch unser Eheleben wurde zunehmend unbefriedigend.

Dieser Zustand wurde zunehmend unerträglich, und allmählich wurde ich zum Nervenbündel. Heinz konnte mich nicht mehr ertragen und schickte mich in die Berge, diesmal nach Kitzbühel, wo sich die Familie Kaute aufhielt.

Als ich dort ankam, waren Kautes entsetzt über meinen Zustand. »Wie siehst du denn aus? Du bist ja nur noch ein Schatten deiner selbst.«

Die gute Luft, die veränderte Umgebung, das Gefühl, keine Angst mehr haben zu müssen, das war alles sehr beruhigend, und langsam erholte ich mich. Gemeinsam überlegten wir, was ich in dieser verfahrenen Situation tun könnte. Eigentlich kamen wir zu keinem Entschluss, außer dass ich meine Kinder unbedingt aus Berlin holen sollte. Gesagt, getan. Der Hund kam zu meinen Eltern, und ich zog mit meinen Kindern auf einen Bauernhof in Kitzbühel.

Thesi sorgte wie immer für Abwechslung, und das war gut. Nachmittags gingen wir zum Tee ins Grandhotel, wo ich durch meinen Namen Riefenstahl auffiel. Im Nu hatte ich ein paar Verehrer, wurde mit Blumen überschüttet und mit Einladungen zum Abendessen eingedeckt. Das tat mir gut, und ich ließ alles über mich ergehen, aber ohne jede gefühlsmäßige Regung.

So merkwürdig es klingt – auch in dieser Situation hatte ich Sehnsucht nach meinem Mann und nach den Zeiten, als wir noch in der Landhausstraße wohnten und das Leben harmonisch war. Wieder einmal rückte Weihnachten näher, und ich fuhr mit den Kindern zurück nach Berlin. Wir feierten Heiligabend wie immer, mit dem traditionellen Rehrücken. Heinz hatte ihn organisiert – Wild war leichter zu bekommen als anderes Fleisch.

Else verhielt sich sehr sonderbar. Ihr Verlobter war in Russland, und sie bekam selten Nachricht von ihm. Mir gegenüber verhielt sie sich auf einmal sehr abweisend. Heinz gab sich zwar sichtlich Mühe, freundlich zu sein, das ganze Miteinander war aber sehr unpersönlich. Die innige Vertrautheit früherer Zeiten wollte sich nicht mehr einstellen.

An vielen seiner Bemerkungen wurde mir klar, dass er vollständig unter dem Einfluss seiner Schwester stand. Offensichtlich berichtete er Leni ständig über unsere Ehe, die sie ja von Anfang an missbilligt hatte. Sehr schnell hatten wir unsere alte Routine wiedergefunden: Abends war ich viel allein, er hatte immer noch in der Firma zu tun und fuhr abends mit dem Firmenwagen spazieren, was er eigentlich nicht durfte und was sich später bitter rächen würde. Denn unser Blockwart notierte seine nächtlichen Ausflüge, und auch Else erzählte dem Firmenfahrer davon.

Das Silvesterfest 1941 verlebten wir in steifer Runde und gedrückter Stimmung im »Eden-Grillroom« zusammen mit dem Ehepaar Anja und Pik Schrobsdorff. Ich hatte Kummer, denn meine Großmutter war wenige Tage zuvor gestorben. Es fiel mir schwer, dieses Silvester-Diner zu überstehen.

Zwei Tage später gab es einen furchtbaren Bombenangriff, der große Teile von Charlottenburg und Friedenau in Schutt und Asche legte. Wir fürchteten um die Sicherheit unserer Kinder, und wieder einmal wurde ich mit Sack und Pack und Nachwuchs zum Anhalter Bahnhof gebracht. Diesmal ging es nach Oberstdorf, wo sich mittlerweile auch Thesi Kaute aufhielt.

Dort erreichte mich dann eine Nachricht von Heinz. Ich möge doch bitte nach Zürs kommen. Er wollte dort Ende Februar seine Winterferien verbringen und mit Leni im »Zürserhof« auf mich warten. Diese Einladung kam völlig überraschend, deshalb rief ich ihn an und sagte: »Ich habe für einen Hotelaufenthalt nichts anzuziehen, da ich nur Skikleidung mitgenommen habe. Mir fehlt die Abendgarderobe.«

»Das bringe ich dir alles mit«, beruhigte er mich. »Wir wollen eine schöne Zeit in Zürs verbringen. Du kennst es doch noch nicht.«

Ohne die Kinder fuhr ich nach Zürs und hoffte inständig, jetzt könnte alles wieder so wie früher werden. Wie hatte ich mich geirrt!

Im »Zürserhof« bekam ich ein entzückendes Zimmer, im Empire-Stil in Hellgrau und Rosa ausgestattet. »Wo sind denn deine Sachen?«, fragte ich Heinz.

»Ich habe ein anderes Zimmer.«

Ich schluckte. Er wollte also nicht mit mir zusammen sein. Warum, um Himmels willen, sollte ich dann aber nach Zürs kommen?

Am nächsten Tag bekam ich Gelbsucht. Der Arzt untersuchte mich und sagte: »Sie dürfen die normale Hotelkost nicht mehr essen. Sie müssen Diät halten und dürfen keinen Alkohol mehr trinken!«

Heinz hatte Angst vor Ansteckung und mied nach Möglichkeit meine Gesellschaft. Ich saß mit Sonnenbrille und Pelzmantel im Halbschatten des Hotels, während sich Heinz und Leni beim Skilaufen vergnügten. Erst am Abend trafen wir uns zum Essen. Heinz war nett zu mir. Sicherlich tat ich ihm auch Leid wegen der Gelbsucht. Leni behandelte mich einigermaßen freundlich, aber unpersönlich.

In der Bar lernte ich eines Abends einen sehr gut aussehenden Mann kennen. Er wurde mir als Ernst August Cornelius vorgestellt, Professor für Maschinenbau an der Technischen Universität in Berlin. Später entwickelte sich zwischen uns eine sehr innige Freundschaft, die bis zu seinem Tode hielt. Wir verabredeten uns für den nächsten Tag zu einem Spaziergang nach Lech. Leni kam auch mit, denn dieser Mann faszinierte auch sie. Sie versuchte ihn von mir abzulenken, was ihr auch gelang. Nach dem Urlaub brach sie jedoch den Kontakt zu ihm ab.

Eines Morgens klopfte es an meiner Zimmertür. Es war Leni. Sie setzte sich auf einen Stuhl neben mein Bett und sagte: »Ich habe mit dir sehr ernst zu reden.«

»Was ist denn, Leni?«

»Ich habe dir im Namen von Heinz einen Vorschlag zu machen. Eure Ehe ist, wie ich weiß, total kaputt. Um sie vielleicht noch einmal zu retten, schlägt Heinz dir vor, dass ihr beide euch ein Jahr trennt, um euren eigenen Wünschen und Vorlieben nachgehen zu können. Das heißt, jeder kann machen, was er will, ohne dass der andere ihm nachspioniert. Es geht darum, auszuprobieren, ob ihr vielleicht mit anderen Partnern glücklicher werdet.«

Ein ungeheuerlicher Vorschlag! Ich war so sprachlos, dass ich kaum antworten konnte. Fieberhaft dachte ich nach – ein Freibrief zum Fremdgehen! Ich sollte also, mit wem auch immer, zukünftig ins Bett gehen können?

Leni fand das alles völlig normal. Sie war ohnehin für ihre wechselnden Männerbeziehungen bekannt. Für mich war diese Unterhaltung aberwitzig und ich bat Leni, mein Zimmer zu verlassen.

Heinz erpresst mich: Verzicht auf die Kinder

Zurück in Berlin, sprach ich mit einem Anwalt über diesen Vorschlag.

»Glauben Sie kein Wort«, riet er mir, »das Ganze ist eine Falle, die dazu führen wird, dass Sie schuldig geschieden werden. Solche Zugeständnisse haben noch nie zu einer friedlichen Regelung geführt. Als Alleinschuldige werden Sie außerdem Ihre Kinder verlieren. Ich warne Sie!«

Die folgenden Monate waren von endlosen Auseinandersetzungen mit Heinz über unser zukünftiges Leben geprägt. Er sprach nun offen von Scheidung und vor allem davon, dass er für die Zukunft das alleinige Sorgerecht für unsere Kinder beanspruchen würde. Die einzigen Lichtblicke waren die Feldpostbriefe von Klaus Collignon, immer mit einem kleinen Sonett und ständig wiederholten Bitten um ein Wiedersehen.

Im Sommer mieteten wir am Wörthersee ein kleines Haus, und Annelise Kuntze und ich verbrachten dort mit unseren Kindern zwei Monate. Hier erreichte mich dann ein Anruf von Klaus Collignon, der für ein paar Tage auf Urlaub in München bei seiner Mutter weilte. Er sei nach Nordafrika abkommandiert worden und wolle mich unbedingt vorher noch einmal sprechen. Ich fuhr zu ihm, nicht ahnend, dass ich damit einen Scheidungsgrund liefern würde.

Heinz hatte von dieser Reise nach München erfahren – wie, war mir schleierhaft. Er reichte die Scheidung ein.

Eines Abends im November, ich war bei meinen Eltern in der Bismarckstraße, erschien er und legte mir einen Antrag auf Zuteilung des Sorgerechts für unsere beiden Kinder vor. Obwohl wir beiderseitig wegen »ehewidriger Beziehungen« geschieden werden sollten, also gleich schuldig, sollte ich nun unterschreiben, dass ich auf beide Kinder verzichten würde. »Heinz, das tue ich nicht«, rief ich. »Das ist gegen unsere Abmachung!«

»Tut mir Leid!«, konterte er gnadenlos. »Dann muss ich Klaus Collignon als Scheidungsgrund benennen.«

Mir lief es kalt über den Rücken, und ich unterschrieb das Papier mit zitternder Hand.

Er verließ das Haus. Ich nahm ein Taxi und fuhr ins »Bristol«, wo Freunde auf mich warteten. Völlig aufgewühlt erzählte ich ihnen meine Geschichte.

»Schäbig! Ich habe immer gewusst, dass er schäbig ist«, sagte meine Freundin. »Wie viel Unterhalt zahlt er dir denn?«

Ich lief dunkelrot an: »375 Mark!«

»O Gott, damit kannst du gerade mal die Miete zahlen und ein paar Lebensmittel kaufen.« Meine Freundin stöhnte.

»Und das nur für zwei Jahre«, fügte ich leise hinzu.

Da sahen mich beide erschrocken an: »Du tust uns Leid, komm öfter zu uns! Vielleicht fällt uns etwas ein.«

Die Scheidung – »höheren Orts beschlossen«

Zwei Wochen vor unserer Scheidung am 19. Dezember 1942 wurden Heinz und ich mit unseren beiden Anwälten zu einem »Sühnetermin« in das Amtsgericht Charlottenburg bestellt. Wir wurden noch einmal befragt, ob wir wirklich geschieden werden wollten.

Heinz erhob sich und sagte: »Ja!«

Ich flüsterte meinem Anwalt etwas zu. Der stand auf und bat den Sühnerichter, mit mir zwei Minuten nach draußen gehen zu dürfen. Es wurde bewilligt. Ich berichtete meinem Anwalt, Herrn Weiss, dass ich mich vor drei Tagen mit meinem Mann versöhnt hätte. Es fiel mir sehr schwer, diese Szene zu schildern, denn sie hatte im Wagen vor unserem Haus stattgefunden. Es war ein leidenschaftlicher Gefühlsausbruch auf beiden Seiten gewesen. Danach hatte er mich allerdings nicht mit in sein Haus genommen, sondern mich gefragt, wohin ich wolle.

Wie betäubt hatte ich gesagt: »Zum Anhalter Bahnhof.« Ich spielte mit dem Gedanken, mich aus dem Zug zu stürzen. Heinz fuhr los, die hell erleuchtete Wohnung, in der unsere Kinder schliefen, blieb hinter uns zurück. Er brachte mich jedoch nach Wilmersdorf, in die Privatwohnung von Kautes. Dort erlitt ich einen Nervenzusammenbruch und fiel in Ohnmacht. Als ich wieder erwachte, war Heinz fort.

Wir kehrten in den Verhandlungsraum zurück. Ich war fest davon überzeugt, dass der Sühnerichter die Klage abweisen würde, und mein Anwalt teilte diese Auffassung. Er bat ums Wort und teilte mit, dass die Ehe wieder vollzogen worden und so alles hinfällig sei. Heinz bestätigte dies mit weißem Gesicht.

Da erhob sich der Richter und verkündete, dass alle Einlassungen gegenstandslos seien. Die Scheidung der Eheleute Heinz und Ilse Riefenstahl sei »höheren Orts« beschlossen.

Rechtsanwalt Weiss sah mich fassungslos an. Mir war klar, dass Leni bei Reichsminister Speer dafür gesorgt hatte, dass das gültige Recht gebrochen wurde. Wir wurden, wie festgesetzt, am 19. Dezember 1942 vor dem Amtsgericht Berlin-Mitte geschieden.

Vor dem Berliner Justizpalast trennten wir uns. Heinz, der noch in die Firma wollte, schlug vor, sich um 13 Uhr im »Eden-Grill« zu einem Scheidungslunch zu treffen. Das wäre so üblich. Ich nickte nur und stieg die U-Bahn-Treppe hinab, nachdem er in seinen Wagen gestiegen war.

Pünktlich um 13 Uhr betrat ich das Foyer des Hotels »Eden«, begrüßt vom Concierge, der mich kannte, und vom Maître am Grill. »Herr Riefenstahl erwartet Sie schon!« Er geleitete mich zum Tisch.

Heinz küsste mir die Hand. »Du wirst dir bis ins hohe Alter deine Mädchenhaftigkeit erhalten«, sagte er.

Und warum lässt du mich nun gehen?, fügte ich in Gedanken hinzu, während ich mich setzte.

Heinz betreibt »Rassenschande«

Der Kinder wegen feierten Heinz und ich das Weihnachtsfest gemeinsam in der Kranzer Straße. Wir fuhren am 25. Dezember in einem gemeinsamen Schlafwagenabteil nach München, und wieder gab es eine stürmische Versöhnungsnacht. Ich liebte und begehrte ihn trotz allem. In München angekommen, war ich fest davon überzeugt, dass mein Mann mich nun mit auf den »Platterhof« nehmen würde, der Martin Bormann gehörte. Wir suchten am Blumenkiosk eine wunderschöne Orchideenrispe aus, und ich nahm an, dass nun alles ausgestanden sei und wir noch einmal von vorn anfangen würden. Meine Freunde, die mich auf Schloss Sandersdorf erwarteten, würde ich sofort vom »Platterhof« aus anrufen und die Silvesterwoche absagen.

Es kam jedoch ganz anders.

Heinz nahm mich nicht mit zu den Bahnsteigen in Richtung Salzburg/Wien, sondern er brachte mich zu einem bereitstehenden Zug nach Riedenburg. Der Zug setzte sich in Bewegung, er entschwand meinen Blicken – eine schmale, schlanke Gestalt mit einer Orchidee in der Hand.

Schluchzend sank ich auf meinen Sitz, Gott sei Dank war ich allein im Abteil. Das Ende einer Ehe! Aber warum hatte ich mich wie ein Lamm zur Schlachtbank führen lassen? Warum hatte ich mich nicht mit aller Macht gewehrt? Ich hatte doch alle Trümpfe in der Hand! Warum hatte ich geschwiegen, obwohl ich wusste, was ihn, den Mann, den ich noch immer liebte, vernichtet hätte.

Ein Firmenmitarbeiter, dem ich wohl Leid tat, hatte mich aufgeklärt: Seit der Schwangerschaft mit Uta 1939 betrog mich mein Mann. Nun gut, das taten andere Männer auch. Doch er betrog mich mit einer Jüdin, einer verheirateten Diplomatenfrau und Freundin von uns. Ihr konnte wegen der Immunität, die Diplomaten noch immer genossen, nichts geschehen. Doch Heinz, der Repräsentant der Firma Riefenstahl, die für das Dritte Reich Flugplätze und Führerbauten ausstattete, betrieb das, was entsprechend den »Nürnberger Gesetzen« als »Rassenschande« bezeichnet wurde und mit KZ oder gar der Todesstrafe bedroht war. Selbst Leni hätte ihn nicht retten können. Ich hatte sein Schicksal in der Hand, und doch verwendete ich mein Wissen nicht gegen ihn.

Mein schrecklichstes Jahr geht zu Ende

Der Zug brachte mich nach Sandersdorf zu meinen Freunden. Dort, in meinem Schlosszimmer, hatte ich genügend Zeit, über das vergangene Jahr nachzudenken. Ich hatte alles verloren! Ich hatte keinen Mann mehr, ich hatte keine Kinder mehr, denn auf sie hatte ich mit meiner Unterschrift verzichtet. Ich hatte nicht einmal mehr eine Wohnung, und wenn ich zurück nach Berlin käme, würde mir nur das schmale, dunkle Zimmer meiner im letzten Jahr verstorbenen Großmutter in der Wohnung meiner Eltern zur Verfügung stehen. Ich hatte auch kein Geld mehr, nur noch 375,- Mark monatlich für zwei Jahre standen mir zu. Ich würde mir einen Beruf suchen müssen, wie schon Thesi Kaute in schöner Klarheit gesagt hatte. Aber was konnte ich schon? Abitur, ein paar Sprachen und Schreibmaschine – das war alles. Ich war Ehefrau und Mutter gewesen, und das hatte mich ausgefüllt. Nun stand ich vor dem Nichts.

Ohne meine Freunde wäre ich verzweifelt! Sie aber gaben sich alle Mühe, mich seelisch aufzurichten. Wir gingen täglich durch den Forst, begleitet von den drei Lieblingshunden. Es war ein riesiger Besitz, dieses Sandersdorf, und er bestand hauptsächlich aus Wald. Das Schloss war sehr alt, fast burgartig, mit weiten Hallen und breiten Gängen, die natürlich kalt waren. Mein Zimmer aber war sehr gemütlich mit einem gewaltigen Bett und Daunenplumeaus und einem schönen Barocksessel am Fenster, von dem man weit ins Tal schauen konnte.

Mit dem Silvesterabend 1942 ging das schrecklichste Jahr meines Lebens zu Ende. Am 15. Januar reiste ich ab, um in Berlin mit der Wohnungssuche zu beginnen. Ich tat dies ziemlich dilettantisch und sehr zeitraubend, da mir ja finanzielle Mittel fehlten, um etwa Annoncen aufzugeben. Aber irgendein Schutzengel muss sich doch meiner erbarmt haben: Unvermutet wurde mir eine kleine Drei-Zimmer-Wohnung in der Kudowastraße angeboten, die ich sofort nahm. Es war gewiss keine besonders schöne Wohnung, aber sie hatte den Vorteil, dass sie genau auf der anderen Seite des Hohenzollerndamm, quasi gegenüber der Kranzer Straße, lag. Zu Fuß waren es gerade zehn Minuten zu Heinz' Wohnung. Ich konnte also die Kinder schnell besuchen oder sie zu mir holen, wenn Heinz es erlaubte.

Ich musste freilich die Wohnung neu einrichten, und dies war ein Problem. Heinz gestattete mir nur, das Louis-XV-Bett und die Ankleideschränke mitzunehmen, die ja von meinen Eltern als Teil der Aussteuer bezahlt worden waren. Von Kautes ließ ich mir Sitzmöbel ins Wohnzimmer stellen und ins Nebenzimmer einen Esstisch mit vier Stühlen. Alle diese Möbel waren im West-Sanatorium ausrangiert worden. Ein Schreiner machte mir einfache Regale, die, als die Bücher drinstanden, sehr hübsch aussahen. In der Diele brachte ich ein paar Haken und einen Spiegel an.

Am 13. Februar kamen Heinz und beide Kinder zu mir zum Tee. Der Abschied war so herzzerreißend, dass ich am nächsten Tag krank wurde und nur noch weinend im Bett lag, bis am Nachmittag mein Vater und Dr. Kaute erschienen und der Arzt mir eine Beruhigungsspritze gab.

Ein paar Tage später besuchte mich Klaus Collignon. Er hatte überraschend Urlaub bekommen, aber auch das machte mich nicht richtig glücklich. So konnte es nicht weitergehen. Klaus bedrängte mich, ihn sofort zu heiraten, aber ich sagte nein: »Ich bin doch gerade erst seit drei Monaten geschieden.« Am 6. März brachte ich ihn zum Zug nach Brest.

Auf die Überraschung, die zwei Tage später folgte, war ich in keiner Weise vorbereitet: Heinz schickte mir Uta freiwillig. Das Mädchen war ihm wohl zu schwierig geworden. Ich besorgte ein Kinderbett und einen kleinen Schrank. Peggy schien vor Freude völlig außer sich. Kind und Hund balgten auf dem hellen Velours herum. Nun fehlte uns eigentlich nur noch Eckart.

Der kam eines Tages ganz allein auf seinem kleinen Fahrrad an. Er war einfach ausgerissen! Ich brachte ihn nach einer Stunde über den Hohenzollerndamm bis zur Ecke Kranzer Straße und nahm ihm das Versprechen ab, nicht noch einmal allein diese gefährliche Straße zu überqueren. Doch schon bald, nach einem weiteren schweren Bombenangriff, schickte mir Heinz nun freiwillig auch meinen kleinen Sohn! Überglücklich schloss ich ihn in die Arme. Dieser letzte Bombenangriff hatte Heinz so sehr verstört, dass er mich bat, schnellstens mit beiden Kindern in die sicheren Berge nach Klais zu fahren.

Das tat ich mit großer Freude. Wir waren glücklich, aus Berlin herauszukommen. Am 1. April jedoch rief Heinz aus Zürs an: Ich möge mit den Kindern nach München in den »Rheinischen Hof« kommen. Dort würden er und seine Mutter die beiden in Empfang nehmen, um dann mit ihnen nach Zürs zum Skilaufen zu fahren.

Ich gab nach und brachte ihm die Kinder.

Am 10. Mai rief Heinz mich an, ob er vorbeikommen könne, es sei wichtig! »Du könntest mir einen Gefallen tun!« Er atmete tief durch. »Ich bin eingezogen worden, obwohl ich wegen der Leitung eines kriegswichtigen Betriebes u.k. gestellt bin. Ich habe versucht, das vorzubringen, aber das Wehrbereichskommando III erklärte nur: ›Herr Riefenstahl, zwecklos, Sie beißen auf Granit!‹ Es muss irgendeine Denunziation vorliegen. Könntest du wohl bitte bei Wolff vorsprechen, ob ihm etwas bekannt ist?«

Ich erschrak und versprach, ihm zu helfen. Eine schon fast vergessene Nachricht aus der Kranzer Straße, die man mir hatte zukommen lassen, tauchte in meiner Erinnerung auf. Hatte sich Heinz wegen seiner Nähe zu Leni und damit zu den Nazi-Größen vielleicht doch zu sicher gefühlt, als er ausgerechnet am Volkstrauertag, der von Hitler wegen der Kapitulation der 6. Armee unter Paulus anberaumt worden war – mit Trauerbeflaggung und Tanzverbot – eine Party für zwanzig unserer besten Freunde gegeben hatte? Alles sei nur vom Feinsten gewesen! Musik und Blumen um Mitternacht für die Damen – man hatte es mir erzählt! Er wollte allen zeigen, wie gut es ihm nach der Scheidung vom Dezember 1942 ging. Noch am Vormittag dieses Tages hatte ich – und nicht nur ich allein, sondern auch andere Freunde der Familie – ihn angerufen und gebeten, die Party abzusagen! Zu meinem Schrecken war mir eingefallen, dass ja auch der Verlobte unserer Haushälterin Else, die servieren musste, bei einer der Einheiten diente, die in Stalingrad eingeschlossen waren! Und dass der Firmenchauffeur ein hundertprozentiger Nationalsozialist war! Konnte das gut gehen? Auch der Portier und Blockwart des Hauses Kranzer Straße waren überzeugte Parteigenossen. Außerdem hatte Heinz trotz des geltenden ausdrücklichen Fahrverbots mit dem Firmenwagen private Fahrten unternommen.

Dies alles fiel mir siedend heiß ein, als ich die dienstliche Telefonnummer Wolffs wählte. Dessen Adjutant bestellte mich in das Büro. Tatsächlich war auch Wolff anwesend. Er hörte sich alles an und bat den Adjutanten nachzuforschen, ob irgendwo eine Anzeige vorläge. Nach zehn Minuten kam dieser zurück und meldete knapp: »Obergruppenführer, bei uns liegt nichts vor. Es ist eine Wehrmachtssache. Wehrkreiskommando III.

Wolff dankte und entließ ihn. »Du hast es gehört. Auf die

Wehrmacht haben wir keinen Einfluss. Da kann ich Heinz leider nicht helfen!«

Ich dankte ihm und ging. Am nächsten Tag kam Heinz zu mir. Er wurde blass, als ich ihm von meinem Gespräch mit Wolff berichtete. Jetzt tat er mir wieder Leid. Er hatte so gar nichts Preußisch-Militärisches an sich. Ich konnte mir vorstellen, wie er als Schütze zu leiden hätte. Sein Jahrgang, 1906, war ja schon lange fällig. Im Herbst 1943 musste Heinz einrücken. An seine Stelle als Firmenchef trat nun Dr. Graeser, ein Fachmann für Klimatechnik von der Technischen Hochschule.

Blitzhochzeit mit Klaus

Eines Tages fand ich im Briefkasten einen dieser entsetzlichen gelben Zettel mit der Unterschrift des Reichspropagandaministers Goebbels. Im Zuge des »totalen Kriegs« müssten Frauen und Kinder Berlin so schnell wie möglich verlassen. Die zu erwartenden schweren Bombenangriffe der Alliierten würden dies erfordern.

Ich telefonierte mit meiner Ex-Schwiegermutter in Zernsdorf. Sie war sofort damit einverstanden, beide Kinder zu sich zu nehmen. Jetzt war ich wieder allein.

Klaus bekam Urlaub vom Atlantik-Einsatz, ehe er nach Afrika verlegt wurde. Wir heirateten am 23. August 1943. Es war eine Blitzhochzeit, wie man so schön sagt, an der nur ein paar Freunde bei ein wenig Sekt und ein paar Häppchen teilnahmen. Und trotzdem hatten wir alle gute Laune. Von nun an hieß ich Ilse Collignon.

Plötzlich unterbrachen die durchdringenden Heultöne der Luftschutzsirenen unsere Feier. Wir standen alle angsvoll am Fenster, um das so noch nie erlebte Farbenspiel der »Christbäume« am nächtlichen Himmel zu beobachten. Grüne, weiße und rote Leuchtbomben fielen vom Himmel herab, die wegen ihrer kegelartigen Form so genannt wurden. Die britischen Nachtbomber warfen sie ab, um das Zielgebiet für das folgende Flächenbombardement zu markieren – ein unheimliches, schaurig schönes Schauspiel! Plötzlich rief einer aus der Runde: »Genug mit dem Leichtsinn! Runter in den Keller! Es wird Ernst!«

Wir rannten um unser Leben. Sekunden später war um uns buchstäblich die Hölle los! Die Einschläge mussten ganz dicht neben und über uns liegen. Die Gasschleusentür flog explosionsartig aus den Angeln und uns fast um die Köpfe. Wir waren nur noch verstörte Häufchen Elend. Als alles vorbei war, hasteten Klaus und ich über Glas und Trümmer in meine Wohnung im ersten Stock. Dort herrschte das Chaos. Die Glastüren, meine Ankleideschränke, alles war zerstört. In der hellen Vorhangseide steckten Glassplitter. Von meinem Bett, das zum Glück heil geblieben war, schüttelte ich Schutt und Scherben.

Am Morgen erwachten wir in dem Trümmerchaos. »Wir müssen hier fort,« murmelte Klaus verstört, »nach Wannsee, ins Haus meiner Eltern.« So geschah es. Ich war dreißig Jahre alt, und dies war der Beginn meiner zweiten Ehe, die, wie schon die erste, unter keinem guten Stern stand.

Auf dem Weg nach Wannsee konnten wir über der Stadt die Rauchwolken sehen, die aus den schwer getroffenen Wohnvierteln aufstiegen. Ob wohl Zernsdorf, wo sich meine Kinder bei den Großeltern befanden, verschont geblieben war? Ich musste so schnell wie möglich Gewissheit haben.

Die schöne, gewundene Straße in Wannsee sah friedlich aus. Noch gab es hier keine Ruinen. Wir kamen an. Kein Namensschild! Klaus schloss die Gartenpforte auf. »Meine

Eltern werden nicht da sein. Sie wollten eine Kur machen. Wir werden uns im Gästezimmer einquartieren!«

Ich folgte ihm über einen langen Weg, der zu einem eleganten, weißen, sichtgeschützten Haus führte, das auf einem hügeligen Gelände lag. Mit der zum See abfallenden Rasenfläche und dem Bootssteg wirkte es wie ein Bild aus einer mondänen Zeitschrift aus längst vergangenen, friedlichen Tagen. Der Gegensatz zu dem, was wir erst gestern erlebt hatten, konnte nicht größer sein.

Vom Apparat meines neuen Schwiegervaters aus rief in Zernsdorf an. Zum Glück waren alle wohlauf.

Als ich endlich etwas zur Ruhe gekommen war, machte ich mir Gedanken über meine Zukunft. Noch vor acht Monaten hatte ich Riefenstahl geheißen, nun trug ich den Namen Collignon, der zu einer der angesehensten Familien Berlins gehörte. Von nun an konnte ich auch über den vollen Sold eines Marine-Presse-Kompanie-Berichterstatters verfügen, und das war nicht wenig. Nur eine Wohnung hatten wir nicht mehr. Zunächst einmal mussten ein paar Sachen, die in der vergangenen Nacht nicht zerstört worden waren, in Sicherheit gebracht werden. Das arrangierte Klaus am letzten schönen Sommertag!

Am 31. August brachte ich meinen Mann zum Anhalter Bahnhof. Er musste weiter nach Paris. Kurz darauf fuhr ich mit Peggy nach Oberstdorf, um für mich und meine Kinder ein neues Domizil zu suchen. Denn mir war klar: in Berlin konnten wir nicht bleiben. Berlin würde »ausradiert« werden, wie es die Feindsender prophezeiten.

Meine neue Schwägerin, Jetta von Kessel, brachte mir die Kinder nach Oberstdorf nach, und wir zogen zu dritt ins Landhaus Baierlein ein. Ein wundervoller Schneewinter stand uns bevor. Die Nachrichten aus Berlin allerdings wurden immer schlimmer, unsere Heimat versank in Trümmern.

Ich bekam die Nachricht, dass das Haus meiner Eltern bombardiert worden war. Diese hatten sich retten können und lebten nun in Horsts Wohnung, der bei der Truppe in Frankreich war. Auch sie besaßen nun nichts mehr. Heinz wurde nach Abschluss seiner Ausbildung nach Russland kommandiert, Klaus war in Lorient bei den U-Booten.

Ein neues Jahr begann. Wir standen um Mitternacht auf der Terrasse und hoben feierlich unsere Gläser, um auf das neue Jahr anzustoßen, von dem wir hofften, dass es ein besseres werden würde. Niemand von uns konnte voraussehen, dass es noch viel schlimmer als das vergangene werden würde. Wir umarmten uns schweigend.

Schicksalsschläge

Bald schon erreichte mich die erste böse Nachricht: Heinz hatte sich ein Bein gebrochen und bekam Heimaturlaub. Das bedeutete, dass das Kindermädchen Bertl nun sofort wieder Uta und Eckart bei mir abholen musste. Mir wurde klar, dass ich ohne Sorgerecht nun stets seinen jähen Launen und Anordnungen unterworfen sein würde.

In Klais durfte ich jedoch das Osterfest 1944 wieder mit beiden Kindern verbringen. Anschließend aber musste Eckart wieder nach Berlin, und ich fuhr mit Uta zurück nach Oberstdorf. Hier erreichte mich die Nachricht, dass nun auch noch mein Vater, den man an das Gymnasium in Ratibor in Oberschlesien versetzt hatte und der schon aus dem Ersten Weltkrieg kriegsbeschädigt war, zum Volkssturm II eingezogen worden war. Statt zu lehren, musste er nun wieder mit Maschinengewehr und Panzerfaust umgehen.

Dann kam die nächste schreckliche Nachricht: Mein Bruder Horst war am 6. Juni während der Invasion in der Normandie gefallen. Ich brach meine Zelte in Oberstdorf wieder ab und reiste mit Uta nach Scharbeutz an die Ostsee, wo meine Mutter Unterkunft bei ihrer Schwiegertochter Käthe, der Witwe meines Bruders, gefunden hatte. Deren Mutter gehörte eine hübsche Ostsee-Pension, in die ich nun auch einzog.

Meine Mutter war untröstlich: Ihr Lieblingssohn war tot! Uta erholte sich am Strand prächtig, nur wäre es noch schöner gewesen, wenn auch Eckart dabei gewesen wäre, der in Zernsdorf bleiben musste.

Kurze Zeit später erhielt ich die Nachricht, dass unser Freund Wolff zum höchsten SS- und Polizeiführer Italiens und Bevollmächtigten General der Wehrmacht ernannt worden war und in Fasano am Gardasee residierte. Dies war der Moment zum Handeln, um Heinz so schnell wie möglich wieder u. k. stellen zu lassen. Ich bat ihn um ein Gespräch und erhielt eine Sonderreisegenehmigung zur Reise nach Rovereto, wo Wolff mich abholen und wegen der Partisanengefahr unter militärischem Schutz an den Gardasee bringen ließ. Als ich ihm dort meine Bitte vortrug, willigte er sofort ein. »Jetzt kann ich etwas für ihn tun, jetzt habe ich Einfluss auf die Wehrmacht!« Er autorisierte mich, dies auch Leni mitzuteilen, was ich sofort tat.

Zurück in Wannsee, erfuhr ich, dass der alte Herr Riefenstahl, schon lange herzkrank, am 16. Juli gestorben war. Ich rechnete fest damit, dass Heinz Urlaub bekommen würde und anschließend sicher nicht mehr an die Front zurückmüsste. Als meine Schwiegermutter, Frau Collignon, »Mü« genannt, mich beim Essen vorsichtig fragte: »Was sagst du denn zu den schrecklichen Ereignissen bei Riefenstahls?«, antwortete ich etwas nervös, an Eckart und die Beerdigung tags zuvor denkend: »Ja, der alte Herr ist gestorben.« Versteinerte Gesichter am Tisch, große, fragende Augen: »Ja, weißt du denn noch nicht, dass Heinz am 20. Juli gefallen ist?« Mir fielen Messer und Gabel aus den Händen. »Das kann doch nicht sein … er durfte doch jetzt zurück.« Ich muss wohl kreidebleich geworden sein, denn Klaus, der gerade auf Urlaub da war, führte mich gleich hinaus. Ich warf mich auf mein Bett im Gästezimmer und starrte an die Decke. Heinz gefallen – und das ausgerechnet am Tag des Attentats auf Hitler! Das durfte doch nicht wahr sein, nein, das durfte einfach nicht sein …! Doch es war die Wahrheit! Ich musste ihr ins Auge sehen!

Dr. Kaute und seine Frau gaben mir sofort den richtigen Rat: »Du musst auf der Stelle einen Anwalt nehmen! Leni wird jetzt versuchen, alles gegen dich zu unternehmen. Sie wird dir die Kinder wegnehmen wollen.«

»Das kann sie doch gar nicht«, stammelte ich nur. In meinem Kopf wirbelten die Gedanken wild durcheinander.

Dr. Kaute meldete mich bei der Anwältin Dr. Hertha Curtius, Unter den Linden, an. Sie war nicht besonders erfreut über die Empfehlung, weil sie die Schwägerin Klaus von Haeftens war, des Adjutanten Stauffenbergs, der das Attentat vom 20. Juli ausgeführt hatte. Sie hatte Angst, sich mit einem anerkannten Nazi-Günstling, wie es Leni war, in eine juristische Auseinandersetzung zu begeben. Nachdem sie aber die Akte Riefenstahl studiert hatte, übernahm sie mit großer Einsatzbereitschaft meine Vertretung und den Auftrag für die Vormundschaft für meine Kinder. Sie beantragte vor dem Amtsgericht Charlottenburg das Sorgerecht für mich, das ich kurz darauf bestätigt bekam.

Jetzt musste ich mich auch noch um die Firma kümmern, da beide Inhaber, Vater und Sohn, tot waren. Eckart, sieben Jahre, und Uta, fünf Jahre alt, waren jetzt die Firmeninhaber, und weil sie minderjährig waren, brauchten sie einen Vormund, der einen kriegswichtigen Betrieb mit 200 Mitarbeitern führen musste. Auch dieses übernahm die tüchtige Rechtsanwältin.

Leni entführt Eckart

Als ich Eckart in Zernsdorf abholen wollte, um ihn mit nach Oberstdorf zu nehmen, hieß es von Angestellten, er sei mit der Großmutter und Leni abgereist. Adresse unbekannt!

Auf mein Kondolenzschreiben an Mama Riefenstahl und Leni hatte ich nur eine böse Antwort erhalten: Ich möge mit meinem Gewissen ausmachen, was ich Heinz angetan hätte!

Also fuhr ich mit Uta und Peggy nach Oberstdorf und versuchte alles, um Eckarts Aufenthalt ausfindig zu machen. Auf anwaltliche Schreiben reagierte meine Schwägerin nicht. Endlich, nach acht Wochen, erfuhr ich, dass sie Eckart nach Kitzbühel in ihr Haus am Schwarzsee mitgenommen hatte und dass er dort die Volksschule besuchte.

Ich fuhr am 28. September nach Kitzbühel, um mein Kind dort abzuholen, wo es nicht hingehörte. Punkt zwölf Uhr stand ich vor der Volksschule. Die breiten Türen öffneten sich und heraus stürmte eine Schar lachender und schwatzender Buben und Mädchen. Mittendrin mein hellblonder, kleiner Sohn. Er sah mich sofort und stürmte in meine Arme. »Mami, Mami, holst du mich ab?« Er schmiegte sich an mich.

»Natürlich, Liebling, deshalb bin ich ja hier.« Ich hielt ihn fest an mich gedrückt.

»Jetzt gleich, Mami?«

Ich nickte glücklich und beging nun einen entscheidenden Fehler. »Ja, jetzt! Wir fahren nach Oberstdorf zu Uta. Aber vorher holen wir noch deinen Koffer ab!«

Am Schwarzsee öffnete uns eine Haushälterin. Dahinter erschien sofort eine hübsche, elegante Frau, die sich mit »Lilo

Albin, Erzieherin von Eckart« vorstellte und mich hereinbat.

»Ich will es kurz machen, Frau Albin«, begann ich. »Ich hole meinen Sohn ab. Veranlassen Sie bitte, dass man sein Gepäck fertig macht. Wir fahren nach Oberstdorf. Richten Sie das bitte Frau Riefenstahl aus!«

Frau Albin schüttelte den Kopf. »Das kann ich ohne Einwilligung von Frau Riefenstahl nicht zulassen!«

Eckart hatte mit großen Augen zugehört. Jetzt gab Frau Albin der Haushälterin ein Zeichen. Der kleine Junge wurde hinausgeführt, angeblich zum Händewaschen vor dem Mittagessen, aber tatsächlich wurde er in seinem Kinderzimmer eingeschlossen. Ich hörte sein Schluchzen.

Ich legte meine amtsrichterliche Sorgerechtsbestätigung auf den Tisch. »Frau Albin, ich mache Sie darauf aufmerksam, dass ich das Sorgerecht für Eckart habe! Geben Sie ihn sofort heraus!«

»Nein, ich rufe jetzt Frau Riefenstahl in Prag an. Sie ist dort zu Filmaufnahmen!« Sie schien jetzt unsicher und nervös.

Durch den Hörer vernahm ich die schrille Stimme meiner Schwägerin. »Nein, nein!«, schrie sie, »ich verbiete das! Kommt gar nicht infrage. Das Kind bleibt in meinem Haus!«

Frau Albin legte auf »Sie werden es ja mitgehört haben. Frau Riefenstahl verweigert die Herausgabe des Kindes.«

Ich stand auf. Es war zwecklos. So ging es nicht. »Ich mache Sie darauf aufmerksam, Frau Albin, dass ich Strafantrag gegen Sie und Frau Riefenstahl stellen werde. Wegen Kindesentführung!« Ich zeigte noch einmal auf meinen Sorgerechtsausweis.

Lilo Albin schüttelte den Kopf. »Ich halte mich an Frau Riefenstahls Anweisungen!«

»Dafür werden Sie vor Gericht stehen, Frau Albin!«, sagte ich und verließ das Haus.

Hinter mir schrie mein eingesperrtes Kind: »Mami, Mami, nimm mich mit!«

Weinend lief ich durch den strömenden Regen zum Amtsgericht, wo man mich sogar zum Amtsrichter vorließ, so aufgelöst erschien ich den Vorzimmerdamen. Aber kaum hörte er den prominenten Namen Riefenstahl, lehnte er es ab, eine einstweilige Verfügung auf Herausgabe zu erlassen. Zwar prüfte er meinen Sorgerechtsausweis, wiegte aber nur bedächtig den Tiroler Bauernschädel. »Da kann ich leider nichts tun, werte Dame! Dafür ist nur« – er klopfte auf meinen Ausweis – »das Amtsgericht Berlin-Charlottenburg zuständig. Habe die Ehre!«

Völlig aufgelöst fuhr ich nach Oberstdorf zurück. Bei dem halbstündigen Aufenthalt in Wörgl gelang es mir zumindest, den gemütlichen Bahnhofsvorsteher dazu zu veranlassen, über seine Amtsleitung ein Telegramm an Frau Dr. Curtius zu schicken: »Frau Albin in Vertretung von Leni verweigert Herausgabe Eckarts – stop – todunglücklich – stop – Amtsrichter Kitzbühel erklärt für einstweilige Verfügung Berlin zuständig – stop – bitte Beschluss beeilen und wegen Vorenthaltung klagen – stop – erbitte Drahtnachricht München, Weilheimer Straße 5 – stop – Collignon!«

Verzweifelt kam ich wieder in Oberstdorf an. Einer der unglücklichsten Tage meines Lebens ging zu Ende.

Vierzehn Tage später brachte mir Lenis Sekretär, Herr Lantin, das Kind nach Oberstdorf. Überglücklich nahm ich Eckart an der Bahnsteigsperre in Empfang! Nun waren wir drei zusammen! Nun konnte uns nichts mehr trennen! Das glaubte ich zumindest

Doch ich hatte den Hass meiner Schwägerin unterschätzt. Der Kampf ging weiter.

»'s ist Krieg! 's ist Krieg! O Gottes Engel, wehre …«

1944–1945

Berlin im sechsten Kriegsjahr

Es war im Oktober 1944. Als der Telegrammbote an diesem herrlichen Oktobertag nach mir verlangte, durchfuhr mich eisiger Schrecken. Es konnte nur eine furchtbare Nachricht sein … Ich öffnete das Formular mit zitternden Händen. Nein, nicht von Klaus. Auch keine Todesnachricht! Stattdessen etwas völlig Unerwartetes: Mein Haus sollte kommen! Die Baufirma im Warthegau, bei der ich vor langer Zeit ein Fertigblockhaus bestellt hatte, wollte wissen, wohin sie es liefern lassen sollte. Mein Häuschen, meine Rettung aus Notunterkunft und Evakuiertendasein! Es war nicht zu fassen! Im sechsten Jahr dieses Krieges, in dem ganze Städte in Trümmer fielen, meldete mir die Firma, dass es fertig und versandbereit sei! Wohin bitte? Es hörte sich wie Frieden an! Stammelnd gab ich die Nachricht meinen Kindern weiter, die einen Indianertanz begannen, dem sich der Foxl, unsere zehnjährige, sanfte, braunäugige Peggy, anschloss. Ein Haus, ein Haus für uns alle! Wir tanzten wie verrückt über die knarrenden Dielen. Ein Haus! Fünf Zimmer laut Plan, alles in Holz, ein Fertighaus mit doppelt abgesicherten Zwischenwänden, süßen kleinen Fenstern mit Holzläden … O wie oft hatte ich schon die Pläne studiert, aber nicht an das Wunder zu glauben gewagt! Jetzt war es da, jetzt wollte man wissen, wohin! Gar keine Frage. Hierher natürlich! Nach Oberstdorf. Hier kannte ich seit vier Jahren viele Menschen, die mir geholfen hatten. Hier fühlte ich mich sicher. Hier war es schön. Sollte dieser entsetzliche Krieg einmal vorüber sein, würde es bestimmt ewig dauern, bis mein Mann wieder in seinen Beruf als Kameramann zurückgefunden hätte. Solange würden wir hier bleiben im eigenen Haus! Dann könnte man es vermieten, aber immer hätten wir ein Ferienhaus! Immer könnten Eckart und Uta im Winter hier Ski laufen ... und war die Sommerzeit nicht herrlich? Die Schulferien! Ich sah uns alle wandern und ins eigene Haus zurückkehren, in der Abendsonne davor sitzen!

Am Nachmittag wartete ich auf der Post lange auf die Telefonanmeldung nach Triest, wo sich mein Mann als PK-Berichterstatter der Marine auf einem Stützpunkt befand. Endlich der Zuruf vom Schalterbeamten. Ich rannte in die enge Zelle und riss den Hörer hoch. Wirklich, er war es. Ob etwas passiert sei?

»Ja«, rief ich atemlos, »das Häuschen kommt! Stell' dir vor, ich hab schon einen Bauplatz hier! Eine Wiese. Ich bekomme sie von einem Bauern auf neunundneunzig Jahre Erbpacht. Heute Abend erfahre ich Näheres durch meinen Malerfreund. Ist das nicht wundervoll, Klaus?«

Es sirrte in der Leitung, es knackte. Waren wir getrennt? »Hallo, bist du noch da?«, fragte ich über 1500 Kilometer Entfernung. Dann wieder seine Stimme, etwas rau, ein wenig aufgeregt: »Bist du wahnsinnig geworden? Das Haus kann doch nicht in Oberstdorf stehen! Was sollen wir denn dort? Der Krieg dauert sowieso nicht mehr lange ...«

»Um Gottes willen, Klaus«, rief ich, »wenn jemand zuhört!« Auf solche Äußerungen von Defätismus stand Todesstrafe! Er redete unbeirrt weiter. Sehr erregt. War das noch der sanfte Klaus?

»Wir müssen an unser Leben *danach* denken! Ich muss doch in Berlin arbeiten! Da gehören wir hin! Wenn die Filmindustrie wieder zu arbeiten beginnt ... was soll dann ein Haus in Oberstdorf?«

»Aber«, wagte ich einzuwenden, »solange die Existenz noch nicht wieder gesichert ist, wäre es doch eine Bleibe für uns!«

Ich sah mein Häuschen noch immer da oben, etwas höher als das meines Malerfreundes, am Waldrand.

»Kommt überhaupt nicht infrage! Mein Vater gibt uns sicher ein Grundstück am Wannsee.«

»Aber ... Berlin! Das geht doch nicht! Dort wird es bestimmt gleich ausgebombt!« Ich weinte fast.

Aber er blieb hart. »Wenn du jetzt nicht nach Berlin willst, das kann ich ja verstehen, dann bau' das Haus meinetwegen in Seilershof bei Dannenwalde auf! Bei Dr. Kaute. Die haben dort das West-Sanatorium ausgelagert. Da sind Arbeiter, da schaffst du es sicher mit dem Bau des Häuschens. Setz dich gleich mit den Kautes in Verbindung! Oberstdorf! Kommt überhaupt nicht infrage. Nein! Was sollen wir denn da!«

Noch einmal versuchte ich es. Jetzt war ich selbst nahe daran, von der »Mainlinie« zu reden, die allen als eine künftige imaginäre Linie zwischen den besetzten Teilen Deutschlands vorschwebte.

»Aber Klaus, hier unten, so weit im Süden, in den Bergen, da wären wir doch sicher ... meinst du nicht?«

Aber er blieb hart. Natürlich konnte er unmöglich von Triest aus die Lage richtig beurteilen – was wusste man schon an der Front! Ich seufzte.

»Also gut, ich werde mit Dr. Kaute reden!« Wir hängten ein. Ich verließ das Postamt wie betäubt. Ich sollte Oberstdorf verlassen, mit den Kindern, mit dem Hund – ein entsetzliches Unternehmen im sechsten Jahr des Krieges, in dem Reisen unsicher waren, die Züge von Tieffliegern beschossen wurden, oft auch endlos auf der Strecke standen, wenn irgendwo ein Bombenangriff war. Niemand, der sich in dieser Zeit auf Reisen begab, konnte wissen, ob er je ankommen würde. Ich resignierte. Ich musste Abschied nehmen vom Wiesengrundstück und den grünen Matten ringsum. Auch Kautes reagierten mit Bestürzung, als ich sie endlich am Telefon erreichte und von unserem Vorhaben berichtete, und meine Oberstdorfer Freunde hielten mich für verrückt: »Nördlich des Mains? Sie müssen wahnsinnig sein! Dorthin kommen die Russen.«

Gegen alle Ratschläge und ungeachtet aller Warnungen verließ ich einige Wochen später mit meinen Kindern Oberstdorf. Der Blick zurück war wehmütig. Wie strahlend schön zeigte sich uns noch einmal dieser behütete Ort mit den schneebedeckten Berggipfeln, in dem ich friedvolle, wenn auch oft öde Monate verlebt hatte. Jetzt begann ein neuer Lebensabschnitt, ein Aufbruch in eine ungewisse Zukunft. Die düsteren Voraussagen meiner Oberstdorfer Freunde, ihr Unverständnis darüber, dass ich nicht bleiben wollte, da sie mir doch alle ihre Hilfe angeboten hatten, verdrängte ich. Wenn sich Zweifel in mir regten, kämpfte ich sie nieder. Ein Mann wusste sicher besser eine solch schwere Entscheidung in dieser unüberschaubaren Welt zu treffen.

Wir kamen nach 14 Stunden in Berlin an, schmutzig, zerknautscht, hungrig und völlig übermüdet. Einige Male war der Zug auf offener Strecke stehen geblieben. Dann tuschelten die in drangvoller Enge sitzenden Fahrgäste das unheimliche Wort »Voralarm«, manchmal auch »Alarm«. Aber wir kamen ohne Angriff bis Berlin durch. Es war stockdunkel auf dem Anhalter Bahnhof, und wir mussten uns mit dem ganzen Gepäck durch die Finsternis zur S-Bahn kämpfen.

Ich musste an meine kleine Peggy denken, die ich als Expressgut hatte vorausschicken müssen, weil Hunde nicht mehr in den Personenwagen mitfahren durften. Schon vorgestern musste sie ihre Reise hier beendet haben, und gewiss hatte Bertl das verängstigte Tier sogleich abgeholt.

Wir erreichten gerade noch einen der letzten S-Bahn-Züge hinaus nach Wannsee und quetschten uns hinein. Uta jammerte vor lauter Müdigkeit und Erschöpfung leise vor sich hin, während Eckart ihr gut zuredete. Die S-Bahn war beschädigt, mehrere Fensterscheiben fehlten, aber sie ratterte rüstig auf ihren ausgefahrenen, vielfach geflickten Gleisen durch die Nacht. Rechts und links ragten gespenstisch die Silhouetten zerbombter Häuser wie kahle Gerippe in den Nachthimmel. Berlin im sechsten Kriegsjahr! Ich versuchte, die aufsteigende Angst zu bekämpfen und meine Erschütterung über das veränderte Gesicht meiner Heimatstadt.

Als wir die Station Westkreuz erreichten, schossen wie auf Kommando Lichtfinger in die Höhe, wo sie den Himmel abtasteten und sich an den Schnittpunkten trafen. Voralarm! Ob die S-Bahn weiterfahren würde? Ein ganzer Lichterdom stand plötzlich über uns, ebenso schön wie schrecklich. Das bedeutete unmittelbare Gefahr.

Ich zitterte vor Angst. Die Kinder pressten sich an mich. Doch dann erreichte die Bahn endlich den Grunewald. Endlose Reihen von Kiefern zogen rechts und links an uns vorbei. Und so, als hätte jemand den Lichtschalter ausgeknipst, war die scheußliche Himmelsbeleuchtung mit einem Mal zu Ende. Schwarz lag die Nacht über uns, als wir endlich Wannsee erreichten.

Mit den todmüden Kindern und den Koffern rechts und links stolperte ich den Sandwerder entlang. Da endlich, das Haus meiner Schwiegereltern! Weiß und behäbig lag es am sanft abfallenden Wiesengelände des Seeufers. Dass auch hier Krieg war, erkannte man nur an der fehlenden Nachtbeleuchtung und an den vor den Kellerfenstern aufgeschichteten Sandsäcken. Wir klingelten zaghaft.

Nach einer Weile wurde aufgemacht. Wir waren glücklich nach fast fünfzehn Stunden endlich am Ziel unserer Reise zu sein. Die Kinder fielen in die Betten. Ich auch.

Am nächsten Morgen, beim Frühstück, fragte ich nach unserer Peggy.

Meine Schwiegermutter sah mich fassungslos an. »Du weißt es noch nicht?«

»Was?« Mir stockte der Atem.

»Der Hund ist fort! Bertl konnte ihn nicht abholen. Am Abend, als er angekommen war, hatte ein Bombenangriff die Vorortstrecke unbenutzbar gemacht. Am nächsten Tag rief uns die Bahn an. Du hattest ja auch unsere Adresse mit aufgegeben. Der Hund hat sich, halb wahnsinnig vor Angst, selbst befreit. Er hat die Holzlatten durchgebissen und ist fortgelaufen. Es ist sicher furchtbar für dich, aber man konnte nichts mehr tun.«

Ich brach in Tränen aus. »Ich muss ihn suchen«, sagte ich schließlich. »Bitte hütet die Kinder, bis ich wiederkomme. Ich finde ihn bestimmt. Er wird nach Hause gelaufen sein, nach Grunewald, vielleicht zum Haus meiner Eltern.« Ich stand auf.

»Aber die Häuser sind alle zerbombt.«

»Das weiß der Hund doch nicht. Tiere haben diesen gewissen Instinkt. Ich muss zumindest versuchen, ihn zu finden. Versteht das doch bitte.« Ich riss den Mantel von der Garderobe und stürmte aus dem Haus.

Wieder ging es mit der S-Bahn zum Anhalter Bahnhof. In der Frachtabteilung zeigte mir ein alter Mann den Rest der Hundefrachtkiste. Es war klar, zwei Latten von kleinen spitzen Zähnen wie durchgefeilt, da war sie durchgeschlüpft. Ich gab dem Mann etwas Geld und ein paar Zigaretten.

»War so'n niedliches Tier«, sagte er. »Ich hab ihm noch Wasser durch die Latten geschoben, er hechelte fürchterlich.«

»Und niemand hat ihn abgeholt?« Ich konnte es einfach nicht fassen.

»Wir haben noch telefoniert am nächsten Tag. Das Tier tat uns Leid. Das Fräulein sagte, wegen des Bombenangriffs, der die Verbindung nach Königs Wusterhausen zerstörte, wäre sie nicht gekommen. Und dann kam der nächste Angriff.«

Der alte Mann drehte sich eine Zigarette, dann sah er mich an, fast vorwurfsvoll. »Das arme Tier! Wir mussten alle runter in den Keller. Als ich wieder raufkam, war die Lattenkiste aufgebrochen. Der Kleene hat sich selbst befreit, ist wohl fortgelaufen in die Nacht, als über uns die Hölle los war.«

Ich brauchte meine ganze Kraft, um nicht laut aufzuschluchzen. Gab ihm die Hand. »Danke, dass Sie ihm wenigstens Wasser gegeben haben.« Mehr brachte ich nicht mehr heraus.

Ich fuhr nach Grunewald. Dort, bei unserem Haus, das vor einem Jahr ausgebombt worden war, musste ich zuerst suchen. Das war Peggys Heimat gewesen. Das einst hübsche weiße Haus war ausgebrannt, ohne Dach, die Fensterhöhlen geschwärzt. »Betreten verboten!« stand auf einem Schild, das jemand mit der Hand in schwarzer Farbe gemalt hatte.

Zwischen den noch immer rot blühenden, fast wuchernden Polyantharosen ging ich auf das Haus zu, immer wieder »Peggy« rufend. Ich kam in unser ehemaliges Kinderzimmer, in dem der Schutt fast mannshoch lag. Hier hatte sie sich immer unter das Bett meines Sohnes verkrochen, um das kleine Herrchen zu beschützen.

Jetzt gab es hier nur noch verkohlte und verbrannte Balken, Stein- und Mörteltrümmer. Mein Schlafzimmer! Derselbe traurige Anblick. Hier hatte einmal mein breites Bett gestanden, auf das Peggy so gern gehopst war, gerade weil es verboten war. Ich sah aus den zerstörten Fenstern. Noch immer blühte auch drüben, in der ebenfalls ausgebrannten

Nachbarvilla, im Staudengarten, verschwenderisch das dicke, lila Polster. Ich rief – nichts.

Wie im Traum ging ich in unseren großen Wohnraum. Ein fürchterlicher Anblick. Noch Reste der hellen Samtvorhänge, verbrannt und verkohlt, an einer Wand die verzogenen, durch die Hitze fast geschmolzenen Wandleuchter mit ein paar Kristallen, die seltsamerweise nicht zerstört worden waren. Es würgte mich. Ich ging so schnell wie möglich hinaus. Ich musste die ganze Zeit über an Heinz denken, der nun irgendwo in russischer Erde lag – wenn überhaupt –, und die Erinnerungen waren schier unerträglich. »Er konnte nicht geborgen werden«, hatte es im Brief des Regimentskommandeurs geheißen.

Ich ging in den Garten hinaus. Die Sandkiste meiner Kinder stand unzerstört da. Und gleich daneben war Peggys eigenes Reich gewesen, in dem sie ihre fünf Jungen auf die Welt gebracht hatte – ein kleines Fleckchen Erde, mit niedrigem Draht umzäunt. In diese Einfriedung hatten wir jeden Morgen die fünf putzigen, auf wackligen Beinchen torkelnden Welpen gesetzt. Aber es gab keine Spur von Peggy. Ringsum herrschte Totenstille, und quälende Erinnerungen drangen auf mich ein. Wie betäubt ging ich davon.

Gerade als ich die Fahrkarte nach Wannsee gelöst hatte, gab es Fliegeralarm. Schrill zerrissen die Sirenen die nachmittägliche Stille. Entsetzlich, dieser auf- und abschwellende Heulton! Was jetzt? »Zum Zoobunker«, hörte ich es rechts und links. Die schweigende, verdrossene und verängstigte Menschenmenge riss mich mit. Es waren nur einige wenige Hundert Meter. Trotzdem, welch endloser Marsch in der schiebenden Menge. Ich war ein Teil von ihr, von Angst getrieben, von der Masse gestoßen und somit unfähig, mich noch aus diesem wirren Knäuel von Menschenleibern zu befreien.

Die Tür zum Zoobunker war viel zu schmal, um die riesige Menge von Menschen einigermaßen geordnet aufzunehmen. Kommandos ertönten, roh und laut. Mütter, die ihre Kinder an sich pressten, Männer, die sich in Panik vordrängten. SS-Leute, die barsche Befehle erteilten. Endlich nahmen uns die Sicherheit versprechenden Betonmauern auf.

Nie zuvor war ich in einem solchen Bunker gewesen. Ich ahnte nicht, welch ein Albtraum das war. Wir mussten hinauf. Als wir endlich stehen bleiben durften, hatte ich das fünfte Stockwerk erreicht. Statt nach unten in den Keller mussten Bunkerflüchtlinge hinauf – irgendwie widersinnig, da die Gefahr doch von oben kam. Aber der meterdicke Beton sollte den Bomben standhalten, und er hielt. Außerdem hörte man weniger von den Angriffen als im Keller.

Ich sackte an der Betonmauer zusammen, hockte mich hin, wie die anderen, und fing an, lautlos zu weinen. Alles Elend des Tages mit der vergeblichen Suche nach meiner kleinen Peggy, alle Erinnerungen, die ich durchlitten hatte, stiegen wieder in mir auf. Ich dachte an Elternhaus und erste Ehe – alles kaputt! Alle Enttäuschung dieses Tages löste sich in einem Tränenstrom, den ich nicht aufhalten konnte. Wo war Klaus? Hatte ich alles falsch gemacht? Wie ging es meinen Kindern im Augenblick? War der Angriff vielleicht auf die westlichen Vororte angesetzt? War Wannsee das Ziel? Ich hatte das Gefühl, den Verstand zu verlieren.

»Heul'n Se doch nich, junge Frau«, hörte ich. Ein Mann mit Krückstock, wohl kriegsdienstuntauglich, legte mir die Hand auf die Schulter. »Wird schon jut jehn! Beton bleibt Beton.«

Er glaubte, ich hätte nur Angst vor den Bomben. Ich sah ihn unter Tränen dankbar an. Ein Wort genügt manchmal als Trost – auch dann, wenn es eigentlich keinen Trost geben kann. Aber das wusste der gute Mann ja nicht.

Entwarnung! Langsam drückte und schob sich die lange Raupe der Eingeschlossenen wieder nach unten, durch die schmale Tür und hinaus in den hellen Oktobertag, in die Stadt, über die der Angriff mit zentnerschweren Bomben hinweggezogen war und seine blutige Spur hinterlassen hatte. Wie ein Wunder tauchte nach endlosem Warten sogar die S-Bahn wieder auf. Sie fuhr nach Wannsee, sogar nach Potsdam. Erschöpft und verzweifelt erreichte ich wieder das Haus meiner Schwiegereltern. Ich schlich den Gartenweg entlang. Die Tür öffnete sich. Mein Mann stand da!

Erst glaubte ich an eine Halluzination.

»Urlaub! Für einen Tag. Bin auf dem Weg zu einem Marine-Einsatz nach Ahlbeck an der Ostseeküste.«

Ich sank in seine Arme und weinte haltlos.

Man lebt nur von einem Tag zum anderen

In dieser Nacht gab es wiederum Fliegeralarm. Die Kinder waren aus dem Gästezimmer ausquartiert worden und fanden es ungeheuer spannend, im Luftschutzkeller zu schlafen. Dort waren sie in leidlicher Sicherheit. Wir beide aber ignorierten den Alarm. Schließlich war Wannsee zwanzig Kilometer von Berlin entfernt, auf das sich der Angriff konzentrierte.

Klaus und ich waren endlich allein. Eine Nacht gehörte uns, eine Gnadenfrist vor dem Unbekannten, vielleicht Unvorstellbaren, das uns bevorstand. Wir hatten kaum Zeit, viel zu besprechen, gerade genug für Nähe, Wärme, Zärtlichkeit und das kostbare, lang entbehrte Gefühl der Geborgenheit.

Nach dieser Nacht musste er ja gleich weiter, an die Ostseeküste, nach Ahlbeck oder Swinemünde, ganz genau stand das noch nicht fest. Ich hatte so sehr gehofft, er würde mich zum West-Sanatorium begleiten können, wo ich mit unseren Freunden, Dr. Kaute und seiner Frau, die nächsten Probleme meiner Unterbringung besprechen wollte. Nicht einmal dafür hatte er Zeit. Am Bahnhof Zoo trennten wir uns. Denn er musste noch seine Dienststelle am Fehrbelliner Platz aufsuchen.

Wir blieben stumm. Eine letzte Umarmung, ein letzter Blick, dann sah ich ihm nach, wie er die Treppen zur U-Bahn hinabstieg, eine lange magere Gestalt in Marineuniform mit dem kindlich anmutenden viereckigen Kragen über der dunkelblauen Bluse, das Schiffchen auf dem Kopf, bepackt mit dem schweren Seesack, die Kamera über der Schulter. So ungeschützt, so hilflos kam mir Klaus in diesem Moment vor. In diesem Augenblick spürte ich, dass nun alle Last auf mir lag.

Schutzengel

Anschließend machte ich mich auf den Weg zu unseren Freunden. Das Klinikgebäude stand noch. Die Fassade hatte zwar auch einiges abbekommen, aber das Schild neben der Pforte »West-Sanatorium – Privatklinik« war nahezu unbeschädigt, ebenso die Tafel mit den Namen der Ärzte, die hier ihre Privatstationen hatten. Es waren sehr bekannte Namen darunter. Chef und Eigentümer der Klinik war der Gynäkologe Dr. Wilhelm Kaute, und seine Frau Thesi war meine beste Freundin. Auch ihre Wohnung am Rüdesheimer Platz war ausgebombt. So wohnten sie mit ihren Kindern im obersten Stock der Klinik.

Ich fuhr aus meinen Gedanken auf, als Thesi in ihrem weißen Kittel auf mich zukam. »Komm«, sagte sie, »wir gehen hinauf zu mir. Ich muss mich einfach hinlegen, arbeite schon die ganze Nacht durch. Lass uns eine Tasse Kaffee zusammen trinken, dabei können wir über alles reden!«

Wir fuhren mit dem immer noch funktionierenden Lift nach oben. In ihrem Zimmer zog sie sofort die Schuhe aus und streckte sich auf dem Sofa aus. Der Kaffee wurde von einer Schwester gebracht. Köstlich! Ein lang entbehrter Genuss.

Dann sah Thesi versonnen über das Zimmer, das sie liebte, über den großen Flügel, auf dem sie noch manchmal spielte, und dann auf mich. »Wie lange noch? Man lebt doch nur von einem Tag zum anderen. Jeder Tag kann der letzte sein.« Sie richtete sich etwas auf, um an ihre Tasse zu kommen. »Sieh mal, dort das Fenster«, sagte sie dann.

Ich blickte fragend in diese Richtung.

»Dort hockte ich gestern Nacht, als der Bombenteppich über uns kam. Ich kniete auf der Fensterbank, und der unerhörte Anblick draußen fesselte mich derart, dass ich an die direkte Gefahr gar nicht mehr dachte. Rundherum brannte es. Der Turm dort drüben am Rankeplatz ragte hoch wie eine Riesenfackel. Gierig fraßen sich die Flammen empor. Eine dichte Wolke von Rauch verhüllte ihn manchmal, doch plötzlich erschien er wieder wie eine Krone über dem dunklen Rauchgürtel und dann flog das Kupfer des Daches in lauter leuchtend blauen Bällen, die wie Aquamarine funkelten, in die Luft. Das Gerippe des Turmes wurde immer deutlicher sichtbar, und plötzlich stürzte er krachend in sich zusammen. Wenn du wüsstest, was Wilhelm gestern Nacht gemacht hat …« Ich sah, wie meine Freundin blass wurde.

»Was ist mit ihm? Ist ihm etwas geschehen?«, fragte ich angstvoll.

Sie schüttelte den Kopf, »Gott sei Dank nicht. Aber es hätte schief gehen können. Er stand auf dem Dach, zusammen mit einigen Ordensschwestern. Dann schlug doch tatsächlich eine Brandbombe auf das Dach. Nie zuvor hatte mein Mann so etwas gesehen. Mit beiden Händen ergriff er das lange, rote Ding und rannte ins Treppenhaus zurück. Während die Ordensschwestern atemlos vor Angst seinen Lauf verfolgten, rannte er mit der Bombe auf den Armen fünf Stockwerke hinab, hinaus in den Garten. Vor der Kapelle warf er das schreckliche Ding auf etwas, von dem er glaubte, dass es Erdreich sei. Später stellte sich heraus, dass es der letzte Rest unserer Kohlen gewesen war. Doch zum Glück explodierte das Ding nicht. Inzwischen hatte eine der Schwestern die nächste Polizeidienststelle alarmiert. Es dauerte nicht lange, da kam ein Brandmeister und holte den Blindgänger ab.« Sie lehnte sich erschöpft zurück. »Mein Mann ist noch einmal davongekommen.«

»Er ist nicht nur mutig, dein Mann, er muss auch einen Schutzengel gehabt haben.«

»Ja«, sagte sie, »darum beten wir hier jeden Tag. Wenn er nicht wäre ... Du kannst dir nicht vorstellen, was es bedeutet, eine Klinik in diesen Zeiten zu führen.«

»Thesi«, begann ich zögernd, »euer Angebot, mir mit dem Haus zu helfen ...«

Sie sah mich fassungslos an. »Du willst tatsächlich ...?«

Es war für mich wie ein Schock. »Aber ihr hattet mir doch versprochen zu helfen, wenn das Holzhaus wirklich kommen würde«, wandte ich ein. »Und nun ist es unterwegs.«

Sie sank auf einen Hocker. »Das muss vor Ewigkeiten gewesen sein! Inzwischen ist hier alles völlig anders. Völlig ungewiss. Außerdem hatten wir Schwierigkeiten mit den Arbeitern, mit den Behörden. Du warst doch so sicher in Oberstdorf!« Es klang verzweifelt, hoffnungslos, vorwurfsvoll. Mit großen, übermüdeten Augen sah sie mich an, Freundschaft und Wärme waren in ihrem Blick zu lesen, aber auch Verständnislosigkeit und Ablehnung.

»Was können wir denn noch tun ...? Hörst du denn nicht die Nachrichten? Ich meine ... die anderen?«

Ich verstand. »Thesi, ich weiß einiges. Glaub mir, aber das Haus ist nun mal auf dem Weg. Klaus wollte es hierher haben. Er ist so glücklich darüber. Gestern Nacht war er da, und heute Mittag musste er schon wieder fort. Er will mich doch in der Nähe haben, wenn ... alles vorbei ist!

Sie stand auf und kam auf mich zu, als sie sah, dass ich mich zum Gehen entschlossen hatte. Sie wusste, welches Anliegen ich hatte, war aber zu erschöpft, um mit mir darüber zu reden. »Ich werde mit meinem Mann sprechen. Das verspreche ich dir. Aber noch kurz eine Frage: Willst du nicht doch lieber mit den Kindern wieder zurück nach Oberstdorf? Auf das Haus, wenn es in Dannenwalde ankommt, passen wir schon auf. Wir werden es irgendwo auf dem Gelände neben Seilershof stapeln. Wenn dann der Krieg zu Ende ist, kannst du es entweder abholen lassen oder dort irgendwo aufbauen. Wie wäre das?«

Ich sah sie traurig an. »Ich kann nicht mehr nach Oberstdorf zurück. Man hat mir dort am Tag der Abreise meine Aufenthaltsbewilligung endgültig entzogen.«

Sie schlug die Hände zusammen. »Mein Gott, auch das noch! Na, dann hilft nichts. Komm wieder vorbei.« Wir umarmten uns.

Eine Stunde später war ich wieder draußen in Wannsee – sehr desillusioniert, sehr deprimiert. Ich hatte mich in ein geradezu tollkühnes Abenteuer gestürzt, nur weil mein Mann es so verlangt hatte. »Abenteuer« war ohnehin nicht das richtige Wort. Die Situation in und um Berlin war ernst, geradezu dramatisch. Jetzt ging es nur noch ums nackte Überleben für mich und meine beiden Kinder. Ich hätte nicht auf meinen Mann hören dürfen. Ich hätte in Oberstdorf bleiben müssen. Aber nun war es zu spät.

Zuflucht Seilershof

Dr. Kaute schlug mir vor, nach Seilershof bei Dannenwalde, etwa 70 Kilometer außerhalb von Berlin in einen kleinen Gasthof zu ziehen, da er in diesen Ort teilweise seine Privatklinik umsiedelte. Auch wollte er mir bei der Beschaffung eines geeigneten Grundstücks und der Aufstellung des Fertighauses durch seinen Bauunternehmer behilflich zu sein. Außerdem teilte er mir mit, dass auch eine alte Freundin von mir dort auf ein Hausboot gezogen wäre.

Meine Schwiegermutter war sogleich damit einverstanden, Uta bei sich aufzunehmen. Das klang zwar enorm großzügig, aber ich wusste genau, dass sie sich bessere Chancen ausrechnete, ihre langjährige Wirtschafterin behalten zu können, wenn ein Kleinkind im Haushalt lebte. Für mich war es in diesem Augenblick jedenfalls eine Erleichterung

Ich sah über den schön gedeckten Tisch, über den hellen großen Raum, ich genoss noch einmal den Komfort eines gepflegten Hauses, in dem die kriegsbedingt einfachen Speisen von einer Wirtschafterin serviert wurden. Wie lange noch? Auch hier war niemand sicher vor den Bomben, die die Alliierten jeden Tag verstärkt auf diese Stadt warfen.

Noch fanden es meine Kinder aufregend, bei Alarm den Bunker im Garten aufzusuchen, wenn sich auch meine fünfjährige Tochter etwas vor der Gasschleuse fürchtete, während sie ihren zwei Jahre älteren Bruder zu faszinieren schien.

Schweren Herzens verließ ich meine Tochter. Der einzig tröstliche Gedanke war, dass es ja nur für kurze Zeit sein würde. Ich hatte mich dazu entschlossen, erst einmal nur mit Eckart nach Seilershof in den kleinen Gasthof zu ziehen. So machten wir uns, beladen wie die Packesel, auf den Weg. Es ging mit dem Zug nach Dannenwalde und vom Bahnhof zu Fuß zum Gasthof Reese. Das Zimmer überstieg jedoch meine schlimmsten Befürchtungen. Ein Doppelzimmer im ersten Stock, zwei Betten, ein Schrank, weiter nichts. Es gab keinen Stuhl, und es war unbeheizbar.

»Nicht für lange«, sagte ich zu meinem Sohn. Wir richteten uns ein, so gut es eben ging.

Am nächsten Morgen brachte ich Eckart zur Schule. Nachts schlotterten wir vor Hunger und Kälte in unseren klammen Betten. Nur die Hoffnung auf ein baldiges Kriegsende hielt mich aufrecht. Und den kleinen Jungen auch, der hoffnungsfroh allen erzählte, dass wir demnächst ein eigenes Haus haben würden.

Endlich bekam ich Nachricht von der Bahn, dass der Transport am nächsten Tage ankäme. Noch nie war ich so schnell zu einer Bahnstation gelaufen! Tatsächlich! Zwei Waggons, hoch beladen mit lauter hellen Holzteilen, standen da, abgehängt von einem Güterzug, der sie aus dem Warthegau hierher befördert hatte. Nun wurde es sehr spannend. Arbeiter vom Sägewerk und ein paar Leute aus einem nahe gelegenen Konzentrationslager luden ein Teil nach dem anderen ab. Ich entdeckte Türen, Fenster mit Läden, Einbauschrankteile, eine im halben Bogen geschwungene Treppe, das Dach! Das Haus schien mir fabelhaft gebaut, wesentlich besser, als ich es erwartet hatte: Es hatte Doppelwände, die mit Isoliermaterial ausgefüllt werden sollten. Ein richtiges Luxusholzhaus! Ich war selig! Nur konnte man die Teile nicht sofort an Ort und Stelle transportieren. Erst musste ja das Fundament stehen, eine etwa einen Meter dicke Betonplatte. Darauf würde man dann das Haus nach Bauanleitung aufstellen. Kein Problem! Ich sprach mit dem Bauunternehmer, mit dem mich Dr. Kaute schon vor Wochen bekannt gemacht hatte. Nein, jetzt nicht gleich, meinte der, erst müsse er in der Klinik mit dem Wichtigsten fertig werden. Aber dann … ganz bestimmt!

Ich verteilte Alkohol und Zigaretten. Meine Vorräte schwanden dahin. Von Tag zu Tag wurde ich vertröstet. Und eines Morgens, als mein Junge und ich aufwachten, war draußen alles weiß. Raureif! Ich starrte erschrocken auf die Landstraße, die nun nicht mehr von Schlamm, sondern von gewellten kleinen Eisrinnen überzogen war. Frost! Das war das Schlimmste, was passieren konnte. Der Frost kam viel zu früh in diesem Jahr!

Sicher würde er sich nur diesen einen Tag halten, tröstete ich mich. Nein, der Frost blieb. Ich machte einen Spaziergang zum Sägewerk. Eckart vergnügte sich damit, sich die Fenster zu betrachten, die Treppe. Er sah mich erwartungsvoll an.

»Die Treppe geht nach oben zu meinem Zimmer, nicht wahr?

Ich nickte mit einem Kloß im Halse. Der gutmütige Sägewerksbesitzer kam zu mir und sah mein trauriges Gesicht. »Wird nichts, Frauchen, vorm Winter«, meinte er. »Besser, Sie geben was aus für Dachpappe. Wenn wir die Stapel nicht zudecken gegen Regen und Schnee, arbeitet das Holz. Ist ja noch frisch. Dann können Sie es nicht mehr zusammenfügen.« Daran hatte ich nicht gedacht! Der Mann hatte Recht. Ich gab ihm Geld, ein paar Flaschen Schnaps und Zigaretten. Die beiden hohen Stapel wurden sehr fachmännisch mit schwarzer Dachpappe zugedeckt. Jetzt sahen sie aus wie für die Ewigkeit verschlossene Särge! Ich sah mich nicht mehr um und ging mit meinem Sohn kleinlaut den langen Weg zurück. Noch einmal besuchten wir »unser« Grundstück. Wir stolperten über jede festgefrorene Rinne, und mir wurde bewusst, dass man hier keinesfalls mehr vor dem Winter ein Betonfundament würde legen können. Der Traum vom eigenen Haus, noch vor Weihnachten, war ausgeträumt.

Die Tage in jenem kalten Herbst 1944 schlichen mit trostloser Eintönigkeit dahin. Die schönste Stunde des Tages war die Teestunde auf dem Hausboot bei meiner Freundin Lixie aus Berlin. Da war es urgemütlich, es war warm und sah aus wie in einem kleinen, schicken Wohnhaus – nur dass hier das Wasser an die Bootswände gluckerte. Als der Frost schärfer wurde, erstarrte der See in graublauem Eis. Dann knackte und arbeitete die Eisdecke, und manchmal barst sie irgendwo mit lautem Knall.

Hin und wieder traf man sich hier mit Freunden aus Berlin. Lixies Mann, der Verleger Reimer, kam gelegentlich, wenn er aus der Dienstverpflichtung ein oder zwei Tage Urlaub bekam. Jedes Mal wurde eine Art »Feierstunde« aus solchen Zusammenkünften. Man diskutierte die Kriegslage, aber man wandte sich bald der Dichtung oder der Musik zu.

Wenn ich anschließend wieder nach oben zum Gasthof hinaufstieg, wo mich das eiskalte Bett und die Toilette auf dem Hof erwarteten, dachte ich manchmal, dass das alles nur ein böser Traum sei. Aber dann, neben dem warmen, atmenden Körper meines Sohnes im klammen Bett wusste ich, dass es so schnell keinen Weg aus dem Elend geben würde. Fast jeden Tag musste ich meine Röcke enger zusammenstecken. Zudem hatte ich Sehnsucht nach Klaus, dem ich unzählige Briefe schrieb. Er antwortete selten.

Mühevolle Wege im zerstörten Berlin

Einmal pro Woche musste ich nach Berlin. Dort suchte ich den Vormund meiner Kinder auf, die Rechtsanwältin Dr. Curtius, die ihre Kanzlei »Unter den Linden« hatte. Das war nötig, weil die Firma, die die Kinder geerbt hatten, nun von ihr verwaltet wurde. Ein neuer Geschäftsführer musste eingestellt werden. Ein Kaufangebot unseres ehemaligen Oberingenieurs wurde nach gemeinsamer Beratung abgelehnt. Ob es richtig war, würde erst die Zukunft entscheiden. Im Augenblick hielt ich es jedoch für das Beste, die Firma zu behalten, da sie vielleicht eines Tages von meinem Sohn weitergeführt werden konnte. Fast musste ich lachen bei dem Gedanken, dass er, der Siebenjährige, einmal das Geschäft seines Vaters führen sollte. Aber wer konnte das schon wissen? Irgendwie würde Deutschland nach all dieser Zerstörung wahrscheinlich doch weiter bestehen, und da konnte eine Firma, die Heizungen und Sanitäranlagen baute, beim Wiederaufbau von Nutzen sein.

Es waren mühevolle Wege im zerstörten Berlin, gejagt von Alarm und Bombenangriffen. Danach ging es immer hinaus nach Wannsee, wo meine Tochter Uta bei den Schwiegereltern lebte. Sie hatte es sehr gut dort, viel besser als mein Sohn, der mit mir in diesem heruntergekommenen Gasthof leben musste. Immer wieder ließ ich sie schweren Herzens zurück, denn in das ungeheizte Zimmer konnte ich das Kind wirklich nicht mitnehmen, solange es hier noch bleiben durfte. Aber manchmal wurde mir angedeutet, dass ich mich auf eine Änderung einstellen müsste: Es würden ausgebombte Verwandte aus Bonn kommen. Noch waren sie nicht da. Noch blieb das Kind dort.

Eines Tages war ich wieder in Berlin. Nachdem ich mit der Rechtsanwältin und dem neuen Geschäftsführer alles Organisatorische besprochen hatte, fuhr ich zu meinen Schwiegereltern.

Es war der 22. November 1944, diesen Tag würde ich nie vergessen. An diesem Tag gab es einen Großangriff auf Berlin. Ich hatte Kautes in ihrer Klinik besucht und war von den Sirenen überrascht worden. Im Inferno des Bombenhagels hatte man dort Verwundete versorgt, Brände gelöscht und die Türen zum brennenden Nachbarhaus zugemauert. Es schien mir unvorstellbar, welche Leistungen Menschen in äußersten

Notlagen vollbringen können. Zwischen zwei Angriffswellen hatte mich Dr. Kaute nach Hause geschickt.

Wie durch ein Wunder kam ich am Wannsee an. Ich lief sofort in den Luftschutzraum und schloss mein Kind in die Arme. Zu meinen Schwiegereltern sagte ich: »Nach all dem, was ich heute erlebt habe, ist es besser, ich nehme Uta mit nach Seilershof.«

Sie widersprachen mir nicht. Am nächsten Tag packte ich die Sachen meiner kleinen Tochter zusammen und wir verließen das Haus.

Christbaumschmuck: Glaswolle

Nach diesem katastrophalen Angriff musste das West-Sanatorium in die vorbereitete Ausweichklinik Seilershof evakuiert werden. Thesi bot mir sofort an, meine kleine Uta dort aufzunehmen. »Gib mir Uta gleich mit«, erklärte sie kategorisch. Das Zimmer ist für drei zu klein. Sie kann sich mit meiner Tochter Lore ein Zimmer teilen.«

Lore war nur ein Jahr älter. Sie und Uta kannten sich längst aus Berlin und Oberstdorf und liebten und zankten sich in schöner Abwechslung. Alle Ordensschwestern liebten die beiden Mädchen.

Nur eine Woche später bot mir Dr. Kaute an, ein so genanntes Sanatoriumszimmer im Dorf zu beziehen. Er hatte in weiser Voraussicht, da er weitere Patienten aus Berlin erwartete, einige Zimmer in Privathäusern in der näheren Umgebung angemietet und sie mit Sanatoriumsmöbeln einrichten lassen. Ich war selig!

Wir zogen in ein stattliches Haus aus grauem Sandstein in ein großes Parterrezimmer, in dem – o Wunder! – sogar ein Ofen stand. Es war frisch getüncht und mit Möbeln des Sanatoriums eingerichtet: dunkle, glatte Nussbaumschränke, Nussbaumbetten, ein Sessel und ein Tisch mit Stühlen.

Sofort stellte ich den einen Schrank im rechten Winkel zur Wand und trennte so das so genannte »Waschkabinett« von Wohn- und Schlafraum ab. Es gab überraschenderweise fließendes Wasser, weil man eine Leitung von der benachbarten Küche herübergelegt hatte. Die Toilette war allerdings, genau wie im Gasthaus, nur über den Hof bzw. durch den Obstgarten zu erreichen – ein »Häusl«, wie man in Oberbayern sagte, der Weg dorthin nachts in der Winterkälte ein schrecklicher Gang. Die knorrigen Obstbäume sahen im Dezembernebel gespenstisch aus, überall schien irgendetwas über Hof und Garten zu huschen. Über meinem Nachthemd trug ich bei solchen »Exkursionen« meinen schwarzen Pelzmantel, die Taschenlampe in der Hand.

Trotzdem war es für uns drei ein Fest, als wir dort einziehen konnten. Mein alter roter Teppich aus der Berliner Diele und meine altrosa Daunendecke machten das Zimmer fast elegant. Was aber noch besser war: Es gab eine Küche, die wir mitbenutzen konnten. Ich begann wieder für die Kinder zu kochen. Manchmal brachte mir einer unserer Berliner Freunde einen Apfel mit – auch für sie eine Rarität, denn sogar in der Hauptstadt war frisches Obst kaum mehr zu bekommen. Gelegentlich gab es auch etwas Öl und ganz selten ein wenig Speck. Den aßen wir dann mit Heißhunger in feinen Scheiben auf trockenem Brot.

Angst- und sorgenvoll verfolgten wir das Geschehen an der Front. Zu diesem Zweck wurde auf dem Hausboot dann vorsichtig der verbotene Sender eingestellt. Denn hier konnte niemand mithören. Atemlos lauschten wir, wenn das Motiv aus Beethovens fünfter Symphonie ertönte. »Es spricht der Chef …!« Die Nachrichten, die dann folgten, waren meistens erschütternd und beinhalteten immer genau das Gegenteil unserer offiziellen Wehrmachtsberichte, die höchstens von einem »geordneten Rückzug aus strategischen Gründen« sprachen.

So wussten wir auch, dass das Oberkommando aus Ostpreußen noch jetzt, im Dezember, Divisionen abgezogen hatte, die bei Hitlers letzter Offensive im Westen eingesetzt werden sollten. Und in Kurland waren dreißig Divisionen von der Heimat abgeschnitten. Es war ein Wahnsinn, der im »Adlerhorst«, Hitlers neuem Hauptqaurtier bei Bad Nauheim, ausgebrütet wurde! Wie sollte das nur enden? Noch verliefen die Fronten überwiegend im Feindesland! Aber wie lange noch – eine bange Frage, die niemand beantworten konnte. Immer wieder debattierten wir in unserer Runde die Ereignisse des 20. Juli. Warum nur war das Attentat auf Hitler fehlgeschlagen? Vielleicht hätte Deutschland – allen alliierten Forderungen nach bedingungsloser Kapitulation zum Trotz – einen Waffenstillstand erreichen können, bevor auch nur eine alliierte Division auf deutschem Boden stand.

Weihnachten 1944. Den Weihnachtsbaum – recht klein, damit er auf den Tisch passte – zu »organisieren«, war kein Problem gewesen. Aber womit sollte ich ihn schmücken? Kerzen erhielt ich durch Tauschhandel. Und es gelang mir auch, so etwas Ähnliches wie einen Christstollen zu backen sowie ein paar Lebkuchen. Alle Zutaten dafür mussten »gehamstert« werden. Etwas Butter, Zucker, Honig, Marmelade. Eine Frau aus dem Dorf versprach mir ein Suppenhuhn. So würde es vielleicht doch noch ein Weihnachtsessen werden. Die Pullover für die Kinder waren fertig, ein paar Bücher konnte Lixie von Weidmann loseisen, für die Puppe hatte ich neue Kleider.

Es war ein sehr dunkler, eisiger Dezemberabend, an dem ich auszog, Weihnachtsschmuck zu »organisieren«. Bei einem meiner Besuche in der Klinik in Seilershof hatte ich entdeckt, dass da von der Bauzeit her in einer dunklen Ecke neben Holzabfällen und Brettern noch Glaswolle lag. Ich schlich mich heran. Weit und breit war niemand zu sehen. Die Glaswolle schimmerte schneeig weiß. Sie würde das Bäumchen wie ein echtes Christbäumchen verzuckert und verschneit aussehen lassen. Die Glaswolle war zäh. Sie ließ sich nicht auseinander reißen. Ich brauchte ja nur ganz wenig. Da zog ich meine Handschuhe aus und zerrte mit bloßen Händen. Es tat weh, es piekte, aber ich ruhte nicht, bis ich ein schönes Bündel hatte. Damit ging ich stolz in der klirrenden Kälte über die Dorfstraße wieder zurück und versteckte die Glaswolle draußen im Schuppen neben dem Bäumchen.

Am Morgen waren meine Hände gerötet und schmerzten. Ich putzte das Bäumchen am Nachmittag, nachdem ich die Kinder hinausgeschickt hatte. »Geht in die Kirche zur Weihnachtsandacht.«

Uta liebte von jeher Kirchen, in denen Lichter glänzten und gesungen wurde. Aber bisher kannte sie nur die katholische Kirche von Oberstdorf, die so wundervoll im bayerischen Rokoko ausgestattet war – ganz so, wie kleine Mädchen sich den Himmel vorstellen. Hier gab es in nächster Nähe nur eine winzige Dorfkirche aus rotem Backstein, innen preußisch nüchtern und karg. Aber ich hoffte, der Klang der kleinen Orgel würde die Kinder doch in Weihnachtsstimmung versetzen.

Das Bäumchen sah entzückend aus. Aber meine Hände brannten wie Feuer. Dann hörte ich die kleinen Schritte. Sie waren wieder da. Rot gefrorene Näschen, klamme Händchen. Verschmitzt lachend erzählten sie, was sie in dieser Stunde getrieben hatten. »Wir waren bei Tante Lixie auf dem Hausboot. Da war es schön warm. Es gab süßen Tee und lauter Lebkuchen. Schau mal, wir haben dir welche mitgebracht.«

Dann kam unsere Bescherung. Tapfer sangen wir zu dritt »Stille Nacht, heilige Nacht«. Wie süß die Kindergesichter mit ihren hellblonden Haaren unter dem Kerzenlicht aussahen! Ich war sehr bewegt. Es war ein Weihnachten, wie ich es noch nie erlebt hatte, ein tröstlicher Augenblick in einer trostlosen Zeit – auch wenn ich von meinem Mann nur eine kurze Nachricht erhalten hatte, dass er vielleicht nach dem Fest kommen würde.

»Leise rieselt der Schnee« wollte Uta noch hören, ihr Lieblingslied. Draußen rieselte wirklich der Schnee, als ich später das Haus verließ, um zur Feier in die Klinik zu gehen. Beide Kinder lagen friedlich schlafend in ihren Betten. Für sie war es ein schönes Weihnachtsfest gewesen.

Ja, ich will das Kind!

Im großen Speisesaal der Klinik stand ein hoher Weihnachtsbaum, an den langen Tischen hatten sich die Patienten und Ordensschwestern versammelt. Meine Freundin hatte mit ihnen Weihnachtslieder einstudiert. Sie sangen gerade »Es ist ein Ros' entsprungen«, als ich den Saal betrat. Jeder dachte an ferne Lieben, in manchen Augen sah ich Tränen.

Anschließend kam ich noch mit zu Tee und Kuchen in die Privaträume der Arztfamilie.

»Was ist mit deinen Händen?«, fragte mich meine Freundin. »Ist das der Frost?«

»Sie tun mir weh«, sagte ich und wurde rot. »Es ist von der Glaswolle, die ich mir bei euch geholt habe. Ich hatte keinen Weihnachtsbaumschmuck. Dabei sind wohl ein paar Splitter in die Haut gekommen!«

»Deine Hände müssen behandelt werden«, meinte meine Freundin. »Wilhelm, sieh dir das mal an!«

Der Arzt sah zu uns herüber. Plötzlich wurde mir schwarz vor Augen. Als ich wieder zu mir kam, lag ich auf einer Liege im Untersuchungszimmer. Der Arzt beugte sich über mich: »Wirst du öfter ohnmächtig?«

Ich verneinte. In meinem Kopf summte es wie in einem Bienenstock.

»Ich möchte dich untersuchen, wenn es dir recht ist.«

Ich nickte nur. Er half mir auf den Untersuchungsstuhl. Tastete, fühlte, dann sah er auf. Sein Gesicht war sehr ernst. »Du bist in anderen Umständen. Du bekommst ein Kind.« Seine großen, grauen Augen waren jetzt dicht über mir und sahen mich intensiv, ja beschwörend an. »Willst du das Kind wirklich haben?«

Irgend etwas zwang mich dazu, ganz ruhig zu antworten: »Ja, ich will das Kind!«

Er sah mich mitleidig an. »Dann kommen harte Tage auf dich zu – in dieser schwierigen Zeit.«

Ich stand auf und zog mich wieder an. Dann verband er meine Hände.

»In der nächsten Zeit werde ich dir ein paar Vitaminspritzen geben. Komm in die Sprechstunde!« Er holte meinen Mantel und brachte mich zur Kreuzung, von der die Straße zu meinem Haus führte. Dann ging er zurück. Drei Panzer, große, graue Ungetüme rasselten durch den Schnee. Es hatte aufgehört zu schneien. Ein paar Sterne funkelten, und ich sah hinauf. »Jedes Kind hat seinen Stern da oben«, erzählt ein altes Kindermärchen. Ob wohl das Kind, das ich nun erwartete, auch schon seinen Stern hatte? Mir war, als müsse ich schon jetzt nach innen lauschen.

Leise schlich ich mich in unser Zimmer, um die Kinder nicht zu wecken. Aber die beiden blinzelten ins Licht und entdeckten meine verbundenen Hände.

»Was hast du denn gemacht?«

»Sie sind entzündet«, sagte ich. »Morgen müsst ihr euch einmal allein waschen.«

Sie streichelten vorsichtig meine Verbände, als ich mich neben sie auf das Bett setzte. Ich tat ihnen furchtbar Leid. Es war mir ein Bedürfnis, meinen beiden Kindern mitzuteilen, dass wir noch ein Baby bekommen würden. Große, glückliche Augen strahlten mich an. Welch eine Weihnachtsüberraschung! Und mit einem Mal wusste ich nicht, ob ich lachen oder weinen sollte. Ein Kind, und das im sechsten Kriegsjahr! In dieser furchtbaren Zeit noch ein drittes Kind, wo ich doch schon zwei im Alter von sieben und fünf Jahren hatte und es schwierig genug war, uns drei durchzubringen. Aber da es mir bis jetzt gelungen war, zwei Kinder durchzubringen – warum nicht auch noch ein drittes? Zumal dieses Kind von meinem zweiten Mann war, der selbst noch nicht Vater war und eine Frau mit zwei Kindern geheiratet hatte. Ein Kind von ihm würde unsere kleine Familie auf das Schönste ergänzen. Wie aber würde er die Nachricht aufnehmen? Ich hatte keine Ahnung, wo er sich zurzeit befand. Die Marine-PK wechselte ihre Leute schnell aus. Er konnte ebenso an der Kanalküste sein wie an der Adria. Nach Heiligabend wollte er kommen.

Matthias Claudius

Am zweiten Weihnachtsfeiertag stand Klaus plötzlich in der Tür.

»Da bin ich ja gerade noch zur rechten Zeit gekommen«, meinte er, als er das Bäumchen mit dem »Engelshaar« sah, dessen Kerzen ich noch einmal angesteckt hatte. Die Kinder waren begeistert über die Schätze, die er aus seinem Seesack auspackte. Am schönsten fanden sie die runden Blechbüchsen mit dem Marinebrot. Kreisrunde Brotscheiben – das kannten sie nicht. Außerdem gab es Speck, eine Flasche Rotwein, Kaffee und Zigaretten und eine sonderbare Art Spekulatius – Leckerbissen über Leckerbissen. Dazu hatte Klaus für mich noch einen alten Stich aufgetrieben. Den hefteten wir mit Reißzwecken an die Wand. Ich hatte für meinen Mann einen langen, dunkelblauen Schal gestrickt. Darüber freute er sich ganz besonders. Und über die Bilder, die die Kinder vom Hausboot und vom Dorf gemalt hatten. Es wurde doch noch wie ein richtiges Familienfest.

Dann aber sah er mich an, und in seinen Augen sah ich Besorgnis. »Du siehst nicht sehr gut aus«, meinte er.

Nun musste ich es ihm sagen, und ich hatte ein wenig Angst vor seiner Reaktion.

»Ich erwarte ein Kind …«

Klaus verschlug es fast die Sprache. »Du meinst, du bekommst ein Kind?«

»Ja«, sagte ich, und dabei wurde mir zunehmend mulmig.

Er saß noch immer wie versteinert da, aber dann verzog sich sein Mund zu einem Lächeln. »Unsere eine Nacht in Wannsee?«, sagte er.

Ich spürte, wie meine Nervosität nachließ. »Ja«, sagte ich. »Sehr prompt, nicht wahr?«

Er stand auf und gab mir einen Kuss. »Na, dann wollen wir uns auf unser Kind freuen! Komm, wir gehen essen, in den Gasthof Reese!«

Dick vermummt in unseren Mänteln, Schals und Mützen zogen wir los. Im Gasthof verprassten wir die von mir aufgesparten Fleischmarken. Es gab Schweinebraten und Rotkohl. Die Kinder waren begeistert! Fleisch aßen sie am liebsten, und sie bekamen es fast nie. Der wabbelnde, himbeerrote Pudding, der zum Nachtisch gereicht wurde, fand dagegen nur bei Klaus und Eckart Beifall. Uta, die süßen Pudding noch nie gemocht hatte, und ich verschmähten die markenfreie, köstliche Gabe zugunsten der Männer. Dann gingen wir durch die Winternacht wieder nach Hause.

Es musste ein zusätzliches Bett her. Die Kinder bekamen ein Matratzenlager auf dem Fußboden, damit Klaus neben mir schlafen konnte. Die beiden fanden das alles unerhört aufregend. Im Zimmer wurde es allmählich still. Die Atemzüge der Kinder wurden tief. Sie schliefen. Klaus flüsterte: »Es wird bestimmt nicht leicht für dich sein! Trotz allem, ich freue mich auf unser Kind!« Das war das allerschönste Weihnachtsgeschenk für mich.

Am nächsten Tag machten wir eine Besuchsrunde. Ein Urlauber von der Front war in diesen Tagen immer eine Sensation. Man erwartete von ihm genauere Informationen über die Kriegslage. Meist aber stellte sich dann heraus, dass die Soldaten weniger wussten als die Heimat. Sie hatten meist auch keine Ahnung, dass die Heimat längst zur Front geworden war.

Man lud uns zum Hasenessen in die Klinik ein. Es wurde ein festlicher, harmonischer Abend in der Wohnung des Arztehepaars. Mit dem Flügel im Wohnzimmer, dem Delfter Porzellan und den vertrauten Bildern an den Wänden fühlte ich mich zurückversetzt in bessere, friedliche Zeiten.

Leider waren die Gespräche entsprechend der Kriegslage sehr ernst. Die allerletzte Chance, eine Wende zugunsten Deutschlands herbeizuführen, war fehlgeschlagen. Die Ardennen-Offensive, auf die Hitler seine letzte Hoffnung gesetzt hatte, war gescheitert. Tausende von Toten und Vermissten, dazu der unersetzliche Verlust von tausend Flugzeugen waren zu beklagen.

Obwohl der Kreis, in dem wir uns befanden, nie an eine Wendung geglaubt hatte, löste der Fehlschlag eine tiefe Enttäuschung aus.

Dr. Kautes Gesicht war sorgenvoll und ernst. »Ich mache mir keinerlei Illusionen über die Zukunft«, sagte er. »Man kann nur hoffen und beten, dass uns das Allerschlimmste erspart bleibt!« Er schenkte noch einmal von dem für die Weihnachtstage aufgesparten Wein nach. »Ihr müsst unglaublichen Mut haben«, meinte er, »euch in dieser Zeit ein Kind anzuschaffen!«

Ich übernahm die Antwort: »Klaus freut sich ebenso auf das Kind wie ich!«

Am Silvesterabend waren wir Gäste auf dem Hausboot. Wir waren zu siebt. Das Verlegerehepaar Reimer, dem die Hausboote gehörten, der Schriftsteller Joachim Freyburg, der Verleger Toeche-Mittler und seine Frau, mein Mann und ich. Wir drei Frauen hatten uns so hübsch wie möglich gemacht. Jede trug noch einmal das so genannte »kleine Schwarze«, dazu die obligaten Perlen um den Hals.

»Ihr müsst gut zusammenhalten«, meinte Reimer und sah dabei mich und meine Freundin an. »Ein ungemütliches Gefühl ist es schließlich doch, euch hier so allein zu wissen.«

Kurz vor Mitternacht saßen wir bei einer Feuerzangenbowle. Geheimnisvoll flackerte die bläuliche Flamme aus dem Zuckerhut über dem tiefroten Getränk. Als die Glocken von Dannenwalde herüberklangen, standen wir auf.

Das neue Jahr, 1945, hatte begonnen. Ernst sahen wir uns an und stießen schweigend auf das neue Jahr an. Mit einem Mal sagte Joachim Freyburg ganz ohne Pathos das Gedicht von Matthias Claudius auf:

's ist Krieg! 's ist Krieg!'
O Gottes Engel, wehre
und rede du darein!
's ist leider Krieg – und ich begehre
nicht schuld daran zu sein!

Was soll ich machen,
wenn im Schlaf mit Grämen
und blutig, bleich, und blass
die Geister der Erschlag'nen zu mir kämen
und vor mir weinten, was?

Wenn wackre Männer,
die sich Ehre suchten,
verstümmelt und halb tot
im Staub sich vor mir wälzten
und mir fluchten
in ihrer Todesnot?
Wenn tausend, tausend Väter, Mütter, Bräute
so glücklich vor dem Krieg
nun alle elend, alle arme Leute,
wehklagten über mich?
Wenn Hunger, böse Seuch' und ihre Nöten
Freund, Freund und Feind ins Grab
versammelten und mir zu Ehren krähten
von einer Leich' herab?
Was hülf' mir Kron' und Land und Gold und Ehre?
Die könnten mich nicht freun!

's ist leider Krieg – und ich begehre
nicht schuld daran zu sein!

Wir lauschten schweigend und ergriffen, und die schlichten Worte gingen jedem von uns unter die Haut. Bald darauf gingen wir auseinander. Das Jahr, das gewiss die Entscheidung bringen würde, hatte begonnen. Und keinem von uns war wohl dabei.

Klaus fuhr nach drei weiteren Tagen wieder nach Berlin zurück. Dort musste er sich die neuen Einsatzbefehle holen.

»Wahrscheinlich die Ostsee oder doch wieder Italien«, hatte er gesagt. »Ich lasse noch von mir hören.«

Wieder war ich allein mit meinen Kindern. Die Tage verliefen ereignislos. Zu tun gab es genug mit Wäsche, Besorgen von Heizmaterial, Anstehen nach soeben aufgerufenen Lebensmitteln, die es nur in winzigen Portionen gab. Wir waren weiterhin auf das »markenfreie« Essen im Gasthof angewiesen, das nur aus Kartoffeln und Soße bestand.

Genau 14 Tage später brach die russische Offensive im Osten los. Auf breiter Front traten die bestens ausgerüsteten sowjetischen Divisionen zum Entscheidungsangriff auf Hitlerdeutschland an: im Norden zur Eroberung Ostpreußens, in der Mitte zum Vorstoß auf Berlin, im Süden zur Besetzung Schlesiens. Die dünnen deutschen Linien, die zum Teil aus Divisionen bestanden, die nur noch hundert Mann stark waren, konnten sie nicht mehr aufhalten.

Die Zivilbevölkerung Ostpreußens aber, der Gauleiter Koch jegliche Vorbereitung zur Flucht verboten hatte, brach nun in panischer Angst auf. Überall bastelte man auf den Landgütern und in den Städten aus leichten Latten Gestelle auf Leiterwagen, die man entweder mit Strohmatten oder mit großen Teppichen bedeckte. Unter diese »Dachkonstruktionen« wurde Heu und Stroh geschüttet. Ganze Familien verließen auf solchen Leiterwagen ihre Heimat. Kinder, Schwangere, alte Leute und Tiere, die man nicht zurücklassen wollte. So brachen diese hastig zusammengestellten Trecks auf. Meistens war noch ein Extrapferd am Wagen angehalftert. Oft baumelte ein roh geschnitztes Holzschild an der Rückseite des Gefährts, auf denen typische ostpreußische Namen zu lesen waren. Nikkainen, Gumbinnen, Perlswalde, Paduren, Birkenstein. Angebundene Kochgeschirre klapperten und schepperten. Ein endloser, trostloser Zug schleppte sich über die völlig vereisten Straßen, über Feldwege und Waldschneisen, getrieben von der Angst, den Russen in die Hände zu fallen. Nur noch westwärts! Die Kinder, die jungen Mädchen und Frauen mussten in Sicherheit gebracht werden.

Wenn man sah, was sich auf diesen Trecks abspielte, diese alten Frauen, die halb tot und erfroren waren, die kleinen Kinder, die nach Essen jammerten, dann wusste man, dass der Krieg – die Front – immer näher auf uns zurückte. Beim Anblick der Trecks fiel ich in eine tiefe Verzweiflung.

In der Klinik gab es unterdessen alle Hände voll zu tun. Zahllose Früh- und Totgeburten, Verwundete und Verletzte, alte, todkranke, sterbende Menschen. Dr. Kaute musste überall zur gleichen Zeit sein. Er tat, was menschenmöglich war. Manche wurden aufgenommen, weil sie transportunfähig waren. Manche hatten so viel Angst, nicht mehr von hier wegzukommen, dass sie nachts davonliefen, zurück zu ihren Trecks, die manchmal schon Kilometer weitergezogen waren. Wir wagten nicht daran zu denken, was aus ihnen geworden sein mochte.

Der Winter hielt das Land unerbittlich in seinem Griff und brachte klirrenden Frost mit Temperaturen unter zwanzig Grad minus. Eckart ging trotzdem jeden Tag tapfer zur Schule, den Ranzen, den ich aus einer ledernen Bildhauerschürze meines Mannes hatte anfertigen lassen – der Dorfschuster nahm dafür eine Flasche Schnaps – auf dem Rücken. Wenn er mittags wiederkam, hatte er blaurot gefrorene Hände, denn die selbst gestrickten Handschuhe aus »Kriegswolle« waren zu Eisklumpen geworden. Natürlich lieferten sich die Jungen nach der Schule Schneeballschlachten. Dann nahm ich die kleinen Händchen in die meinen und rieb sie vorsichtig. Dabei weinte er oft.

Zweimal erhielt ich überraschenden Besuch. Einmal war es ein blutjunger U-Boot-Kommandant, den ich in Oberstdorf kennen gelernt hatte und der mich beschwor, mit ihm nach Berlin zu fahren und mich mit den Kindern von dort aus nach Süden durchzuschlagen. Nachdem ich ihm von meiner Schwangerschaft erzählt hatte, war er traurig und enttäuscht wieder abgezogen. Dann besuchte mich ein Oberleutnant der Panzerbrigaden – mein Bruder Werner! Lange Zeit hatte er in einem Lazarett in Berlin-Grunewald gelegen, um seine Malaria auszukurieren. Bei weiteren Einsätzen in Russland war er schwer verwundet worden, als sein Panzer im Kessel von Stalingrad einen Volltreffer erhalten hatte. Er war der einzige Überlebende, hatte aber mit einem Schädelbasisbruch monatelang im Lazarett gelegen. Nun galt er als »bedingt kv-fähig«, und man hatte ihn zum Kommandeur einer Genesenen-Kompanie abkommandiert. Die Einheit befand sich in Reutlingen. Er wirkte einerseits resigniert, andererseits hoffnungsfroh. Für ihn, den ehemaligen Hitlerjungen, der an seinen Führer geglaubt hatte, war das katastrophale Kriegsende, wie es sich nun abzeichnete, ein Schock, ein böses Erwachen aus allen Illusionen, eine bittere Erfahrung. Er wollte nun mit seiner Frau nach Reutlingen und hoffte, dass diese »Genesungs-Kompanie« nie mehr zum Fronteinsatz kommen würde.

Als ich ihm erzählte, dass ich hier bleiben wolle, war er entsetzt: »Die Russen kommen! Komm doch mit deinen Kindern mit nach Reutlingen!«

»Wie?«, fragte ich. »Wohin dort? Ohne Aufenthaltsbewilligung ein Ding der Unmöglichkeit.«

Er versprach mir, sich darum zu kümmern. Dann ging er wieder. Ich blieb traurig zurück.

Kaum war er fort, kam eine neue Hiobsbotschaft. Die Hausbesitzerin teilte mir mit, dass sie mein Zimmer der Klinik aufkündigen müsse, da Verwandte aus dem Warthegau kämen. Flüchtlinge aus dem Osten! Die hatten jetzt überall Vorrang.

Ich lief in Panik die Treppen zum Seeufer hinunter, zu meiner Freundin Lixie Reimer.

»Was ist mir dir? Wie siehst du aus?«

Ich berichtete aufgeregt und den Tränen nahe. »Kein Zimmer mehr für mich und die Kinder. Und ich im vierten Monat!«

»Reg dich nicht auf«, sagte sie, »du ziehst jetzt aufs Bücherboot. Die Idee mit der Leihbücherei habe ich längst begraben müssen. Und ehe man mir den Raum beschlagnahmt, jetzt, da es so viele Flüchtlinge gibt, zieh du doch ein! Dann haben wir es ganz gemütlich. Platz genug ist ja. Geh und sag deiner Wirtin Bescheid. Komm, wann immer du willst!«

Ich war überglücklich. Das »Bücherboot«! Es war seit Wochen im dicken Eis festgefroren. Kohlen lagen am Ufer unter einem Bretterverschlag. Morgens musste eingeheizt werden. Aber im Inneren war es sehr hübsch ausgestattet und all die alten, ledergebundenen Bände der Weidmann'schen Verlagsbuchhandlung verbreiteten eine kultivierte Atmosphäre. Die Sofas, die man für die Nacht in Betten verwandeln konnte. Das weiße Gitterbett für Uta aufzustellen, war kein Problem. Den Kindern würde es gefallen. Sie liebten das Hausboot ohnehin. Am 1. Februar zogen wir dort ein. Wir feierten mit Teepunsch und Gebäck, einer Art Krapfen. Wieder einmal war ich gerettet.

Am 30. Januar 1945 ging ich mit Lixie zu Kautes in die Klinik. Man erwartete eine »Führerrede«. Es war ja der 12. Jahrestag der »Machtergreifung«. Doch an diesem 30. Januar hörten wir einen völlig veränderten Hitler. Mit schwacher Stimme, heiser und belegt und manchmal geradezu zitternd, verlas er seine hohlen Durchhalteparolen und forderte das Volk zum Kampf auf bis zum letzten Mann!

Die Rede ließ uns zu Eis erstarren. Hatte nicht die Propagandamaschine bis zu diesem Tag ständig getrommelt, dass eine Wende durch neue deutsche Waffen bevorstünde, so genannte »Wunderwaffen«? Hatte man nicht alle deutschen Freiheitsdichter und -kämpfer der Vergangenheit bemüht, um der Verzweiflung und Ratlosigkeit Herr zu werden? Unser Freund, Professor Cornelius, der auch gekommen war, wusste nur von Katastrophen zu berichten. Im Westen kamen die britisch-amerikanische, im Osten die russische Offensive unaufhaltsam voran. Berlin lag Tag und Nacht unter Bombenhagel. Eine deutsche Stadt nach der anderen wurde ausgelöscht – ganz so, wie es in den verbotenen Feindsendern immer prophezeit worden war.

Dr. Kaute bemerkte sehr kurz und sehr müde, dass jetzt endlich die große Einsicht gekommen sei.

Meine Freundin Thesi drehte das Radio an. Ein Zufall, ein fast unheimlicher: Aus dem Lautsprecher erklang Beethovens »Eroica«. Wir saßen da, stumm, verzweifelt und lauschten. Alle blieben auch dann noch stumm, als die letzten Töne längst verklungen waren. Dann trennten wir uns.

Das Leben auf einem Hausboot war für uns völlig ungewohnt, machte aber zunächst viel Spaß. Dass es nur eine Atempause war, wussten wir noch nicht. Draußen, hinter den breiten Fenstern, breitete sich der in einer meterdicker Eisdecke erstarrte See aus. Wir sahen am anderen Ufer die tief verschneiten hohen Bäume. Es hätte ein traumhaftes Wintermärchen sein können, hätten wir nicht einen Volksempfänger gehabt, der uns mit seinen Berichten alle romantischen Gedanken vertrieb.

Wenn die Krähen, die das Land um den See in Scharen bevölkerten, in Eile aufflogen, eine niedrige Schleife zogen und laut krächzend am gegenüberliegenden Ufer verschwanden, dann wussten wir auch ohne Radio, dass feindliche Bomberverbände im Anflug waren. Sie überflogen uns in großer Höhe, in gezirkelt scharfen Formationen, geradewegs nach Süden, auf Berlin zu. Über uns warfen sie Stanniolstreifen ab, deren Bedeutung wir uns zunächst nicht erklären konnten, bis jemand uns erklärte, dass diese Stanniolstreifen die deutsche Radarüberwachung stören sollten. Im Grunde war diese Maßnahme bereits ziemlich überflüssig, denn es gab kaum noch deutsche Jagdflieger, die sich dem Bomberstrom hätten entgegenstemmen können.

Eines Tages sahen wir einen einsamen Jagdflieger, der tollkühn im Sturzflug den Pulk der schweren Bomber angriff. Kurz darauf ein roter Blitz, eine helle Explosion, und die Trümmer des kleinen Flugzeugn fielen vom Himmel.

Leni geht gerichtlich gegen mich vor

Mitte Februar kam ganz überraschend Klaus zu Besuch. Es war der Tag, an dem Dresden zerstört wurde, wie wir aus den Nachrichten hörten. Erst viel später erfuhren wir, dass der Oberingenieur unserer Firma, der einige Wochen zuvor dem Vormund meiner Kinder angeboten hatte, den Betrieb zu kaufen, im Dresdener Hauptbahnhof mit seiner ganzen Familie umgekommen war.

Jetzt erst erfuhr ich, dass die Russen über Liegnitz und Bunzlau nach Schlesien vorgestoßen waren. Was mochte aus meinen Eltern in Oberschlesien geworden sein?

Jeder Tag brachte neue Hiobsbotschaften. Klaus blieb nur einen Tag. Dann musste er schon wieder weiter nach Kiel. Kaum dass man ein paar Trostworte hatte sprechen können. Aber wo gab es schon Trost in dieser Zeit? Die Männer waren fast noch ratloser als ihre Frauen, die allein gelassen selbst mit den drängenden Alltagsproblemen fertig werden mussten.

In der Klinik erfuhren wir, dass Staatssekretär Grauert sich die Pulsadern durchschnitten hatte. Er wurde als Patient in Berlin eingeliefert. Professor Gohrbandt rief Dr. Kaute nach Berlin. Dies sei wohl die Panik der letzten Stunden, meinten wir. Aber waren es schon die letzten Stunden? Aus dem Führerbunker in Berlin gab es nur Durchhalteparolen. Bis zum letzten Mann müsse gekämpft werden. Wenn nötig, bis zur letzten Frau – und zum letzten Kind. Letzteres ergänzten wir, ohne zu ahnen, dass es bald blutige Wirklichkeit werden würde.

Aus der Hauptstadt kam die Nachricht, dass ich dringend zum Vormund meiner Kinder, der Rechtsanwältin Dr. Curtius, kommen müsste. Da der Oberingenieur Dr. Graeser aus Schlesien nicht zurückgekehrt war, waren neue Dispositionen zu treffen. So seltsam es klingen mag, aber diese Firma, die ja außer Klimaanlagen, für die es jetzt keinerlei Bedarf mehr gab, auch Heizungen und sanitäre Anlagen baute, arbeitete nach wie vor. Und wo immer Anlagen dieser Art zerstört wurden, rief man nach schnellen Reparaturdiensten.

Ich fuhr also am 23. Februar 1945 mit dem Personenzug nach Berlin. Die Kinder hatte ich vorsorglich meiner Freundin Lixie überlassen. Diese hatte inzwischen noch einen weiteren Gast aufgenommen: Elsie von Schöppenthau mit Pudel Schnudi, die es in Berlin nicht mehr ausgehalten hatte. Sie wohnte bei Lixie.

An einem strahlend schönen Tag machte ich mich auf den Weg in die Hauptstadt, in der ich lange nicht mehr gewesen war. Der ungeheizte Zug trödelte die Bahnstrecke nach Berlin entlang und hielt, wie man sagte, »an jeder Hundehütte«. Mit einem Mal gab es Fliegeralarm. Den Reisenden brauchte nicht mehr gesagt zu werden, was in diesem Fall zu tun war. Aus allen Türen des Zuges, der sofort stehen blieb, quollen sie heraus. Sie fielen, sie stürzten. Ich rollte den Bahndamm hinunter und presste mich unterhalb der Böschung in den Graben. Tiefflieger waren über uns. Es waren drei oder vier Maschinen, und sie schossen aus allen Rohren ihrer Bordwaffen. Wir drückten uns in die eisige Erde. Als sie so schnell, wie sie gekommen, wieder verschwunden waren, krochen wir aus dem Graben wieder hinauf in unsere Abteile. Und das Wunder geschah. Der Zug setzte sich stotternd und schnaufend in Bewegung. Die Lok war nicht getroffen worden. Verstört kam ich am Stettiner Bahnhof an, und auch das Gespräch mit der Anwältin war nicht dazu angetan, mich optimistisch zu stimmen. Wir hatten kaum mehr Hoffnung, die Firma verkaufen zu können.

In den folgenden Wochen musste ich noch oft nach Berlin fahren, nicht nur wegen der Firma. Der viel schwerwiegendere Grund war, dass Leni nach wie vor durch ihren Anwalt Dr. Heyl gerichtlich gegen mich vorging. Sie suchte mit allen Mitteln zu erreichen, dass das Amtsgericht mir das Sorgerecht für die Kinder entzog und ihr zusprach. Dabei schreckte sie auch vor persönlichen Denunziationen nicht zurück, die mich in Lebensgefahr bringen konnten. Immer noch standen ihr alle politischen Druckmittel zur Verfügung. Dabei wurde sie unterstützt von Hitlers Minister Speer bzw. dessen Stellvertreter, Ministerialrat Hettlage.

Meine Anwältin Dr. Curtius war entsetzt, nachdem sie Einblick in die gegnerischen Akten gewonnen hatte. Die Argumente, mir das Sorgerecht für die Kinder zu entziehen, waren jetzt politisch begründet. Ich sei eine »Defätistin« und hätte den Führer und sein Regime als »Bonzenwirtschaft« bezeichnet. Darüber erschrak ich fürchterlich! Als Hitler 1941 Russland überfallen hatte, hatte ich in der Tat zu meinem Mann gesagt: »Das ist der Anfang vom Ende!« Und den begriff »Bonzenwirtschaft« hatte ich auch verwendet im Zusammenhang mit dem Mercedes-Cabriolet, das Hitler Leni geschenkt hatte. Darauf stand mittlerweile die Todesstrafe!

Dr. Curtius, eine große, stattliche, selbstbewusste Frau, ging für mich ins Ministerium Speer. Später berichtete sie mir: »Als ich meine Unterschrift auf das vorbereitete Dokument verweigerte, in dem ich in Ihrem Namen auf das Sorgerecht für die Kinder Riefenstahl verzichten sollte, wurde ich angeherrscht: ›Falls Sie nicht für Ihre Mandantin, Frau Ilse Collignon, unterschreiben, geht die Sache an die Kanzlei des Führers, Herrn Martin Bormann. Was das bedeutet, Frau Anwältin, wissen Sie wohl! Für Sie die Munitionsfabrik, für Ihre Mandantin das KZ!‹« Sie sah mich ratlos an. »Wenn Sie jetzt niemanden ganz oben in der Hierarchie haben, der uns hilft, wird Bormann sich unserer annehmen!«

Ich war wie gelämt. »Ich könnte versuchen, General Wolff zu erreichen«, fiel mir nach einer Weile ein.

Dr. Curtius sprang auf. »Tun Sie das, so schnell wie möglich! Wir sind in äußerster Gefahr!«

Darauf verließ ich die Kanzlei »Unter den Linden« und hastete hinüber zur Albrechtstraße, wo Standartenführer Baumert, der Adjudant von General Wolff, sein Büro hatte. Er war anwesend! Baumert empfing mich sofort und hörte sich alles an. Dann schüttelte er bedächtig den Kopf: »Sofort eingreifen können wir nicht. Aber wenn Sie und auch Ihre Anwältin diese Telefonnummer« – er reichte mir zwei seiner Visitenkarten – »dort hinterlassen, wo Sie sich gerade aufhalten, können mich Ihre Angehörigen oder Bekannten erreichen, falls Sie nicht zurückkommen. Ich finde Frau Dr. Curtius in jeder Munitionsfabrik und Sie in jedem KZ!«

Mehr konnte ich nicht erreichen. Baumerts geheime Nummer war unsere einzige Chance in einem mörderischen System. Frau Dr. Curtius wurde tatsächlich nach Spandau in eine Munitionsfabrik beordert, der Befehl wurde aber aufgrund ihrer Schwangerschaft wieder zurückgenommen. Mich konnten Martin Bormanns Schergen nicht mehr erreichen. Zu schnell rückte die russische Armee vor.

Meine Schwägerin Leni zog es dann doch vor, sich in ihr Haus in Kitzbühel zurückzuziehen. Verständlicherweise legte sie keinen Wert darauf, den Russen in die Hände zu fallen. So wurde der Ring, den die Russen um Berlin schlossen, unsere Rettung!

Als »Patientin« im Sanatorium

Als ich wieder einmal in die Klinik ging, staunte ich, was aus unserem schönen Speisesaal geworden war: Die Tische und Stühle waren verschwunden, und stattdessen lag eine dicke Schicht Stroh auf dem Boden. Auf dem Stroh lagen an die achtzig Patienten, um die sich eine Anzahl fremder Schwestern kümmerte. Es waren Patienten und Personal eines Krankenhauses aus Sammter, die vor den Russen geflohen waren. Vergangene Nacht waren sie hier angekommen, halb erfroren und hungrig, zusammen mit ihrem Chefarzt, der nur noch ein Nervenbündel war. Alle hatten es gerade noch bis hierher geschafft.

Freundlicherweise hatten die Kautes den Arzt im Zimmer ihres Sohnes untergebracht, der im Internat in Salem geblieben war. Doch statt sich über dieses Notquartier zu freuen, meinte er, schlimmer könne man auch bei den Russen kaum untergebracht werden! Niemand nahm es ihm übel. Der Mann hatte einfach die Nerven verloren.

Ich entdeckte unter den apathisch auf dem Stroh liegenden Menschen mehrere Kinder, die uns mit starren Augen anblickten. »Sind alle diese Kinder auch krank?«, fragte ich eine der Schwestern.

»Nein«, antwortete sie. »Die meisten nicht, aber niemand weiß, ob ihre Eltern tot oder im Warthegau zurückgeblieben sind. Arme Würmer«, sagte sie und streichelte einem kleinen, etwa vierjährigen Mädchen über die Haare.

Ich erschrak. Kinder von ihren Eltern getrennt, irgendwohin mitgenommen, heimatlos, vom Kriegswind wie Spreu verweht. Würden ihre Eltern sie je wiederfinden? Da manche Kinder nur ihre Vornamen kannten, würde man sie kaum je identifizieren können.

Nach einer Woche waren die armseligen, verschüchterten, kleinen Geschöpfe kaum noch wiederzuerkennen. Einer Schwester, die sich ihrer ganz besonders angenommen hatte, war es gelungen, sie mit guten Speisen und vor allem den Puddings, die ihre Spezialität waren, aufzupäppeln.

Mitten in Krieg und Chaos geschah eines Tages ein kleines Wunder: Eine fremde Frau kam herein und fragte nach einem Krankenhaustransport aus dem Osten. Die Schwester führte sie in den Speisesaal, wo sich jetzt nur noch rund dreißig Erwachsene und Kinder befanden – der Chefarzt und die meisten Schwestern hatten sich heimlich zusammen mit den gehfähigen Kranken abgesetzt. Plötzlich warf sich die Fremde auf einen kleinen, dreijährigen Buben, der »Mami, Mami!« schrie und in Tränen ausbrach. Eine Mutter hatte ihr Kind wiedergefunden!

Dr. Kaute musste jede Woche zweimal in die Stadt, um nach der Stammklinik zu sehen, in der auch noch Patienten versorgt wurden. Eines Nachts kam er erst um zwei Uhr früh wieder zurück. Er hatte nur noch Platz auf der Lok eines Güterzuges finden können, und da dieser Zug in Dannenwalde nicht halten durfte, hatte ihm der Lokführer genau erklärt, wie man an der Schranke, wo das Tempo verlangsamt werden musste, richtig abspringen konnte, ohne sich dabei zu verletzen. Lachend erzählte er uns diese Geschichte. Aber wir waren froh, dass er wieder heil und gesund vor uns stand. Immer hatten wir Angst um ihn.

Bei mir führte er eine neuerliche Untersuchung durch. Der Zustand war befriedigend, die Lage des Kindes richtig, und so konnte ich auf einen normalen Schwangerschaftsablauf hoffen. Außerdem spritzte er mir Vitamine. Immerhin war ich bereits im fünften Monat, mein auf knapp hundert Pfund abgemagerter Körper hatte sich gerundet. Ich hatte sogar wieder so etwas wie einen Busen bekommen. Meine kleine Tochter fand das ungeheuer aufregend. Sie plapperte ständig vom »Schwesterchen«, das sie sich wünschte, wohl weil sie es sich wie eine Puppe vorstellte. Den Kinderwagen, dunkelblau und leicht angekohlt, den mir Professor Cornelius gebracht hatte, musste ich zu Utas Leidwesen im Sanatoriumsschuppen unterstellen. Am liebsten hätte sie ihn auf den nun schlammigen Wiesen und Straßen ständig hin und her gefahren. Was sollte auch der Kinderwagen auf dem Hausboot, wo es ohnehin schon so eng war?

Der März kam mit traumhaften Tagen. In der Sonne war es bereits frühlingshaft warm. Vorwitzig wagten sich erste grüne Spitzen aus den erstarrten Zweigen der Buchen. Doch da gab es für mich eine Hiobsbotschaft! Meine Freundin Lixie Reimer eröffnete mir, dass sie nun doch mit den beiden Hausbooten die Flucht zur Elbe wagen wolle. Mit einer Werft in Zehdenick, die ihr einen Schlepper schicken würde, hatte sie schon verhandelt. Da ich schwanger war, wollte sie mich des Risikos wegen nicht mitnehmen.

»Ausgebootet aus dem Boot«, sagte ich nur mit dem letzten Rest von Galgenhumor. Dann sprach ich kein Wort mehr, während sie sich den Kopf darüber zerbrach, wohin ich nun mit meinen Kindern ziehen könnte.

»Warum sagst du denn nichts?«, fragte sie mich nach einer Weile.

»Was soll ich dazu sagen? Du hast natürlich Recht! Aber ich weiß nun nicht mehr, wohin. Ich bin müde, einfach zu müde, um weiter nachzudenken.«

Am nächsten Tag ging ich mit meinen beiden Kindern zur Klinik, vorbei an Panzerfahrzeugen und einem schier endlosen grauen Strom von Flüchtlingen. Ziemlich aufgelöst kam ich dort an. Ich fragte nach Dr. Kaute. Er bat mich herein. Dann erklärte ich ihm in knappen Worten die Situation. Ich musste mich furchtbar zusammennehmen, um nicht in Tränen auszubrechen.

Ernst hörte er mir zu, dann sagte er: »Du ziehst in die Klinik! Morgen! Du bleibst jetzt hier. So geht das nicht weiter. Ich kann dir in der Baracke da drüben zwei Zimmer geben. Hol dir einen Handwagen und komm!«

Nun weinte ich doch – aber diesmal vor Erleichterung. Ich sah mir die Zimmer in der Baracke an. Herrlich! Ein kleineres – das richtete ich im Geiste als mein Schlafzimmer ein – und ein größeres mit Stockbetten, Tisch, Schrank und Stühlen. Das würde das Kinderzimmer sein.

Von nun an wurde ich als Patientin des West-Sanatoriums geführt. Die nächsten Tage verbrachte ich damit, die beiden Barackenzimmer herzurichten. Alle Habseligkeiten, die mir noch geblieben waren, wurden ausgepackt und aufgestellt. Meine direkten Nachbarn waren Thesis Schwester, Gretel Deubner, und ihre drei Buben – ein Junge von fünf und Zwillinge von drei Jahren. Ihr Mann war Soldat, mehr wusste sie nicht von ihm. Wir hatten manchmal heftige Diskussionen, wenn Thesi dabei war. Für mich war es eine ideale Nachbarschaft. Mit den drei Jungen konnte Eckart jederzeit spielen, und Uta war nur zu glücklich, endlich wieder in der Nähe ihrer Freundin Lore zu sein.

Es war der 24. März 1945, als ein Brief meiner Mutter eintraf, in dem sie mir mitteilte, dass ihr die Flucht aus Oberschlesien gelungen war. Sie war nun in Scharbeutz an der Ostsee bei ihrer Schwiegertochter Käthe. Mein Bruder Horst hatte Käthe kurz vor dem Krieg geheiratet. Nun lebte sie mit ihren zwei Kindern in Scharbeutz, wo ihre Eltern eine Strandpension für sie gekauft hatten, nachdem mein Bruder in der Normandie bei St. Malo gefallen war. Dorthin hatte es also meine Mutter geschafft! Da war sie in Sicherheit, Gott sei Dank!

Und Vater? Man hatte ihn zum Volkssturm II einberufen. Meine Mutter wusste nichts, es gab keine Nachricht von ihm. Es war ein Wunder, dass Mutters Brief überhaupt ankam. Die Post funktionierte in dieser Zeit nur noch sehr selten. Die Briefe von meinem Mann und meine Briefe an ihn liefen über »West-Sanatorium Berlin«, das war noch halbwegs sicher. In seinem letzten Brief hatte er mir geschrieben, dass er jetzt nach Venedig abkommandiert sei. Ob die Lagunenstadt jetzt noch schön war? Wir hatten so sehr gehofft, einmal gemeinsam dorthin reisen zu können.

Das Hausboot sinkt

Der 26. März 1945 war ein Tag, wie geschaffen, um in der Sonne zu liegen. Ein Sommertag im März! Die Vögel sangen schon in aller Herrgottsfrühe. Ein Tag, an dem man hätte träumen können, die Welt sei noch in Ordnung, so herrlich präsentierten sich die Landschaft und der Himmel. Leichte weiße Federwölkchen standen über dem tiefblauen See. Wenn da nur nicht das Grollen der nahen Front gewesen wäre, an der, wie verstörte Flüchtlinge berichteten, eine Kesselschlacht im Gange sein sollte. Wochen später hörten wir, dass 60 000 Mann im Feuer der Sowjets gefallen seien. Wer mochte da noch daran denken, dass hier, keine hundert Kilometer davon entfernt, eine Landschaft zu finden war, in der man glaubte, Goethes »Osterspaziergang« leibhaftig miterleben zu können.

Mit den Kindern ging ich zum Seeufer, wo die beiden Hausboote lagen. Wir mussten doch zusehen, wie der Schlepper, der tatsächlich aus Zehdenick gekommen war, die Boote abschleppte. Wir standen da und schauten. Eckart war unerhört aufgeregt, weil das Manöver, den Schlepper vor die zwei miteinander vertäuten Hausboote zu bringen, für ihn ein spannendes Erlebnis war. Dann bemerkten wir, dass eines der Boote sehr tief im Wasser lag. Na gut! Aber warum musste man auch auf das Dach des so genannten »Bücherbootes« die Kohlenvorräte vom Ufer aufschütten lassen?

Es ging auf die enge Brückenunterführung zu, die den größeren Teil des Sees mit dem kleineren verband. Die Durchfahrt war außerordentlich schmal. Der Schlepper und das erste Hausboot glitten ohne Schwierigkeiten hindurch. Und dann stockte uns der Atem. Das Bücherboot neigte sich zur Seite. Mit dem Dach, auf dem die Kohlensäcke lagen, streifte es den Brückenpfeiler. Langsam ging das Boot unter. Zur Hälfte ragte es noch aus dem Wasser, überall schwammen auf der Oberfläche des Sees die alten, ledergebundenen Bände, die herrliche Bibliothek.

Der Schlepper hatte gestoppt und machte das Boot los. Hier war nichts mehr zu retten. Ich zog die Kinder an mich. Still kehrten wir drei in unsere Baracke zurück. Lixies Fluchtversuch war gescheitert. Zum Glück war das Wasser an der

Unfallstelle flach, so dass auch das Bücherboot ausgeschöpft und wieder flottgemacht werden konnte. Schließlich vertäute man es wieder an der alten Stelle.

Bomben, Bomben und ein Todesurteil

Von nun an war ich mit meinen zwei Kindern voll in den Alltag der Klinik integriert. Sehr früh am Morgen holten wir das Frühstück aus der Küche: Malzkaffee und Brotschnitten mit Marmelade. Mittags holte Eckart in dreistöckigen Blechnäpfen, was die Ordensschwestern gekocht hatten. Alle unsere Marken hatten wir abgegeben. Ich hatte nun keine Emährungssorgen mehr.

Dagegen beschäftigte uns unentwegt die Frage, wie wir das Sanatorium – Patienten wie Personal – vor den immer näher heranrückenden Russen retten konnten. Die Angst, den von der Propaganda stets als besonders grausam und bestialisch dargestellten »asiatischen« Horden Stalins in die Hände zu fallen, überdeckte jedes andere Gefühl. Tatsächlich wusste fast jeder der durchziehenden Flüchtlinge über die Gräueltaten der Roten Armee zu berichten.

Als Freundin der Arztfamilie wusste ich, dass Dr. Kaute ständig mit allen möglichen staatlichen und militärischen Dienststellen in Verbindung stand. Als verantwortungsbewusster Arzt versäumte er keine Gelegenheit, mit der Wehrmacht, mit einem befreundeten Staatsrat, selbst mit Leuten von der Waffen-SS über einen möglichen Abtransport der Frauen und Kinder zu verhandeln. Immer wieder kehrte er müde und erschöpft von solchen Besprechungen zurück, die meistens im fast völlig zerstörten Berlin stattfanden. Wieder und wieder wurde ergebnislos über die Möglichkeit diskutiert, die dreißig Wöchnerinnen mit ihren Kindern an die

Elbe zu bringen, damit sie dort wenigstens »nur« den Amerikanern in die Hände fielen.

Nun sahen wir keinen Ausweg, keine Fluchtmöglichkeit mehr. Es war zu spät! Wer hätte jemals gedacht, dass der größenwahnsinnige »Führer« des Dritten Reiches wirklich bis zum letzten Stein der Reichshauptstadt kämpfen würde?! Und doch vertrauten wir darauf, dass uns Dr. Kaute und sein Schwiegervater, Prof. Petersen, irgendwie würden retten können.

Währenddessen gab es immer wieder unbeschreiblich schöne Tage, wenn die Sonne auf uns sommerlich warm herniederschien und die jungen Mütter mit ihren Babys im Park saßen ... Bis dann der nächste Alarm kam und Mütter und Kinder ganz schnell von den Ordensschwestern in ihre Zimmer oder in die Keller gescheucht wurden. Denn auch hier, achtzig Kilometer nördlich von Berlin, nahm der Bombenterror zu.

Eines Tages war das Dröhnen der anfliegenden alliierten Luftflotte so stark, so durchdringend, dass uns die Angst schier den Hals zuschnürte. Nein, hier im Sanatorium, neben der Eisenbahnlinie nach Norden, konnten wir nicht länger bleiben! Zusammen mit Thesi, ihrer Schwester Gretel und den insgesamt sieben Kindern rannten wir in den Park und dann in den Wald, als wir sahen, was sich hoch über uns abspielte: Der ganze Himmel war überzogen von einem Gespinst von Kondenswolken!

Es sah aus wie zartes Filigran, das der Frühling sich zum Schmuck gewählt hatte. Aber es war tödliches Filigran! Dieses Netz bestand aus den Kondensstreifen von über tausend Bombern, die nach Berlin flogen. Ein Großangriff auf die Hauptstadt! Der Lärm war ohrenbetäubend. Wir zitterten vor Angst. Wir pressten uns dicht an das duftende Erdreich, hielten unsere Kinder in den Armen und drückten ihre Köpfe mit unseren Schultern nach unten. Die Kleinen jammerten, denn sie fürchteten sich zunehmend vor den ständigen Angriffen, zumal sie einige Wochen zuvor um ein Haar selbst Opfer eines Tieffliegerangriffs geworden wären.

Und dann fielen wirklich Bomben – nicht sehr weit von uns entfernt. Vermutlich galten sie der Eisenbahnlinie. Der Boden schwankte. Es war irgendwie merkwürdig, wie dieser unablässige Bomberstrom mit seinem tiefen, dröhnenden Brummen die ganze Natur lähmte. Kein Vogel ließ sich mehr hören.

Erst als der letzte Bomber über uns hinweggezogen war, wagten wir uns wieder zurück in die Klinik. Im Radio hieß es dann, dieses Mal sei Charlottenburg total zerstört worden. Ich dachte an den von mir so heiß geliebten Stadtteil, in dem ich aufgewachsen und ins Gymnasium gegangen war. Charlottenburg! Auch das war nun zerstört! Musste man denn von allem Abschied nehmen?

Einige Tage später stand völlig unvermutet Klaus in der Barackentür. Auf abenteuerliche Weise hatte er es geschafft, von Venedig hierher zu kommen. Sechs Tage hatte er für die Reise gebraucht. Glücklich lagen wir uns in den Armen. Noch am gleichen Nachmittag waren wir zum Tee bei Kautes. Die Lage wurde besprochen. Klaus erzählte, dass seine Einheit aufgelöst worden sei und sich aus Italien zurückgezogen haben. Danzig und Küstrin seien gefallen.

Das bestätigte auch der Wehrmachtsbericht. Von der Westfront wurde berichtet, dass die Amerikaner nur noch 130 Kilometer vor Berlin stünden. Würde es ihnen gelingen, noch vor den Russen hier zu sein? Noch immer wurde von einer mysteriösen »Armee Wenck« gemunkelt, die von Süden heranrücken und Berlin entsetzen sollte. Aber niemand glaubte mehr so recht daran.

Klaus wurde noch schweigsamer, als er ohnehin schon von Natur aus war, als Dr. Kaute andeutete, man müsse gegebenenfalls Frauen und Kinder von der Wehrmacht fortschaffen lassen. Er berichtete von seinen Verhandlungen, die er deshalb in Berlin geführt hatte. Durch die Vermittlung des Staatsrats, mit dem er befreundet war, sei ein Plan diskutiert worden, uns noch rechtzeitig vor dem Eintreffen der Roten Armee mit bereitgestellten Lastwagen nach Westen zu evakuieren. Mir kroch die kalte Angst den Rücken hinunter.

Sehr früh am nächsten Morgen machte sich Klaus zusammen mit Dr. Kaute mit dem Auto auf den Weg nach Berlin. Es war endlich gelungen, einen mit Holzgas betriebenen Wagen betriebsfertig zu machen. Ein Glück, dass sie nicht mit dem Zug fahren mussten, denn an diesem Tag wurde der Stettiner Bahnhof getroffen und brannte völlig aus.

Im Sanatorium in der Joachimsthaler Straße erwartete Dr. Kaute ebenfalls eine böse Überraschung: Eine riesige Brandbombe war in den Haupttrakt gefallen, hatte allerdings vor der Explosion entschärft werden können. Das schöne alte Haus, in dem der Präsident der Weimarer Republik, Friedrich Ebert, 1925 starb, war aber von der Bombe ziemlich beschädigt worden.

Dr. Kaute kam sehr deprimiert zurück. Da alle Zusagen, sowohl seitens der Luftwaffe als auch seitens der Wehrmacht, uns Lastwagen für den Transport der Frauen und Kinder zu schicken, reichlich vage waren, fuhr er nach Hohenlychen zu Professor Gebhardt und damit sozusagen in die Höhle des Löwen. Hohenlychen war die Renommierklinik der Nazigrößen. Hier hatten sie fast alle schon einmal gelegen, von Hitler und Himmler angefangen bis zu Funktionären wie Franck und Pohl. Dr. Kaute wollte mit Professor Gebhardt über das Transportproblem sprechen. Er hoffte auf eine verbindliche Zusage, da nur noch jene Einrichtungen funktionierten, die der SS unterstanden. Leider verlief das Gespräch in eine ganz andere Richtung. Als Dr. Kaute klar war, dass sein Anliegen bei Professor Gebhardt kein Gehör fand, verlor er die Fassung und äußerste sich unverhohlen über das Regime und besonders über Himmler. Professor Gebhardt warf ihn aus seinem Büro mit der Bemerkung: »Das werden Sie noch bereuen!«

Am Morgen des 8. April wurde Dr. Kaute nach Hohenlychen befohlen, um sich dort vor einem von Himmler einberufenen Tribunal zu rechtfertigen. Sofort informierte seine Frau Professor Leixl, einen befreundeten Mediziner, der in Berlin lebte und gute Kontakte zu Professor Gebhardt unterhielt.

Professor Leixl war bestürzt und versprach uns, sofort mit Hohenlychen Kontakt aufzunehmen. Noch in derselben Nacht machte er sich auf den Weg dorthin. Von diesem Arzt hing nun unser aller Schicksal ab.

Am nächsten Morgen gegen sieben Uhr kamen sie endlich zurück. Dr. Kaute war grün im Gesicht, Professor Leixl stand mit versteinerter Miene neben ihm. Das Tribunal in Hohenlychen hatte Dr. Kaute des »Defätismus« und des Hochverrats bezichtigt. Im Namen Himmlers hatte der Vorsitzende sogar für das Todesurteil plädiert. Dr Kaute sollte an Ort und Stelle erschossen werden.

Da Professor Leixl eine anerkannte und bekannte Persönlichkeit war, war es ihm mit viel diplomatischem Geschick gelungen, der fanatischen SS-Meute diesen Wahnsinn auszureden. Er hatte sich für seinen Freund verbürgt und erklärt, Dr. Kautes verbale Entgleisung gegenüber Himmler sei nicht Ausdruck dessen politischer Überzeugung, sondern eine Folge seiner völligen Erschöpfung.

Nach eingehender Belehrung hatte Dr. Kaute zusammen mit Professor Leixl Hohenlychen verlassen dürfen.

Kampf »bis zum letzten Kind«

Zwei Tage später erfuhren wir aus den Nachrichten, dass der amerikanische Präsident Franklin Delano Roosevelt gestorben war. Was würde dieser Tod für die Welt bedeuten? Bedeutete der bevorstehende Wechsel an der Spitze des amerikanischen Staates auch eine politische Wende? Was hatten wir zu befürchten?

Mittlerweile wussten wir einiges über das Ergebnis der Konferenz von Jalta, die am 11. Februar zu Ende gegangen war. Über die beabsichtigte Aufteilung unseres Landes in mehrere Besatzungszonen hatten wir uns durch den »Feindsender« informiert. Diese Meldungen konnten uns aber nicht mehr schrecken, denn uns war klar, dass wir ohnehin am Ende waren.

Wir wussten, dass der russische Marschall Schukow den entscheidenden Schlag auf Berlin vorbereitete. Zunehmend beteiligten sich auch russische Flieger an den Luftangriffen. Bisher hatten wir allerdings noch keine gesehen. Als wir hörten, dass die amerikanischen Truppen unter Eisenhower von Berlin abdrehten und sich zum Angriff auf Süddeutschland formierten, erlosch in uns das letzte Fünkchen Hoffnung. Die Russen würden unsere Eroberer sein! Das war nun grauenvolle Realität. Hitler freilich gab immer noch nicht auf. Über Millionen von Volksempfängern forderte er das Volk auf, bis zum letzten Kind weiterzukämpfen.

Der alte Herr hat Recht behalten

Am 15. April, einem Sonntag, stand plötzlich Klaus wieder vor der Tür. Er berichtete uns, dass seine Truppe und Dienststelle aufgelöst worden sei. Es herrsche ein heilloses Chaos, und er wohne bereits wieder in der Villa seiner Eltern am Wannsee. Ich war glücklich und umarmte ihn innig.

Natürlich glaubte ich, er wäre gekommen, um uns von hier fortzuholen, und wir würden das bittere Ende des Krieges gemeinsam überstehen. Als ich ihm erzählte, dass Professor Cornelius gekommen sei, um mich und die Kinder an die Ostsee mitzunehmen, und ich nur um seinetwillen hier geblieben sei, bekam er auf einmal einen abweisenden Gesichtsausdruck.

»Nein«, sagte er langsam, »mitnehmen kann ich dich nicht. Das wäre meinen Eltern einfach zu viel. Es geht wirklich nicht, versteh' das bitte!«

Das durfte doch nicht wahr sein! Andere Frauen wurden in letzter Sekunde von ihren Männern abgeholt. Selbst wenn das Schlimmste geschah – man war wenigstens zusammen und konnte zusammen überleben oder sterben. Das wollte und konnte ich nicht glauben.

Dann zog Klaus eine Pistole aus seiner Jackentasche. »Hier, das habe ich dir mitgebracht, vielleicht brauchst du sie eines Tages. Wer weiß …, nur für alle Fälle …« Über unser gemeinsames ungeborenes Kind sprach er kein Wort.

Ich verstand: das »Für alle Fälle« bedeutete, dass mir in höchster Not wenigstens noch die Möglichkeit blieb, mich zu erschießen.

Wir verabschiedeten uns im Morgengrauen. Er hatte ein etwas schiefes Lächeln um den Mund, und es klang wenig tröstlich, als er sagte: »Nur Mut! Wir müssen fest daran glauben, dass alles gut geht.«

Ich sah ihm fragend in die Augen. War das wirklich alles? Er umarmte mich eilig und entfernte er sich. Es sah wie eine Flucht aus. Lange sah ich ihm nach, bis er ganz in der grauen Masse der flüchtenden Menschen verschwunden war. Mit seinen fast zwei Meter Körpergröße überragte er sie noch einige Minuten lang. Dann wandte ich mich um und ging mit der Pistole unter der Jacke zurück, jedoch nicht in die Baracke zu meinen Kindern, sondern in den Wald.

Dort setzte ich mich auf den Boden, an eine Buche gelehnt. Wie hatte es so weit kommen können! Hatte ich mich so entsetzlich geirrt? Ich presste beide Fäuste gegen die Augen, wie um die Tränen zurückzuhalten. So saß ich lange da und grübelte. Die wenigen Male, die wir uns gesehen hatten, die idealistischen, romantischen Briefe, die er mir geschrieben, die Sonette, die er für mich gedichtet hatte. Selbst aus La Rochelle, aus St. Malo waren Gedichte gekommen. Wie schön waren seine Briefe gewesen, die manchmal Schilderungen der Wüste enthalten hatten, als er im Einsatz bei El Alamein war. Sie hatten mich an Antoine de Saint-Exupéry erinnert, und nach dem Krieg, so hatte ich mir vorgenommen, wollte ich daraus so etwas wie ein ungewöhnliches Kriegstagebuch machen.

Was war mit ihm geschehen? War es der Krieg, der einen Menschen so veränderte? Als ich so grübelte, kam mir ein Gespräch mit seinem Vater in Erinnerung.

Sechs Wochen vor der Hochzeit hatte sich mein künftiger Schwiegervater, Dr. Hans Collignon, bei mir angemeldet. Irgendwie hatte ich ein ungutes Gefühl, als der schlanke ältere Herr in korrekter Kleidung und tadellos sitzender Krawatte, die silbernen Haare streng zurückgekämmt, auf mich zutrat. Dr. Collignon kam ohne Umschweife zum Thema: »Ich bin gekommen, um Ihnen von einer Ehe mit meinem Sohn abzuraten. Er ist ein Schwärmer, ein, wie soll man sagen, künstlerisch veranlagter Mensch – wie seine Mutter, von der ich mich ja, wie Sie vielleicht wissen, schon vor fünfzehn Jahren getrennt habe. Wir passten nicht zusammen. Trotz der vier gemeinsamen Kinder. Klaus ist mein einziger Sohn. Ich habe, wie Sie ganz bestimmt wissen, eine gut gehende Fabrik.«

Die Firma meines zukünftigen Schwiegervaters stellte Schreibmaschinentypen nicht nur für Deutschland her. Sie genoss wegen der sprichwörtlichen Präzision ihrer Produkte weltweit einen guten Ruf.

Dr. Collignon fuhr fort: »Ich hätte es begrüßt, wenn mein Sohn, anstatt Chemie zu studieren, als Juniorchef bei mir eingetreten wäre. Wenn man drei Töchter aus erster und zwei Töchter aus zweiter Ehe hat, hängen viele Hoffnungen an dem einzigen Sohn. Nun gut, ich habe sie mir längst aus dem Kopf geschlagen. Er ist eben, wie ich schon sagte, ein schwärmerischer Träumer. Und deshalb glaube ich schon jetzt voraussagen zu können, dass Sie mit ihm nicht glücklich werden können. Sie haben zwei Kinder, er wird für sie keine Verantwortung übernehmen.«

Ich unterbrach: »Er liebt meine Kinder!«

»Er liebt Sie!« Ein müdes Lächeln stand in seinen Augen. »Er glaubt, Ihre Kinder zu lieben. Aber …«, nun zögerte er einen Augenblick, »er weiß nicht, was Verantwortung ist. Bisher hat er nicht viel erreicht. Das Studium abgebrochen, dann sich als Kameramann versucht. Dass er jetzt in der Marine-PK gelandet ist, statt als einfacher Soldat im Schützengraben zu liegen, verdankt er der Tatsache, dass er ständig mit mir gesegelt ist und dass er dabei den Hochsee-Segelschein gemacht hat. So wurde er zur Marine eingezogen, und weil er Kameramann war, zur PK. Seine Pläne hinsichtlich der Frage, welchen Beruf er nach dem Krieg ergreifen will, sind vage und ungenau. Ich kann nur den Kopf schütteln, wenn Klaus mir erzählt, er würde sofort wieder in der deutschen Filmproduktion beschäftigt werden.«

Dr. Collignon machte eine Pause und sah mir offen in die Augen. »Meiner Meinung nach wird es mindestens zehn Jahre lang keine Filmproduktion in Deutschland geben, wenn überhaupt. Das sind alles Fantastereien. Sie sollten da ganz realistisch denken. Sie haben Kinder. Eines jedenfalls werde ich nicht tun: meinen Sohn finanziell unterstützen.«

Er seufzte: »Ich sehe es als meine Pflicht an, Sie beizeiten vor dieser Ehe zu warnen. Sie haben ein beschütztes und verwöhntes Leben geführt. Mit meinem Sohn zusammen werden Kummer und Elend Ihre Begleiter sein. Darf ich mich jetzt verabschieden?«

Ich blickte ihn mit mühsamer Gelassenheit an. »Ich werde Klaus heiraten. Ich glaube an uns!«

Da nahm er bedrückt seinen Hut und küsste mir die Hand. »Schade! Es tut mir Leid um Sie. Auf Wiedersehen!« Dann ging er.

Ich blieb sehr verstört zurück. La Traviata, zweiter Akt. Der Vater Germont bittet Violetta, seinen Sohn Alfred freizugeben. Ich lachte bitter. Nein, ich war keine Violetta.

Das alles wurde in mir wach, als ich da mitten im Wald, vor der Buche hockte. Der alte Herr, der jetzt mein Schwiegervater war, hatte Recht behalten. Es war noch schlimmer gekommen, als er es wohl gemeint hatte. Mein Mann war nicht nur schwach, er war noch dazu feige.

Zum letzten Mal Hitlers Stimme

Dr. Kaute entwickelte nunmehr den Plan, Frauen und Kinder auf das Nachbargut, nach Schloss Wentow, zu bringen. Mit dem Gutsbesitzer, der dort mit seiner ganzen Familie ausharren wollte, hatte er schon gesprochen. Dieser hatte Zustimmung signalisiert, weil er hoffte, bei der Aufnahme eines Krankenhauses von den russischen Eroberern verschont zu werden. Aber noch war der Plan nicht perfekt. Noch zögerte der Gutsbesitzer, weil er die damit verbundenen Umstände fürchtete.

Aus dem Radio hörten wir, dass Potsdam nur noch ein einziger Trümmerhaufen war. Das schöne Potsdam – wie Dresden eine Perle des deutschen Barock – unwiederbringlich dahin!

Für den 20. April 1945, einen Freitag, hatten die Alliierten beschlossen, Berlin nicht eine Sekunde zur Ruhe kommen zu lassen. Das Geburtstagsgeschenk für Hitler war permanenter Großalarm. Bereits am 16. April waren die Armeen Schukows und Konjews zum Angriff auf die Reichshauptstadt angetreten. Während die Russen Berlin eroberten, Stadtteil für Stadtteil, wurde nur noch das Regierungsviertel von deutschen Truppen – darunter auch Hitlerjungen – gehalten. Trotzdem kamen aus dem Führerbunker immer noch Befehle zum Durchhalten, in denen mal von einer »Armee Wenck«, mal von einer »Armee Steiner« gefaselt wurde. Dann brach auch der letzte telefonische Kontakt zu Berlin ab. Es herrschte gespenstische Stille. Ich erhielt auch keine Nachricht mehr von meinem Mann. Wie sollte es auch anders sein?

Zwei Tage nach Hitlers Geburtstag, am 22. April, brachen Dr. Kaute und seine Frau zu Fuß nach Schloss Wentow auf, um den Plan der Umsiedlung perfekt zu machen. Jetzt waren die Gutsbesitzer einverstanden. Der Plan sollte schon am nächsten Morgen in die Tat umgesetzt werden. Bis dahin würden sie ihre mit kostbaren alten Möbeln ausgestatteten Zimmer und Salons ausgeräumt haben. Am nächsten Tag war das ganze Schloss, bis auf wenige Privatzimmer, leer. Der Umzug konnte beginnen.

Am nächsten Tag kam die tollste Nachricht: Goebbels verkündete in einem Aufruf an die Berliner Bevölkerung, dass der »Führer« selbst die Verteidigung der Reichshauptstadt übernommen habe. Wir waren sprachlos. Was sollte diese allerletzte Volksverdummung? Die Russen hatten Berlin vollständig eingeschlossen, ihre Spitzen waren kurz davor, an der Elbe auf die Amerikaner zu stoßen. Es war das letzte Mal, dass wir Hitlers Stimme vernahmen.

Am 26. April strahlte die Sonne von einem wolkenlosen blauen Himmel. Vogelgezwitscher in allen Bäumen um das Sanatorium. Nach dem Frühstück ging ich zu Kautes hinüber. Meine Freundin Thesi war gerade aus Wentow zurückgekommen, wo sie die Nacht verbracht hatte. Die Ordensschwestern berichteten, dass sie der Anordnung des Arztes entsprechend weiße Laken mit riesigen roten Kreuzen für Wentow bemalt hatten.

Wieder einmal fiel der Strom aus. Das Notaggregat wurde eingeschaltet. Dann gab es eine schreckliche Detonation ganz in der Nähe. Sollte ein Munitionslager gesprengt worden sein? Es hörte sich fast so an, denn Explosion folgte auf Explosion! Flüchtlinge strömten in die Klinik, weil sie Angst hatten weiterzuziehen.

Mit einem Mal rasten einige in Tarnfarbe lackierte Kübelwagen und ein Panzerspähwagen durch das Sanatoriumsportal. Ein Soldat sprang heraus, andere ihm nach.

»Wo ist der Chefarzt?«

Wir erkannten mit Entsetzen, dass es SS-Leute waren.

Dr. Kaute kam in seinem weißen Kittel heraus, gefasst, aber unendlich müde. »Was bitte wollen Sie?«

»Führerbefehl! Die Klinik ist ab sofort beschlagnahmt!«

»Wie bitte?«, fragte Dr. Kaute ganz ruhig.

Aber wir, die wir ihn kannten, sahen die gespannte Nervosität hinter der ruhigen Maske seines Gesichts.

»Sie haben richtig verstanden, Herr Doktor!« Die Stimme des SS-Offiziers begann zu bellen. »Sofort räumen! Dies hier wird Etappenlazarett. Wir geben Ihnen vier Stunden Zeit!«

Dr. Kaute verlegte sich aufs Bitten. »Sehen Sie einmal«, begann er ruhig, »wir haben hier sechzehn Wöchnerinnen mit Babys, dazu achtzehn Schwerstkranke, einige Verwundete sowie Privatpersonen und Ordensschwestern!«

»Ordensschwestern! Das interessiert uns nicht! Jeder Widerstand ist zwecklos!«

»Und wenn ich Widerstand leisten würde?«, fragte Dr. Kaute provokativ.

»Dann habe ich Befehl, von der Waffe Gebrauch zu machen. Befehl ist Befehl!«

Dr. Kaute musste nachgeben. Da war nichts mehr zu machen. »Also gut«, sagte er müde. »Doch in vier Stunden ist die Räumung nicht durchzuführen.«

Einer der Soldaten trug einen Äskulapstab auf seiner Uniform. Er war der einzige hochrangige Offizier in der Gruppe – das sah man an seinen Schulterstücken und Kragenspiegeln. Er sollte wahrscheinlich die Leitung des Etappenlazaretts übernehmen.

Dieser Offizier ging nun auf Dr. Kaute zu: »Unser äußerstes Entgegenkommen: Morgen um 13 Uhr muss das Sanatorium geräumt sein. Alle ärztlichen Einrichtungen bleiben hier. Es dürfen nur Betten und das Allernotwendigste mitgenommen werden. Auf Wiedersehen, Herr Kollege!«

»Es ist aus, Thesi«, sagte Dr. Kaute. »Räumen. Einpacken. Auf nach Wentow! Die Klinik gibt es nicht mehr.«

Wieder einmal bewunderte ich die Ordensschwestern, die ruhig und unverdrossen durch dieses Inferno schritten, jede nur ihrer Aufgabe zugewandt, alle mit unerschütterlicher Freundlichkeit und Würde. Hatten sie keine Angst? Scheinbar nicht. Ihr Glaube, ihre Gebete schienen ihnen die Kraft zu geben, in all dem Durcheinander immer die Fassung zu wahren, um helfen zu können. Diese Frauen in den weiten, weißen Gewändern mit den wehenden Hauben schienen überall zu sein. Lautlos huschten sie hin und her, um überall anzupacken und Trost zu spenden, wo es nötig war.

Ich stand auf der Treppe, sah hinunter auf das Chaos vor der Klinik und wartete darauf, dass Dr. Kaute uns allen den Befehl gab, aufzubrechen. Da kam plötzlich ein sehr junger SS-Mann auf mich zu. Traurig blickte er mich an. Ich verstand, dass er meinen Zustand erkannt hatte.

»Wo wollen Sie denn nun hin?«, fragte der Junge.

»Vier Kilometer von hier gibt es ein Gut, das uns aufnimmt.«

»Nein, nein«, protestierte er. »Sie müssen in den Westen! Versuchen Sie doch, von hier fortzukommen.« In seinen Kinderaugen stand helles Entsetzen. Er streckte die Hand zu mir aus. »Wenn ich Ihnen doch nur helfen könnte.«

Da wandte ich mich ab und rief nach meinen Kindern. Der junge SS-Mann sah uns nach, wie ich, beide Kinder mit ihren kleinen Rucksäcken an der Hand, durch den Park davonging.

Die voll bepackten Leiterwagen mit den Schwerkranken folgten uns. Bald sahen wir das Schloss vor uns. Wir waren am Ziel. Großartig hatten Ordensschwestern und Thesi Kaute vorgesorgt. Reibungslos wurden die Patienten, Wöchnerinnen und Babys auf die verschiedenen Räume verteilt. Im Parterre wurde der Klinikteil untergebracht, im ersten Stock die Ordens- und Krankenschwestern und die Gutsbesitzerfamilie.

Thesi, ihre Schwester Gretel und ich bezogen mit unseren insgesamt sieben Kindern ein dunkel getäfeltes Zimmer gleich neben der großen Eingangshalle. Zwei große Fenster mit bunten Butzenscheiben gingen zur Landstraße hinaus. Neben der schönen, dunklen Eichentür stand ein halbrunder, grüner Kachelofen, der sich nach oben verjüngte, schräg in der Ecke. Er verlieh dem Raum etwas Heimeliges. Ein Stück unter der Oberkante der Wandvertäfelung lief ein breites Bord um den ganzen Raum, auf dem bunte Teller und Krüge standen. Offensichtlich bewohnten wir die ehemalige »Trinkstube« der Gutsbesitzer. Aber das gesamte Mobiliar war entfernt worden. Auf dem Boden lagen Matratzen, eine neben der anderen. Und vor den beiden Fenstern stand ein weiß lackiertes Krankenhausbett. Das war für mich. Thesi wollte mir in meinem Zustand, in dem ich bereits etwas schwerfällig war, nicht zumuten, auf dem Fußboden zu schlafen. In diesem Bett schlief auch meine Tochter. Es gab eine einzige Kerze als Beleuchtung. Am Abend ordnete Dr. Kaute an, dass wir uns zum Schlafen nicht mehr ausziehen sollten. Wer konnte schon wissen, was kommen würde?

Die Kapitulation

Es war gegen sechs Uhr nachmittags. Die Sonne versank langsam im Westen und vergoldete die Wipfel der Föhren, Kiefern und Platanen. Welch ein wunderschöner Frühlingsnachmittag! Und dennoch empfanden wir nichts als Trauer und Furcht. Weiße Laken wurden aus allen Fenstern gehängt. Die Kapitulation. Wir wussten, was das zu bedeuten hatte. Von nun an würden wir unter russischer Besatzung stehen. Selbst die Natur schien nach all dem Getöse der letzten Tage den Atem anzuhalten. Nicht einmal die Vögel ließen sich mehr hören.

Eines Tages erschien eine seltsame Gestalt auf der staubigen Landstraße. Als sie näher kam, erkannten wir einen deutschen Landser, der auf Socken, mit klapperndem Kochgeschirr am Gürtel, über die sandige Straße lief. Als er an uns vorbeikam und die weißen Fahnen sah, hielt er einen Moment in seinem Lauf inne. »Rennen Sie, so schnell Sie können!«, rief er keuchend. »Rennen Sie! Die Russen sind direkt hinter mir. Keine vier Kilometer!« Dann rannte er weiter, der arme

Kerl. Nur noch das Scheppern seines blechernen Kochgeschirrs war eine Weile zu hören.

Plötzlich wurde ich von Dr. Kaute gerufen. »Du hast doch noch deine Pistole?«, fragte er streng.

»Ja«, sagte ich, »sie ist noch in meinem Fluchtgepäck. Im Rucksack!«

»Die muss sofort weg. Wenn die Russen bei dir eine Pistole finden, werden wir allesamt erschossen. Wirf sie in den See! Sofort!«

In Panik stürzte ich in den Keller. Kramte aus meinem Rucksack, der unter der Holzbank stand, die Pistole heraus und wollte wieder nach oben.

»Was tust du da, Mami?«

Obwohl ich versucht hatte, so unauffällig wie möglich zu suchen, hatte Eckart sofort entdeckt, was ich tat.

»Was willst du mit der Pistole?«

»Wegwerfen, Eckart. Sie muss fort. Wir schießen auf niemanden!«

Ich rannte zur Kellertreppe, wo mich Dr. Kaute erwartete.

»In den See! Nicht einfach hier irgendwo in die Büsche. Sie muss vollständig verschwinden!« Ich lief los, hinunter über die grüne Rasenfläche, den gewundenen Weg zwischen den Büschen hindurch bis an das Seeufer, wo der Steg war. Schilf wiegte sich im Wind. Der See lag so still, so friedlich da. Ich rannte bis ans Ende des Steges. »In den See«, hatte der Arzt gesagt. Ich hob meinen rechten Arm mit der Pistole und holte aus, um sie so weit wie möglich ins Wasser zu werfen. Da stockte mir das Blut in den Adern. Mein Arm mit der Pistole blieb wie erstarrt erhoben. Was ich drüben, am anderen Ufer sah, war zu furchtbar, um es sofort ganz zu begreifen. Am Waldrand, zwischen den Stämmen der Bäume, erschienen kleine, erdbraune Gestalten. Eine ganze Reihe, sie kamen aus dem Wald und stürmten auf das Seeufer zu. Die Russen! Ich war wie gelähmt. Aber dann, mit einer unerhörten Kraftanstrengung, als sei die Pistole viel zu schwer für mich, warf ich sie in hohem Bogen in den See. Eine kleine Fontäne stieg auf, weiß und schaumig ... Und in dieser Sekunde wurde mir erst richtig klar, was das dort drüben für die vordringenden Russen bedeuten mochte. Jemand warf etwas in den See, eine Fontäne stieg auf ... sie konnten es für eine Angriffshandlung halten. Mir lief es vor Entsetzen eiskalt den Rücken herunter. Was hatte ich getan? Das konnte nicht gut gehen. Ich drehte mich um und rannte los. So schnell mich die Füße trugen, in meinem bereits schwerfälligen Zustand des sechsten Schwangerschaftsmonats, rannte ich über die weite Wiese wieder zum Schloss hinauf. Ein einsames Ziel. Nur ich, in dem dunkelroten Umstandskleid, allein auf der Wiese. Sie mussten ja schießen! Sie mussten ja treffen! Gleich würde ich es zwischen den Schulterblättern fühlen. Den Schuss, der allem ein Ende machen würde. Ich stolperte, ich stürzte fast. Gleich würde es krachen. Ich kam oben an, unversehrt!

»Die Russen«, keuchte ich atemlos. »Da drüben! Am Waldrand! Sie sind da!«

Es war dunkle Nacht, als ich etwas vernahm, das mir in meinem Unterbewusstsein neu und unheimlich vorkam. Ich öffnete die Augen und lauschte voller Spannung. Vor unserem Fenster vernahm ich fremde Stimmen. Mit Entsetzen begriff ich, was dies zu bedeuten hatte. Ich tastete nach meinen noch in tiefem Schlaf liegenden Freundinnen. »Wacht auf! Die Russen sind da! Vor unserem Fenster!«

Dann weckte ich meine Kinder. Sie rieben sich die Augen und sahen mich groß an. »Nun müsst ihr ganz still sein. Kein Wort, kein Laut! Habt ihr verstanden?«

Es herrschte eine unheimliche Stille. Dr. Kaute war zusammen mit seinem Schwiegervater, dem weißhaarigen Professor

Leni mit Adolf Hitler im Sommer 1937 im Garten ihres Berliner Hauses

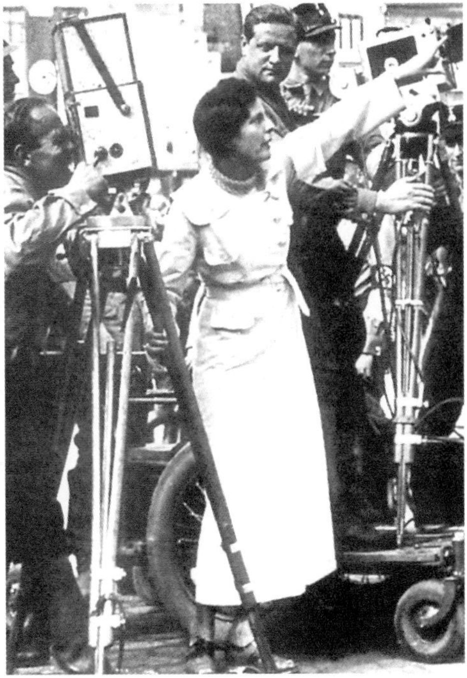

Leni als Regisseurin bei den Dreharbeiten zu dem Propagandafilm »Triumph des Willens«

Im Garten von Lenis Haus in der Berliner Heydenstraße v.l.n.r.: Heinz Riefenstahl, Frau Dr. Ebersberg, Leni Riefenstahl, Hitler, Goebbels und Ilse Riefenstahl

Großvater Alfred Riefenstahl mit dem acht Monate alten Enkel Eckart. Aus gesundheitlichen Gründen zog er sich aus der Firma zurück.

Eckart Riefenstahl und Lutz Kunze an Weihnachten 1939

1940 mit Eckart und Uta im Garten des Hauses Kranzerstraße 8

Leni und Ilse Riefenstahl 1940 im Garten des Riefenstahl'schen Anwesens in Zernsdorf. Das Verhältnis zwischen den Schwägerinnen war stets gespannt.

Im Spätsommer 1940 mit Thesi Kaute (rechts) im oberbayerischen Krün

Das Berliner West-Sanatorium – ein Fixpunkt im Leben der Familie

SS-Obergruppenführer Karl Wolff (Wölffchen), ein guter Freund der Familie

Heinz Riefenstahl ist am 20. Juli 1944 in Russland gefallen.

Die alte Villa in Wannsee – erstes Domizil der Familie Collignon nach dem Krieg

Klaus und Ilse Collignon mit den Kindern Eckart, Uta und Viola 1945 in Wannsee

Petersen, den wir zärtlich »Öpchen« nannten, an das große Portal gegangen. Wir lauschten atemlos. Es war gegen zwei Uhr morgens am 30. April 1945. Da, jetzt war es deutlich zu vernehmen, schwere Schritte, aufgeregte russische Laute, Schläge gegen die Tür. Stimmengewirr. Dann Schritte bis zur Halle. Es wurde geredet, aber wir konnten nichts verstehen.

Später erfuhren wir von Dr. Kaute, was sie wollten. »Schnaps, Schnaps! Frau, Frau!«

Die Ärzte lächelten sie freundlich an und sagten: »Schnaps ja, Frau nix! Hier Spital!« Dabei deuteten sie auf ihre Rotkreuzbinden. Die Russen gossen den Schnaps in sich hinein und trollten sich. Vor Krankheit hatten sie panische Angst.

Sobald die Russen abgezogen waren, schickte Dr. Kaute alle jüngeren Frauen und die Kinder in den Keller. Ein Trupp nach dem anderen verlangte in dieser Nacht Einlass, die meisten schon sturzbetrunken, und immer wollten sie das Gleiche. Und einmal gerieten wir wirklich in Panik. Der russische Soldat leerte ein Glas mit dem Arzt und rief seine Kameraden herein. Die stürmten in die Halle: »Schnaps, Schnaps!«

Wir hörten das Getrappel grober Soldatenstiefel über uns. Keiner wagte auch nur zu atmen. In unserem Keller rührte sich nichts. Plötzlich fiel ein Schuss und dann noch einer. Wir erblassten, und Thesi Kaute war halb tot vor Angst. Über uns schwere, tapsende Schritte, die sich rasch entfernten. Dann hörten wir Schritte auf der Kellertreppe. Uns blieb fast das Herz stehen. Es war aber nur Dr. Kaute, der eilig die Treppe herunterkam, weil er sich unsere Angst vorstellen konnte.

»Wilhelm, du lebst!«, schrie Thesi erleichtert auf und umarmte ihn.

»Ja, warum denn nicht?«, antwortete er verschmitzt. »Die Schüsse? Ja, die könnt ihr euch später im Deckenbalken der Halle ansehen. Der Kerl hat mich umarmt, ›Towaritsch‹ geschrien und zweimal in die Decke geschossen. Das war ein

Akt der Verbrüderung, nichts weiter.« Wir schnappten nach Luft! Es war noch einmal gut gegangen! In dieser Nacht und am folgenden Tag kam ein betrunkener Russe nach dem anderen. Wie wir später erfuhren, hatten die Fronttruppen das Recht, die Besiegten drei Tage lang zu plündern – und sich auch deren Frauen zu nehmen. Wir kamen noch mehrmals in schwierige Situationen, aber stets gelang es Dr. Kaute mit seiner verbindlichen Art, seiner Warmherzigkeit, aber auch seinem bestimmten Auftreten im Interesse seiner Patienten, das Eindringen der betrunkenen Soldateska zu verhindern.

Nachkriegschaos

Nach ein paar Tagen, nachdem die erste Plünderungswelle über uns hinweggebraust war, durften wir uns allmählich wieder etwas freier bewegen. Am Tor des Gutsparks hatten wir einen Posten aufgestellt, der auf einer Blechschüssel trommeln musste, wenn sich Russen näherten.

Aus Berlin kamen furchtbare Nachrichten: Alles sei zerschossen, kaum ein Stein noch auf dem anderen, das Regierungsviertel ein einziger Trümmerhaufen. Dort, wo sich die Reichskanzlei einmal befunden hatte, gäbe es nur noch Schutt und Trümmer. Hitler, der »größte Feldherr aller Zeiten« – von den Berlinern »Gröfaz« genannt – hätte sich im wahrsten Sinne des Wortes aus dem Staube gemacht. Am 30. April habe er sich zusammen mit Eva Braun, die er kurz zuvor noch geheiratet hatte, vergiftet. Von seinen letzten Getreuen seien die beiden dann mit Benzin übergossen und verbrannt worden. Eine Bluthochzeit.

Dass für uns alle ein neuer Lebensabschnitt begonnen hatte, wurde uns jetzt von Tag zu Tag bewusster. Von nun an hatten wir uns vor allem auf das »Zusammenleben« mit der Siegermacht einzustellen. Immer wieder trieben sich russische Soldaten auf dem Gelände des Gutshofes herum, und es war nur dem diplomatischen Geschick des Arztes zu verdanken, dass sie nie die zwanzig jungen Frauen zu sehen bekamen, die in der Klinik Unterschlupf gefunden hatten. Denn bei jedem Russenalarm wurden wir in den Keller gescheucht. Dort saßen wir dann wieder, vor Angst zitternd, bis Schießen, Lärmen und Brüllen aufhörten. Allmählich aber verebbte die Welle der Vergewaltigungen ringsum in den Dörfern.

Dr. Kautes größte Sorge in diesen Tagen war natürlich, was aus der Klinik Seilershof geworden sein mochte. Schließlich hielt es ihn nicht länger. Er musste dort nach dem Rechten sehen. Mit dem Holzgaswagen machte er sich auf den Weg. Was er dort sah, missfiel ihm sehr. Die ganze Klinik war ausgeplündert und verwüstet. Auf den Stufen vor der Wohnung des Klinikchefs saß ein freundlich grinsender betrunkener Mongole, die Schnapsflasche in der Hand, der sich den blauen Samtgürtel von Thesis Abendkleid als Schal um den Hals geschlungen hatte. Das zugehörige Kleid hing irgendwo in den Büschen – Symbol der Vergänglichkeit des einstigen bürgerlichen Wohlstands. Die Patientenzimmer waren verwüstet, ebenso die Arztwohnung. Fotos waren auf dem Boden verstreut, der Rasen mit dem Tafelsilber übersät. Zu allem Überfluss erschien in dem Augenblick, in dem Dr. Kaute und die beiden Schwestern, die ihn begleiteten, wieder anfahren wollten, ein sowjetischer Offizier: »Stoi!«

Der Offizier beschlagnahmte das Auto samt Chauffeur, und Dr. Kaute musste mit seiner Begleitung zu Fuß zurückwandern. Trotzdem konnte ihn nichts davon abhalten, die Klinik in Seilersdorf notdürftig herzurichten und wieder in Betrieb zu nehmen. Mit acht Schwestern, davon vier Ordensfrauen, ging er nach Seilersdorf, um die Räume zumindest notdürftig zu reinigen und die medizinischen Geräte, die zum Glück noch vorhanden waren, wieder betriebsfertig zu machen. Denn bei vier der Wöchnerinnen stand die Geburt unmittelbar bevor, und einige der Schwerkranken konnten nicht länger nur provisorisch versorgt werden.

Eines Morgen kam ein Russe in die Ambulanz mit einem Anliegen, das ihn sehr verlegen und verschämt machte. Wie schon bei einigen seiner Landsleute stellte sich heraus, dass er sich bei den Ausschweifungen des Siegestaumels eine Gonorrhoe geholt hatte. Nachdem Dr. Kaute ihn behandelt hatte, machte der Russe die international verständliche Handbewegung des Geldzählens. Dr. Kaute antwortete »Muh, muh!«, woraufhin sein Patient nickte und strahlend ging. Wir alle glaubten natürlich an einen Scherz, als er uns dies erzählte. Doch einige Stunden später kam der Russe tatsächlich zurück und zog eine Kuh am Strick hinter sich her. Wir konnten endlich einmal befreit lachen. Es war eine schöne, dicke Milchkuh. Endlich wieder Milch für unsere Kinder!

Leider kamen nicht nur die Soldaten, sondern auch Frauen jeden Alters mit ihren Geschlechtskrankheiten zu Dr. Kaute. Besonders verbreitet war die Syphilis.

Am Abend des 8. Mai erfuhren wir von einem Freund der Familie Kaute, dass endlich Waffenstillstand herrschte. Auf Anweisung des Großadmirals Dönitz, der nach dem Selbstmord Hitlers neuer Reichspräsident geworden war, hatte Generaloberst Alfred Jodl in Reims die deutsche Gesamtkapitulation unterzeichnet. Am folgenden Tag, so erfuhren wir später, wurde die Kapitulation von Generalfeldmarschall Keitel im Berliner Hauptquartier der Roten Armee wiederholt. Der Krieg war damit endgültig zu Ende.

Zur Freude der Familie Kaute wusste dieser Freund auch zu berichten, dass das West-Sanatorium zwar stark beschädigt, aber nicht zerstört worden sei und dass der Klinikbetrieb weiterhin laufe.

Am Nachmittag dieses 8. Mai traf völlig unerwartet Klaus ein. Er hatte es also geschafft. Er lebte! Seine Füße waren wund gelaufen, denn seit zweieinhalb Tagen war er zu Fuß von Berlin hierher unterwegs. Nun stand vor mir, fröhlich wie immer, als ob nichts geschehen wäre. Mir wurde bewusst, dass ich ihn immer noch liebte, obwohl ich unendlich enttäuscht war, dass er mich so im Stich gelassen hatte.

Von ihm erfuhren wir die neuesten Ereignisse: Göring war den Alliierten in Tirol in die Hände gefallen. Himmler hatte mit einer Kapsel Zyankali Selbstmord verübt. Die Berliner waren glücklich, dass der höllische Krieg zu Ende war. Man begann sich darauf einzustellen, mit den Russen zu leben, und hungerte erbärmlich. Denn im zivilen Leben funktionierte einstweilen noch nichts.

Doch wir waren alle schon glücklich, dass wir überlebt hatten und wieder beisammen waren! Klaus blieb zunächst bei uns, schon deshalb, weil er nicht mehr laufen konnte. Und ich genoss das lang entbehrte Wohlgefühl, endlich mit meiner Familie ein eigenes Zimmer und mithin eine Art Privatleben zu haben.

Ein schöner Kastanienbaum stand genau vor unserem Fenster. Seine Kerzen, die nun voll erblüht waren, gaben diesem Baum etwas Poetisches, fast Irreales in einer Welt, in der nur Tod und Zerstörung geherrscht hatten. So begann ich diesen Baum zu lieben. Er wurde für mich zu einem Symbol der Wiederauferstehung.

Klaus und ich sprachen natürlich oft über die Zukunft, wie wir wohl in Berlin wieder zusammenleben würden, über seinen Beruf und vor allen Dingen über ein Zuhause, denn wir waren ja heimatlos und hatten zwei Kinder. Ein drittes würde bald dazukommen. Wie er mir erzählte, habe er sich kurz in der Firma meiner Kinder umgesehen. Es sähe dort grauenvoll aus, alles verwüstet und ausgeraubt. Die großen Zeichensäle, in denen noch die Reißbretter standen, seien ziemlich zerstört. Das Lager sei so gut wie nicht mehr vorhanden. Er habe keinen der alten Angestellten dort gesehen. Die Firma konnte uns also nicht ernähren. Zunächst aber war die Wohnung das Wichtigste! Alles andere würde sich finden. Da Berlin so fürchterlich zerbombt war, würde die Wohnungssuche das Allerschwierigste sein …

Klaus hatte ja nun Zeit. Noch immer wohnte er bei seinen Eltern, eingesperrt in den Keller zusammen mit seinen blutjungen Halbschwestern. Man hatte einfach einen schweren Schrank vor die Kellertür geschoben, hinter der die drei verborgen waren. Die Russen waren durch die ganze Villa gezogen und hatten sie ausgeplündert, aber glücklicherweise hatten sie sich nie dafür interessiert, was hinter diesem Schrank verborgen war.

Noch durfte ich den Park auf keinen Fall verlassen. Denn nach wie vor waren wir Frauen gefährdet. Aber Klaus ging mit dem Arztehepaar nach Seilershof hinüber, und sie nahmen meinen kleinen Sohn mit, damit er endlich einmal etwas ins Freie kam. Unausweichlich war unser Gespräch auch auf das Holzhaus gekommen, das im Sägewerk von Dannenwalde gelagert war. Ich fragte Klaus, bevor sie aufbrachen, ob er es wagen wolle, dort einmal nachzuschauen. Das Fertighaus wäre doch unsere Chance, wenn wir es auf dem Grundstück seines Vaters am Großen Wannsee aufstellen lassen würden! Sie gingen los. Ich wartete voller Ungeduld auf ihre Rückkehr. Nach vier Stunden kamen sie wieder. Ihren Gesichtern sah ich schon an, dass sie keine guten Nachrichten brachten. »Nein«, sagte mein Mann, »vom Haus ist nichts weiter übrig geblieben als die geschwungene Treppe. Alles andere haben die Russen abtransportiert. Gleich am dritten Tag! Mit der

Treppe konnten sie wohl nichts anfangen! Das ist wirklich schade!«

Damit war für ihn das Thema erledigt. Er war sachlich wie immer! Aber ich war völlig fertig, am Boden zerstört. Dafür war ich nun von Oberstdorf nach Brandenburg aufgebrochen! Und jetzt war das Häuschen fort! Das bedeutete das Ende aller meiner Träume vom eigenen kleinen Haus. Eckart begriff besser als mein Mann, der sich immer schnell mit den Realitäten abfand, was die Nachricht für mich bedeutete. »Mami«, sagte er, »du musst nicht traurig sein! Vielleicht baut dir Vati ein neues Häuschen?«

Ich schloss ihn in die Arme. Aber genau daran glaubte ich nicht. Aber einen Moment lang sah ich wie in einer Vision in der stahlblauen Luft über dem See die sanft abfallende Wiese unter den schneebedeckten Oberstdorfer Bergen, das kleine Holzhäuschen mit den braunen Klappfensterläden und den roten Geranienstöcken vor den Fenstern, die Kinder auf der Wiese zwischen den Latschen spielend, meinen schneeweißen, kleinen Hund Peggy, der ein Versteck für seinen heiß geliebten Knochen suchte ... Peggy, die im Bombenterror von Berlin untergegangen war oder vielleicht auch noch irgendwo lebte, wer konnte das schon wissen! Peggy, von uns allen geliebt und nie vergessen! Dann erst nahm ich geistesabwesend meinem kleinen Sohn die Maiglöckchen aus der Hand, die er gepflückt und mir mitgebracht hatte. Es war ja Mai, die schönste Zeit des Jahres, und es herrschte traumhaft schönes Sommerwetter, sodass die Kinder zum Baden gehen konnten. Der See lag ja vor der Tür. Wir genossen die Sonne auf der Terrasse, waren aber immer auf dem Sprung, um gleich wieder in unsere Betten flüchten zu können, falls sich Russen näherten.

Tatsächlich hatten wir ein paar ruhige Tage, dann stürmten zwanzig berittene Kosaken und sechzig Franzosen den Hof.

Sofort flüchteten wir in unsere Zimmer. Wir hörten wuchtige Schritte vor unserer Zimmertüre. Die Kommission unter Führung eines Kosakenoffiziers kam herein. Wir lagen schreckensbleich in den Betten. Dr. Kaute flüsterte hinter vorgehaltener Hand: »Tbc.«

Das genügte. Wie der Blitz waren die Soldaten wieder draußen. Dann klappte die nächste Tür. Dort waren zwei alte Damen untergebracht. Durch die Ereignisse der letzten Monate wirkten sie völlig verstört. Beide zitterten furchtbar, die eine zuckte ständig mit Mund und Lidern. Unsere Besucher verließen auch hier gleich wieder das Zimmer.

Danach gingen sie in das Babyzimmer. Hier standen an beiden Seiten die Babytische mit den kleinen Wesen, die rosig und rund in den Schlafmulden schliefen. Diese Tische, eine Erfindung Dr. Kautes, entzückten die Russen. So etwas hatten sie noch nicht gesehen. Sie gingen von einem Baby zum anderen. Manchmal streckte einer seinen Finger aus, um eines dieser rosigen Babys zu berühren. Vielleicht dachten sie dabei an ihre eigenen Kinder zu Hause. Anschließend verließ die Kontrollkommission wieder das Gut. Man warf uns nicht hinaus, obgleich auch das möglich gewesen wäre.

Thesi erzählte uns später, was in der Küche geschehen war. Ein Kosak war in die Gutsküche gelaufen und hatte dort gesehen, wie eine der Nonnen etwas Schweinefleisch aufschnitt, um den täglichen Eintopf aufzuwerten. Gierig wollte er das Fleisch an sich nehmen, da griff die gut zwei Zentner schwere Ordensfrau nach der allergrößte Pfanne, die vor ihr auf dem Herd stand, und ging auf den Russen los.

»Raus!«, brüllte sie mit ihrer tiefen Stimme, und der Russe flüchtete, so schnell er nur konnte.

Am nächsten Tag gab es schon wieder einen Zwischenfall: Plötzlich kam schreckensbleich und völlig aufgelöst Thesi Kautes Schwester ins Zimmer gestürzt: »Wilhelm, hilf«, rief sie verzweifelt. »Ein Russe hat mir meine Zwillinge fortgenommen.«

In Panik stürzte sie wieder hinaus. Der Arzt folgte ihr. Wir hetzten hinterher. Es stimmte: Ein blutjunger russischer Soldat hatte die beiden dreijährigen Zwillinge Christian und Heiner bereits in seinen Lastwagen gesetzt. Dort hockten sie verängstigt und weinten. Gerade wollte der Russe auf der anderen Seite einsteigen, um wegzufahren. Dr. Kaute stürzte brüllend auf ihn zu und gestikulierte dabei wild mit den Armen. Er setzte dem jungen Russen so energisch zu, dass dieser die Zwillinge wieder herausrückte. Dem Russen hatten die beiden gleich aussehenden Kinder so gut gefallen, dass er sie mitnehmen wollte. Überglücklich schloss Gretel ihre Kinder wieder in die Arme.

Von der Landstraße, die ohnehin nur ein märkischer Sandweg war, sahen wir in den nächsten Tagen fast nichts mehr, so hoch wirbelten die riesigen Lastwagen amerikanischer Herkunft den Staub auf. Die Russen hatten ein deutsches Wehrmachtsdepot entdeckt, in dem unglaubliche Mengen an Rüstungsmaterial lagerten. All das wurde nun aufgeladen und abtransportiert. Die an sich schon schlechte Straße war bald nicht mehr zu benutzen, und so fuhren die russischen Fahrer einfach über die Felder, die schon umgepflügt und eingesät worden waren. Immer noch zogen Flüchtlinge mit den seltsamsten, primitivsten Fahrzeugen an uns vorbei. Selbst gebastelte Karren, beladen mit den kläglichen Resten des Hausrates. Ein einziges Bild des Jammers. »Räder müssen rollen für den Sieg!«, hatte es einmal geheißen. Aber so hatte man sich diesen Sieg bestimmt nicht vorgestellt.

Inzwischen begann Klaus, Fahrradteile zu sammeln. Einmal hatte er besonderes Glück und erwischte ein gerade von russischen Lastwagen platt gefahrenes Rad. Der Rahmen war noch zu gebrauchen. Bald darauf fand er eine Lenkstange und nach längerer Suche auch zwei Räder, sogar mit Bereifung. So konnte er sich allmählich ein ganz passables Fahrrad zusammenbasteln. Damit drehte er seine ersten Runden im Park, bestaunt von den Kindern, die am liebsten auch gleich mitgefahren wären. In dieser Zeit war ein Fahrrad eine geradezu unbezahlbare Kostbarkeit und wurde wie ein Augapfel gehütet. Mit diesem Rad, das trotz aller Mühen eine sehr wackelige Konstruktion blieb, radelte Klaus dann nach Gransee, wo er tatsächlich etwas organisieren konnte.

»Organisieren« war jetzt das Wort der Stunde. Es bedeutete, etwas zu beschaffen, das es eigentlich nicht gab. Und mein Mann kehrte mit wahren Schätzen zurück: etwas Fleisch, Brot und ein Glas Marmelade. Das hatten wir lange nicht mehr gesehen. Zum Fleischessen luden wir die Familie Kaute ein. Die Marmelade ließ man mir – ein Hochgenuss, da man ja gerade in der Schwangerschaft ausgefallene Gelüste hat. Natürlich gab ich meinen Kindern morgens davon ab. Am liebsten freilich hätte ich diese Marmelade in einem Zug ausgelöffelt. Seit Monaten hatte es keinerlei zuckerhaltige Nahrung mehr gegeben, kein Obst, keine Vitamine, abgesehen von den Spritzen, die mir Dr. Kaute gab.

Als Geburtstermin wurde der 10. Juli errechnet. Bis dahin waren es noch gut sechs Wochen. Ich hatte enorm zugenommen. Manchmal dachte ich, ich würde Zwillinge bekommen. Bei allen Untersuchungen waren jedoch nur die Herztöne eines Kindes zu hören. Was mir fehlte, war Bewegung, da wir Frauen lediglich um das Haus gehen durften. Als ich die beiden Kinder meiner ersten Ehe erwartet hatte, war ich täglich mindestens zwei Stunden gelaufen. Und nun war ich zum Herumsitzen verdammt, und das fiel mir sehr schwer.

Dr. Kaute verließ uns wieder, um in Berlin nach dem Rechten zu sehen, und Klaus fuhr mit ihm, weil er eine Wohnung suchen wollte. Kaum waren sie fort, brach im Haus eine Art Epidemie aus. Alle Kinder erkrankten an Durchfall, Erbrechen und hohem Fieber. Von den Erwachsenen erwischte die Krankheit den alten Professor Petersen, der somit auch als Arzt ausfiel. Ich hatte furchtbare Angst vor Ansteckung. War es vielleicht doch die Ruhr? Ich musste alles tun, um mich in der Schwangerschaft nicht anzustecken, und so stellten wir uns selbst unter Quarantäne.

Endlich kam Dr. Kaute aus Berlin zurück und brachte tatsächlich amtliche Dokumente der russischen Besatzungsmacht mit, mit denen ihm die Leitung der Kliniken von Seilershof und Wentow übertragen wurde. Er berichtete aber auch, dass im West-Sanatorium in der Stadt alle wichtigen Apparaturen fortgeschafft worden seien. Die S-Bahn sei großenteils demontiert, die Ernährungslage miserabel. Deshalb wäre es auch unbedingt notwendig, dass wir hier blieben. Ein Gutsbetrieb habe noch immer gewisse Möglichkeiten. Das stimmte! Der Gutsherr ließ bereits die Felder wieder bestellen, auch wenn er dafür nur ein paar alte, schwächliche Männer einsetzen konnte. Immerhin. Etwas würde schon wachsen, das man später essen könnte.

Nun erfuhren wir auch offiziell, was die Siegermächte beschlossen hatten. Deutschland sollte in vier Besatzungszonen aufgeteilt werden, und zwar in eine russische, eine englische, eine amerikanische und eine französische Zone. Der Nordwesten Deutschlands, also auch Schleswig Holstein, stand unter englischer Besatzung. Ich atmete auf. Meine Mutter, meine Schwägerin und ihre Kinder würden also in der englischen Zone leben, und die Briten galten allgemein als die humanste Besatzungsmacht. Aber was war wohl mit meinem armen Vater in Oberschlesien geschehen? Hatte er überhaupt den Einsatz im Volkssturm überlebt?

Am 30. Juni untersuchte mich Dr. Kaute wieder einmal. Er

stellte fest, dass das Kind sich gesenkt hatte und dass es nun wohl noch eine Woche bis zu zehn Tagen bis zur Entbindung dauern könnte. Nun war das Ende dieser beschwerlichen Tage abzusehen. Ich zog nach Seilershof um, denn ich wollte zur Entbindung in einer richtigen Klinik sein.

Von Klaus hörte ich in diesen Wochen gar nichts. Das betrübte mich sehr, denn es bedeutete, dass er wohl auch nicht versucht hatte, mit mir in Kontakt zu treten. Immerhin hatte es Dr. Kaute erreicht, dass ihm eine Art Lieferwagen zugeteilt worden war, der jetzt als »Sanatoriumsauto« ständig zwischen Berlin und Seilershof unterwegs war und gelegentlich auch Patienten mitnahm. Selbstverständlich transportierte er auch die Post, denn an einen normalen Postverkehr war vorläufig noch nicht zu denken. Briefe wurden in dieser Zeit irgendjemandem mitgegeben, von dem man wusste, dass er in die Nähe des Adressaten kam. Schon ein paar Mal hatte ich auf diese Weise versucht, mit meiner Mutter an der Ostseeküste Kontakt aufzunehmen. Aber bisher hatte ich noch keine Antwort erhalten.

Doch Anfang Juli brachte unser »Sanatoriumsauto« gleich zwei Briefe von Klaus. Wie er schrieb, ging es ihm gut, aber er suche noch immer nach einer Wohnung für uns. Das wurde ja in der Tat nun dringend. Eine hatte er in Nikolassee in Aussicht und eventuell sogar eine in Wannsee. Beide befänden sich in alten, zum Teil zerbombten Villen.

Und dann lag noch ein Brief bei. Der war von Onkel Julius, dem Onkel meines Schwiegervaters, und war an seine Tochter gerichtet, die hier irgendwo in der Nähe sein sollte, falls sie das Kriegsende überhaupt überlebt hatte. Es handelte sich um die Witwe des Generalobersten Hoeppner, der zum Kreis des 20. Juli gehört hatte und von Hitler zum Tode verurteilt worden war. Frau Hoeppner und ihr Sohn waren festgenommen worden, und man nahm an, dass sie hier irgendwo in der

Nähe in einem Konzentrationslager festgehalten worden seien. Ich nahm den Brief an mich, aber das Einzige, was ich einstweilen tun konnte, war, Dr. Kaute zu bitten, diesen Namen im Kopf zu behalten. Wie in Wentow versorgte er auch in Seilershof alle Frauen der Umgebung, die krank oder schwanger waren. Jeden Nachmittag zwischen zwei und fünf Uhr war die Sprechstunde für die Landbevölkerung. Da kamen die Leiterwagen aus den Dörfern der Umgebung, auf denen ganze Trauben von armen Frauen saßen, die von den Russen entweder geschwängert oder mit Geschlechtskrankheiten angesteckt worden waren ... Eine Schwester mit einem selbst gebastelten Megafon trat vor die Tür und rief durch diese Sprechtüte den Namen des nächsten Dorfes auf. Dann sprangen die Frauen von dem betreffenden Leiterwagen und liefen in die Ambulanz, bis das nächste Dorf dran war. An diesem Nachmittag wurde das Dorf »Bredereiche« aufgerufen! Auf dem Leiterwagen von Bredereiche aber stand zwischen all den hockenden, traurigen Frauen ein altmodischer Ohrenbackensessel und auf diesem saß eine auffallende, eine wahrhaft bemerkenswerte Frau mit ganz kurz geschorenem, steingrauem Haar; es war Frau Hoeppner. Ich erkannte sie und lief auf sie zu.

»Ich habe einen Brief von Ihrem Vater!«

Sie konnte es kaum fassen. »Wer sind Sie?«, fragte sie.

»Ich bin Ilse Collignon, die Frau von Klaus! Da, da ist der Brief. Kommen Sie mit! Ich bringe Sie in mein Zimmer. Da können Sie sich ausruhen!«

Ich nahm Frau Hoeppner am Arm und führte sie in mein Zimmer. Sie nahm in dem großen Sessel am Fenster Platz, und ich sah, dass sie nur noch Haut und Knochen war.

»Warten Sie hier bitte! Ich sage Dr. Kaute Bescheid, dass Sie hier sind!« Ich lief in die Sprechstunde. Der Arzt konnte es kaum fassen.

»Natürlich«, sagte er, »bring' sie gleich her. Ich nehme sie sofort dran!

So geschah es. Dr. Kaute diagnostizierte bei Frau Hoeppner einen enormen Kräfteverfall und hohe Auszehrung. Sofort gab er Anweisung, sie aufzunehmen und in das letzte noch freie Patientenzimmer im Dachgeschoss zu legen. Obwohl ich sofort mein Zimmer anbot, wurde Frau Hoeppner dort untergebracht. Sie hatte Schreckliches erlebt. Die SS hatte sie im KZ Ravensbrück eingesperrt, und dort war sie bis zum Kriegsende geblieben, zuletzt in einer Dunkelzelle im Keller. Als die Russen kamen, lösten die Aufseherinnen das KZ auf. In langen Zügen zogen die Häftlinge, die nun befreit waren, davon. Und genauso ihre Bewacher. Sie waren schon ein ganzes Ende von Ravensbrück entfernt, als einer Aufseherin einfiel, dass man ja »die Hoeppner« in der Dunkelzelle vergessen habe. Und diese Frau musste so etwas wie ein Herz gehabt haben. Denn sie rannte zurück und befreite die arme Frau aus ihrem dunklen Verlies, ehe sie sich wieder auf den Weg machte. Frau Hoeppner wäre in ihrer Zelle verhungert, hätte diese KZ-Aufseherin nicht ein Gewissen gehabt!

Noch am gleichen Tag schrieb sie einen Brief an ihren Vater, den der Sanatoriumschauffeur am nächsten Tag mitnahm. Sie blieb etwa zehn Tage, und sie erholte sich sichtlich. Nach einem bewegenden Abschied fuhr sie nach Berlin zurück. Ich war glücklich, dass ich ihr in einer schweren Zeit ihres Lebens hatte helfen können. Später hörten wie, dass sie auch ihren Sohn wiederfand, der Festungshaft erhalten hatte, und auch ihre Enkelkinder, die lange als verschollen gegolten hatten.

Am 19. Juli, mein Kind war immer noch nicht da, erschien eine russische Kommission in Seilershof und verlangte die Räumung. Die Klinik wurde beschlagnahmt. Nichts hatte es

Dr. Kaute genützt, dass er sich immer wieder um gute Beziehungen zur sowjetischen Besatzungsmacht bemüht und mit seiner Frau beim Kommandanten gespeist hatte. Wertlos waren alle Zusagen der Kommandantura. Die Kommission gab dem Arzt fünf Tage Zeit, die Klinik zu räumen. Dann würde die Rote Armee hier ein Lazarett für Geschlechtskrankheiten einrichten.

Noch einmal wagte sich Dr. Kaute zu den allerhöchsten Befehlshabern. Umsonst. Breites Grinsen, große Freundschaft zu »Doktor« – aber räumen! Es wurde uns klar, als ein russischer Lastwagen um das Rondell der Klinik fuhr und vor dem Arzthaus anhielt. Mehrere russische Soldaten sprangen ab. Sie hatten den Befehl, uns bei der Räumung zu »helfen«. Alle packte lähmendes Entsetzen.

Viola, unser »Dickerchen«

Also wieder zurück nach Wentow. Dieses Mal waren dort mehr Patienten als damals. Ob ich wohl wieder mein Zimmer mit der Kastanie vor dem Fenster bekäme? Ich war völlig deprimiert.

Am nächsten Morgen wurde gepackt. Betten, Matratzen, Schränke, die Geräte aus dem Operationssaal. Alles wurde wieder auf Lkw und Leiterwagen verladen. Ein russischer Oberst beaufsichtigte das Ganze und bot dem Arzt Schnaps an. Drei Tage vergingen so mit Auflösen und Einpacken – bei größter Hitze, denn seit Tagen hatten wir Höchsttemperaturen von über 30 Grad. Es war ein hektisches Hin und Her zwischen Seilershof und Schloss Wentow. Endlich, am 25. Juli – hatten wir es geschafft. Nun gab es für uns nichts weiter zu tun, als noch einmal einen wehmütigen Blick zurück auf unsere schöne Klinik zu werfen.

Den ganzen Tag über hatte ich mich schlecht gefühlt, ständig leise Wehen und ein grässliches Schwindelgefühl. Vielleicht war daran nur das Treibhauswetter schuld? Wir hatten einen der bisher heißesten Sommertage. Ich sagte weder dem Arzt noch meiner Freundin etwas von den Wehen, die ich dauernd verspürte. Das fehlte noch, hier, mitten im Aufbruch, ein Kind zu bekommen! Auf dem Lastwagen musste ich stehen, da wir alle nur eng aneinander gedrängt Platz hatten. Ich hielt mich verzweifelt an einer Latte hinter dem Führerhaus fest. Dann ging es über die von den Russen platt gewalzte neue Straße durch die Felder. Es rumpelte und krachte. Ich wurde manchmal zur Seite, manchmal nach vorn geworfen. Mir war hundeelend. Wenn doch dieser Albtraum von Fahrt nur schon vorüber wäre!

Mein Sohn klammerte sich an mich. »'ne Gemeinheit, dass sie uns rausgeworfen haben!«, sagte er mit heller Knabenstimme.

»Pssst! Wirst du wohl ruhig sein! Die nehmen dich mit, wenn sie das hören!« Wir hatten immerhin einen Russen als Chauffeur. »Vielleicht versteht er Deutsch. Sei ganz still und lieb! Wir können es sowieso nicht ändern!«

Endlich hielten wir vor dem Schloss. Ich umarmte meine kleine Tochter, die in Wentow bei den Arztkindern geblieben war. »Haben wir noch immer kein Baby?«, fragte sie. Große Enttäuschung stand in den blauen Augen.

»Bald, bald«, sagte ich und versuchte eine Wehe zu unterdrücken. Wir gingen hinein, und wirklich bekam ich mein altes kleines Zimmer wieder. Der erste Blick galt »meiner« Kastanie. Sie trug kleine, grüne, stachelige Bällchen an allen Zweigen. Dann ging ich zu Gretel hinaus, die für uns zwei im Garten einen Tee organisiert hatte.

»Danke, das war großartig!«, sagte ich und setzte die Tasse auf die steinerne Balustrade der Terrasse. Tiefblau lag dort unten der See. Das Abendrot vergoldete die Blätter der Buchen und ließ ihre Stämme wie im Feuer aufglänzen.

Trotzdem konnte ich die herrliche Szene nicht genießen. »Ach Gott, ist mir schlecht!«, jammerte ich.

»Schmerzen?«, fragte Gretel.

Ich nickte. »Ich glaube, es werden doch Zwillinge. So unförmig, wie ich jetzt bin. Oder es wird überhaupt nie etwas. Das ist doch nicht normal?«, fragte ich verzweifelt.

Sie lächelte. »Raus muss es! Das ist die einzige Gewissheit, die man hat. Und doch ganz tröstlich, nicht? Was sagt denn Wilhelm?«

»Er hört nur Herztöne von einem Kind.«

Sie sah mich sonderbar an. »Die Natur liebt manchmal Überraschungen!«, meinte sie.

Es war kurz vor ein Uhr, als ich von einem wahnsinnigen Schmerz geweckt wurde. Ein Messer durchschnitt meinen Rücken und drehte sich dann in meinem Becken um. Jetzt wusste ich, dass es so weit war. Der nächste fürchterliche Schmerz schien mich zerreißen zu wollen. Ich wartete ab, bis er wieder nachließ, und schleppte mich auf den Gang, in dem eine Notbeleuchtung brannte und eine Ordensschwester Wache hielt.

»Mein Kind kommt, Schwester«, stammelte ich und taumelte ins Bett zurück. Beide Kinder waren aufgewacht und saßen schlaftrunken in ihren Betten. »Mami, was ist denn?«

»Unser Baby kommt!«, sagte ich. Dann warf mich eine weitere Wehe zurück in die Kissen.

Schon erschienen zwei Schwestern. Die eine nahm auf der Stelle meine Kinder in ihre Obhut und führte sie hinaus, die andere prüfte Blutdruck und Herztöne. »Alles in Ordnung«, sagte sie, »jetzt kann es losgehen!«

Von nun an hatte ich keine ruhige Minute mehr. Eine Wehe nach der anderen, vehement, fast unerträglich. Und Dr.

Kaute war ausgerechnet heute nicht im Haus! Er war ja zusammen mit Thesi in Seilershof geblieben, um an diesem Abend mit der russischen Ärztekommission die Formalitäten der Übergabe zu regeln. Außerdem war Sperrstunde. Zwischen achtzehn und sechs Uhr durfte kein Deutscher sich auf der Straße sehen lassen.

Schwester Tileberta, die mir beistand und der ich fast den Arm zerquetschte, wenn die nächste Wehe mich zu zerreißen drohte, schickte um vier Uhr einen beherzten Boten durch den Wald – immerhin vier Kilometer –, um dem Arzt zu melden, dass eine zweifellos schwere Geburt bevorstand. Eine qualvolle Nacht! Es gab ja nun keinen Kreißsaal, keinen OP mehr. Ich musste mein Kind hier auf einem ganz normalen Bett zur Welt bringen.

Gegen sechs Uhr früh öffnete sich die Tür und Dr. Kaute kam lächelnd herein. »Na, endlich!«, sagte er und begann seine Untersuchung. Trotz Sperrstunde war er gekommen.

Mittlerweile waren die Wehen verebbt, der Geburtsgang jedoch geöffnet, deshalb gab er mir Wehenspritzen. Dann fühlte ich einen furchtbaren Schmerz, als würde ich gevierteilt. In einer halben Ohnmacht hörte ich die sanfte Stimme von Schwester Tileberta: »Ein dickes kleines Mädchen!«

Ein ungeheures Gefühl der Erleichterung überfiel mich. Ein dickes, kleines Mädchen, hatte die Schwester gesagt. Ich kam langsam durch einen roten Nebel wieder ganz zu mir. Dr. Kaute nahm das Kind und legte es mir auf den Bauch.

Mich erfasste stürmische Liebe zu dem kleinen Wesen. »Viola!«, sagte ich.

Dann nahmen sie mir das Kind wieder fort und badeten es. Mit triumphierender Stimme verkündete die Schwester, die es wog: »4350 Gramm! 55 Zentimeter lang!«

Fast neun Pfund – ich fasste es nicht! Meine beiden anderen Kinder waren zierlich gewesen, nur sechs und sieben

Pfund schwer. Als die Schwestern das Kind anziehen wollten – ich hatte ihnen den Koffer mit den Babysachen gezeigt –, kam schon die nächste Überraschung. Sie probierten die erste Größe meiner selbst genähten Hemdchen aus Gardinenmull – alles war zu klein. Erst die Größe, die für ein drei Monate altes Kind gedacht war, passte meinem Riesenbaby. Sauber gebadet und gekleidet legten sie mir mein kleines Mädchen in den Arm. Erst dann durften die Geschwister kommen, denen es nicht entgangen war, dass ich einen einzigen furchtbaren Schrei ausgestoßen hatte. Sie sahen voller Staunen auf das rosige Paket in meinem Arm. Besonders die Händchen ihrer Schwester Viola hatten es ihnen angetan – drollige Patschhändchen mit runden Fettpolstern auf den Handrücken und sogar auf den einzelnen Fingergliedern. Eckart wollte dem Baby unbedingt seinen heiß geliebten Fellaffen in die Hand drücken. Und beide waren überzeugt, dies sei das hübscheste Baby, das bisher hier zur Welt gekommen war. In gewisser Beziehung stimmte das auch. Das Kind war ja nun fast drei Wochen übertragen, also bereits sehr entwickelt, mit langen, schwarzen Wimpern, runden Gliedern und einem hellblonden Schopf.

Den ganzen Tag hatten wir Besuch. Jeder wollte das »Dickerchen« sehen. Die Ordensschwestern, die in den vergangenen Monaten so viele kleine, zu früh geborene und halb verhungerte Kinder hatten sterben sehen und unter den Fliederbüschen begraben müssen, kamen alle, um das »Wunderkind« zu betrachten. Sie brachten ein bereits sechs Wochen altes Baby herein, um es an der neugeborenen Viola zu messen. Kein Unterschied. Mein Kind war genauso groß. Und viel rosiger. Ich war ja so glücklich!

Nur von Klaus erhielt ich überhaupt keine Nachricht. Natürlich schrieb ich sofort einen Brief, in dem ich ihm die Ankunft seiner Tochter Viola mitteilte. Und dann wartete ich, Tag für Tag. Nichts! Zweimal schon war das Sanatoriumsauto hergekommen, hatte Patienten abgeholt und war wieder weggefahren. Nichts! Ich stand langsam auf. Ging ein paar Schritte auf dem Korridor entlang, sah aus dem Fenster und ging wieder zurück.

Endlich, am zehnten Tag nach der Geburt, kam mein Mann mit dem Sanatoriumsauto. Etwas verlegen betrachtete er das »Neun-Pfund-Paket«, das ihn total ignorierte. Dann erzählte er von einer Wohnung in einer alten Wannsee-Villa, die von einer Luftmine getroffen worden war, aber ihm irgendwie bewohnbar erschien, und in der drei Räume vom Wohnungsamt bewilligt worden waren.

»Jugendstil!«, sagte er. »Du wirst vielleicht entsetzt sein.«

»Nimm es, um Gottes willen, Klaus! Wir haben keine Zeit mehr. Hier herrscht völlige Auflösung, siehst du das denn nicht? Hier kann ich bestimmt nicht länger bleiben. Sie brauchen jetzt jede Ecke!«

Er versprach zuzugreifen. Wir verabschiedeten uns in der Hoffnung, dass ich vielleicht schon zu meinem Geburtstag am 12. August in Berlin sein könnte. Klaus fuhr ab, und ich war wieder allein mit nun drei Kindern. Das Baby musste oben bei mir im Zimmer bleiben. Das bedeutete, dass es, wie alle Neugeborenen, Nacht für Nacht ein lautes Protestgeschrei anstimmte, und zwar pünktlich um zwei Uhr morgens. Dann waren die vier Stunden Pause zwischen den Fläschchen um, und das energische kleine Fräulein protestierte. Mit seiner markerschütternden Stimme vertrieb es mir den Schlaf.

Sofort begannen die Vorbereitungen für die Rückkehr nach Berlin. Am 9. August kam das Sanatoriumsauto.

»Schnell, schnell, deine Kinder können mit!«, rief Thesi. Ich hatte ja schon längst alles gepackt – das Wenige, das die Kinder noch besaßen. Und so wurden sie verladen, hinten auf der Pritsche unter der Plane, die hermetisch geschlossen wurde wie die Falltür eines Verlieses. Ich hatte ein furchtbares Gefühl in der Magengegend. Hoffentlich würde alles gut gehen!

Ich sah dem Wagen lange nach. Dann kehrte ich auf mein Zimmer zurück, zutiefst deprimiert. In genau drei Tagen hatte ich Geburtstag. Es war vereinbart, dass mein Mann die beiden Kinder aus dem West-Sanatorium in der Joachimsthaler Straße abholen sollte. Das Telefon funktionierte noch nicht wieder. Wie würde man ihn benachrichtigen? Ich zermarterte mir den Kopf. Immerhin waren sie, wenn sie heil ankamen, im Sanatorium in Sicherheit. Dort würde man sie gut aufnehmen. Schließlich waren beide dort geboren worden, und es war bekannt, dass ich eine Freundin des Chefarztes und seiner Frau war. Nur die achtzig Kilometer durch die besetzte Zone mussten sie hinter sich bringen. In Berlin war dann ja alles gut.

Die Stadt war inzwischen von den Alliierten besetzt und in vier Sektoren aufgeteilt worden. Das West-Sanatorium lag im britischen Sektor, und Wannsee war jetzt amerikanisch.

Am 12. August, meinem Geburtstag, brachte mir mein kleinstes Kind, Viola, ein winziges Blumensträußchen. Eine Ordensschwester hatte dem Baby ein Sträußchen auf das Jäckchen gesteckt, als sie es mir frisch gebadet überreichte. Das Kind sah mich aus tiefdunkelblauen Augen an und war überaus friedlich. Der Geburtstag begann als schöner Tag. Ich stand auf und zog mich an. Dann ging ich auf den Gang hinaus. Alle wünschten mir Glück. Ich konnte es gebrauchen. Was jetzt in Berlin auf mich zukam, war ein neuer Lebensabschnitt unter völlig veränderten Umständen: Hunger und Kälte würde ich zu ertragen haben. Das war vorhersehbar, und darüber machte ich mir keinerlei Illusionen.

Aber wie sollte ich das Kind durchbringen? Nähren konnte ich es nicht. Also blieb nur die Halbmilch, das heißt halb

Reisschleim, halb Kuhmilch. Würde es das in Berlin geben, wo richtige Milch zu einer Rarität geworden sein sollte? Wo es nur ein Ersatzprodukt gab, das die Berliner »Blausäure« nannten. Aber ich gab mich keinen fatalistischen Gedanken hin. Ich würde es schon schaffen. Ich musste es schaffen! Ein neues Leben mit einem Mann, der keinen Beruf hatte, und drei Kindern wartete auf mich. Trotz allem war ich optimistisch.

Am Mittag, als noch immer weit und breit kein Transportfahrzeug zu sehen war, wurde ich sehr traurig. Jetzt gab ich fast die Hoffnung auf, an diesem Tag noch nach Berlin zu kommen. Ich war reisefertig. Der Babykoffer für Viola und daneben der Seesack meines Mannes mit meinen letzten Besitztümern, der Daunendecke und ein paar Kleidern, standen bereit. Ganz zum Schluss hatten mir noch Patientinnen, deren Babys hier gestorben waren, Jäckchen und Windeln geschenkt, und eine Ordensschwester packte mir noch einen riesigen Haufen Zellstoff oben auf den Koffer.

Da kam plötzlich Thesi und rief aufgeregt: »Beeil dich, das Kartoffelauto ist da! Du kannst mit nach Berlin!«

Jetzt ging alles blitzschnell. Ich verabschiedete mich ringsum. Weinend und lachend zugleich fiel ich Dr. Kaute und Thesi in die Arme. Dann ergriff ich das Kopfkissen, das die Schwester mir überreichte. Darin lag in einer Kuhle mein Kind, Viola, siebzehn Tage alt. Und dann wurde ich auf den Sitz neben dem Fahrer des Kartoffelautos geschoben. Der Koffer wurde nach hinten geworfen und der Seesack zwischen die Kartoffelsäcke. Dann schloss man die Tür, die nur noch an einer Angel hing und kein Schloss mehr hatte. Ich bemerkte, dass die rechte Tür, die man nur mit dem Eisendraht festgezurrt hatte, einen großartigen Ausblick nach unten auf unsere Fahrstraße gestattete. Unter mir sah ich die Landstraße, den Staub, den Dreck. Das alles glitt die ganzen achtzig Kilometer unter mir hinweg. Der Lastwagen holperte und ratterte, aber wir kamen voran.

Sechs Monate allerengster menschlicher Gemeinschaft, wie sie nur die Nähe von Gefahr und Tod schließen können, ließ ich hinter mir zurück. Vor mir lag eine ungewisse Zukunft. Mein Mann ohne Arbeit, die beiden Kinder, die irgendwie wieder zur Schule mussten, wenn es eine gab, das »Dickerchen« mit dem unmäßigen Appetit auf meinem Schoß … bange Fragen während der eintönigen Fahrt durch das Gebiet der Mark Brandenburg. Überall trafen wir auf Sperren der Roten Armee, die nach allem fragten, nach Dokumenten, woraufhin wir jedes Mal wieder Pass, Sanatoriumsausweis, »Propusk«, den russischen Passierschein, vorzeigen mussten. Dazu gab es ständig Befragungen. Die Fahrt erschien mir endlos. Das Schlimmste, war, dass wir auch noch in eine »Räuberfalle« gerieten! Das gab es auch, illegal natürlich, die russische Kommandantura hätte kurzen Prozess mit ihnen gemacht.

Die Banditen rissen meinen Koffer mit den Babysachen von der Ladefläche. In einer mir unverständlichen Sprache zankten sie sich um den Koffer. Sie rissen ihn hin und her. Ich flehte sie an, ihn mir zurückzugeben. Ich zeigte mit dem Finger auf das Neugeborene. Ich weinte. Schließlich warf einer der Burschen den Koffer wieder neben die Kartoffelsäcke. Den Seesack hatten sie zum Glück nicht entdeckt.

Wir konnten weiterfahren. Ich war völlig aufgelöst vor Aufregung. Das Bild, das uns die ganze Fahrt begleitete, war immer das Gleiche: Flüchtlinge mit ihrer letzten, bescheidenen Habe auf kleinen Rollwagen, die Kinder oben draufgebunden, damit sie nicht herunterfielen, wenn sie einschliefen. Erwachsene mit stumpfen, vom Hunger gezeichneten Gesichtern, Hoffnungslosigkeit in den trüben Augen. Zum ersten Mal sah ich vor mir das ganze Elend dieser Nachkriegstage. »Frieden« wurde diese Zeit genannt! Zerstörte Häuser, aus denen noch die letzten Bettstellen geplündert worden waren. Überall voll bepackte Leiterwägelchen mit dem Wenigen, das die Bomben verschont hatten.

Bange Gedanken erfüllten mich. Immer wieder fiel mein Blick auf das kleine Bündel, das ich in dem Kopfkissen auf meinem Schoß hielt. Jetzt näherte sich der klapperige Lastwagen, ein alter Renault, der Stadtgrenze Berlins. Mein Gott, wie sah die Stadt aus! Nur Silhouetten von Ruinen. Schornsteine, die wie Totenfinger in den Himmel ragten. Ich glaubte meinen Augen nicht zu trauen. Eine Totenstadt! Die Stadtgrenze: Berlin-Frohnau stand da auf einem Schild, und darüber wehte die französische Trikolore. Blau-Weiß-Rot – in diesem Moment die schönsten Farben, die ich mir vorstellen konnte. Hinter mir lagen Russenzone, Angst, Alleinsein, Verzweiflung und Schmerzen. Vor mir wehte die Trikolore, das Symbol der Freiheit! Sie bauschte sich im Sommerwind.

Ich war wieder zu Hause, aber ringsum war nur noch grauer Schutt. Trümmerfrauen, für mich ein neuer Begriff, den mir der Lastwagenfahrer erläuterte, in grauen Wehrmachtshosen, Blusen und Kopftüchern, trugen Stein für Stein die Schutthaufen ab. Warum taten sie das? Um die Schwerarbeiterkarte zu bekommen. Alles neu für mich. Dann bogen wir in die Joachimsthaler Straße ein, die gleichfalls ein Bild der ausgebrannten Verwüstung war. Aber da stand es noch: Das West-Sanatorium! Angeschlagen zwar und nicht mehr so schön anzusehen wie früher, aber heil bis zum Dach.

Der Fahrer machte den Draht los, der die Tür hielt, und hob mich vom Sitz. Dann ging ich auf wackligen Beinen mit meinem Baby auf die Pforte zu. Dort saß, wie gewohnt, die Ordensschwester Vivenzia und strahlte über das ganze Gesicht. In der Halle hing doch tatsächlich noch immer der hohe venezianische Spiegel über dem Kamin aus Carrara-

Marmor. Ich musste nicht lange warten, bis Klaus kam. Es hatte also wirklich geklappt mit dem Abholen. Ich verabschiedete mich, Babykoffer und Seesack wurden auf einen kleinen Rutscher verladen und festgebunden. Ein Rutscher war damals das Taxi der Besitzlosen. Es bestand aus einer Holzplatte, unter die vier ehemalige Rollschuhräder montiert waren – eine ebenso einfache wie sinnvolle Lösung. An diesem Rutscher war eine Strippe befestigt, an der Klaus die Fuhre hinter sich herzog, während ich ihm mit dem Baby auf dem Arm folgte. Meine erste Frage war natürlich, ob meine Kinder gut angekommen seien.

»Ja«, bestätigte er. »Ich hatte sie für die ersten zwei Tage erst einmal bei meinen Eltern untergebracht. Aber jetzt sind sie schon in unserer Wohnung und warten auf dich und das Baby. Wir wohnen schräg gegenüber von den Eltern. Ein einmaliger Glücksfall!«

Das fand ich auch, während ich hinter ihm her auf die U-Bahn-Station Spichernstraße zuging. Eine Wohnung in Wannsee. Das war fast zu schön, um wahr zu sein – egal, wie das Haus aussah. Es war ja von einer Luftmine schwer beschädigt worden, wie Klaus berichtet hatte. Aber es lag draußen am See und in guter Luft. Und selbst wenn nur ein paar Zimmer bewohnbar waren – es war sicher nicht so deprimierend wie irgendeine Behausung hier im Zentrum der Stadt. Es wäre sogar ein höchst vornehmes Haus, erzählte mir mein Mann, während wir mit der U-Bahn nach Zehlendorf fuhren, der unserem Domizil nächsten Station. Da die S-Bahn demontiert worden war, musste man nun versuchen, mit der U-Bahn möglichst nah an seine Wohnung heranzukommen.

Es war mörderisch heiß – einer jener Augusttage, die man am besten im Liegestuhl verbringt. Der Weg erschien mir endlos und wurde immer beschwerlicher. Schließlich hatte ich ja erst vor 17 Tagen eine schwere Geburt hinter mich gebracht. »Da! Das ist unser Haus!«, sagte Klaus plötzlich. Das Ziehen des schweren Gepäcks machte ihm sichtlich zu schaffen. Er wischte sich den Schweiß von der Stirn und wies nach rechts. Genau wie er gesagt hatte: eine Jugendstilvilla zwischen alten, hohen Bäumen. Sie hatte keine Fensterscheiben mehr, aber im ersten Stock stachen rote Gladiolen aus den glaslosen niedrigen Balkonfenstern.

»Da oben, siehst du es? Unser Salon!«, meinte Klaus und strahlte! Ich war begeistert. Wie romantisch sah das aus! Wir gingen auf die schmale, geschmiedete Gartentür zu. Ehe wir sie erreichten, wurde sie von innen geöffnet. Meine beiden Kinder sprangen heraus, selig, dass ich wieder da war. Sie wollten mir um den Hals fallen.

»Vorsichtig«, sagte ich, »zerdrückt mir Viola nicht!«

Ich gab Küsschen nach links und nach rechts. Dann zogen wir wie im Triumphzug durch den Garten. Ich war zu Hause. Endlich!

Drei Monate später starb der alte Professor Petersen an den Folgen der Ruhr. Seine Tochter Thesi überführte ihn zur Bestattung nach Berlin – mit dem Sanatoriumsauto, diesem mit einer Plane verschlossenen kleinen Lastwagen. Die Russen erlaubten keine Totentransporte. Also wurde »Öpchen« wie ein Kranker unter die Plane gebettet, und Thesi betete, dass keine russische Kontrolle etwa auf die Idee käme, den »Kranken« genauer anzusehen. Er wurde unter großer Anteilnahme all seiner Freunde in Berlin beerdigt. Ich war auch unter den Trauergästen. Es gab niemanden, der den noblen, klugen Professor nicht bewundert und geliebt hätte.

Dr. Wilhelm Kaute, dem es gelungen war, Ordensschwestern, Mütter und Kinder vor jedem fremden Zugriff zu bewahren, starb ein paar Jahre später an den Folgen eines Herz- und Leberleidens. Er verlöschte wie eine Kerze, die an beiden Enden gebrannt und sich damit zu schnell verzehrt hatte. Sein Freund, Professor Leixl, hatte es ihm prophezeit – damals, vor dem Kriegsende. Dr. Wilhelm Kaute wurde nur 49 Jahre alt. In den vergangenen Monaten war ich durch ein Inferno gegangen. Mir war klar, dass ich das Ganze ohne diesen Arzt und wundervollen Freund nicht so gut überstanden hätte. Ich werde ihn nie vergessen.

Ich beiß' mich schon alleine durch

nach 1945

Der erste Winter im Frieden

Wie still, wie ruhig es hier war. Eigentlich glaubte ich noch immer zu träumen. Der Albtraum der täglichen russischen Bedrohung, war das alles nun Vergangenheit? Hatten wir nun wirklich Frieden? Gedankenverloren sah ich über den glitzernden See. »Woran denkst du?«, fragte Klaus.

»An die Zukunft, wie soll es weitergehen? Wir sind jetzt fünf.« Die alte Angst würgte mich wieder.

Er sah mich forschend an. Nach einer Weile fragte er: »Hast du die Leica mitgebracht?«

Ich musste lächeln. »Aber ja, sie ist eines der wenigen Dinge, die ich retten konnte. Sie ist im Babykoffer versteckt.«

»Fabelhaft, vielleicht lässt sich damit etwas anfangen. Als Kameramann bei der Ufa – daraus wird ja wohl noch lange nichts werden …« Versonnen trank er seinen Tee. Dann stand er abrupt auf. »Nun komm aber erst mal, du hast ja noch nicht einmal unser herrliches Domizil besichtigt.«

Es war tatsächlich so etwas wie ein Märchenschloss, verwinkelt und romantisch. »Du musst doch wissen, wie hier dein Reich aussieht«, sagte mein Mann, während wir aus der Tür traten. »Es ist etwas kompliziert, weil es außer uns noch einige Einweisungen vom Wohnungsamt gegeben hat. Ich werde dir zeigen, auf welche Räume wir Anspruch haben.«

Ich folgte ihm ins Treppenhaus. »Dort rechts die schmale Tür, die man fast nicht sieht, da wohnt das alte Fräulein. So jedenfalls nennt man sie hier. Sie ist Schneiderin, vielleicht kann das ganz nützlich sein mit unseren drei Kindern. Sie bewohnt das große Erkerzimmer neben uns. Außerdem wohnen ein paar merkwürdige Leute im zweiten Stock. Na ja, das alte Fräulein passt gut auf. Sie kennt den ehemaligen Besitzer, der sein Haus in völlig überstürzter Flucht verlassen haben muss. Alle diese antiken Möbel sind voll mit altem Silber und wundervollem Porzellan. Sie haben nichts mitgenommen.«

Wir stiegen die prächtig geschwungene Eichentreppe hinauf. »Hier ist das Zimmer deiner Kinder.« Wie ich sah, herrschte dort bereits die fröhliche Unordnung, die mir so vertraut war. Es war ein hübsches Zimmer mit hohen, neugotischen Fenstern zum Wannsee, und es standen sogar Stockbetten aus Wehrmachtsbeständen darin. Die Kinder fanden es lustig, hinauf- und hinunterzuklettern. Von draußen klang Vogelgezwitscher herein, und ich war glücklich.

»Und hier kommt nun dein Reich, die Küche.« Ich sah einen riesigen Raum, fast eine Gutsküche, in der sich sogar noch ein großer Kohleherd befand, was unser Glück war. Denn der recht moderne Gasherd war einstweilen wertlos, da alle Gasleitungen zerstört waren. Wo wir allerdings Kohlen und Holz herkriegen sollten, war mir noch ein Rätsel.

»So, und nun musst du auch noch in den Turm. Ich habe mir da oben eine Dunkelkammer eingerichtet, obwohl ich nicht wusste, ob du die Leica hast retten können.«

Ich stieg mit ihm über das zweite Stockwerk hinaus in den so genannten Turm. Da gab es tatsächlich eine Dachkammer, in der er ein paar alte Tische standen. Neben dem Wasserausguss standen ein paar flache Schalen. Klaus hatte seinen Vergrößerungsapparat ebenfalls bereits aufgestellt. Er konnte eigentlich jederzeit mit der Arbeit beginnen – die Frage war nur: Wer brauchte in dieser Zeit schon einen Fotografen?

Der Rundgang war beendet. Uta und Eckart schliefen schon, das Baby hatte sein Fläschchen bekommen, wir tranken noch einmal Tee auf dem kleinen Balkon und dabei wurde mir wieder bewusst, dass ich heute Geburtstag hatte.

Im letzten Licht der Sonne, die über dem See versank, ging dieser Tag friedlich zu Ende.

In Berlin herrschte Chaos! Die hygienischen Verhältnisse waren völlig unzulänglich, es gab kein Wasser, keinen Strom, und so breiteten sich Infektionserkrankungen aus, insbesondere die Ruhr. Ausgerechnet bei unserem erst sechs Wochen alten Kind brach diese Erkrankung zuerst aus. Unser kleines Mädchen verfiel zusehends. Es jammerte herzzerreißend, behielt keine Nahrung mehr bei sich, und der Stuhl war nur noch eine gelbe Flüssigkeit. Innerhalb kürzester Zeit wurde sie völlig kraftlos. Ich bekam es mit der Angst zu tun.

Als mein Sohn meine Ratlosigkeit spürte, fragte er ganz vorsichtig: »Mama, wird das Baby sterben? Warum holst du nicht den Arzt, der bei Hofmanns im Garten wohnt?«

»Was, ein Arzt, bei Hofmanns?«

Er nickte nur und legte den Finger auf den Mund.

Wie immer wusste er alles, was in der Nachbarschaft passierte. Mein Mann entschloss sich, dem Gerücht nachzugehen. Er lief durch die hinteren Gärten bis zum Haus unserer Freunde. Es war nicht ungefährlich um diese Zeit, denn nach 20 Uhr war Sperrstunde und er durfte sich von keiner alliierten Patrouille erwischen lassen. Es dauerte lange, bis er wiederkam. Der Sturm pfiff um das Haus, die Bäume bogen sich und peitschten ihre langen Äste an unsere zerstörten Fenster.

Da, endlich hörte ich das vereinbarte Klopfzeichen an der rückwärtigen Verandatür. Klaus stand da, gefolgt von einem Fremden. Mein Sohn hatte wohl tatsächlich Recht – es war ein Arzt. Er hatte ein schmales, hageres Gesicht und einen etwas ängstlichen Gesichtsausdruck.

»Wo ist das Kind?«, fragte er leise. »Bitte kein Licht.«

Er folgte uns die Treppe hinauf. Schnell wickelte er das Kind aus und untersuchte es. Dann sah er auf: »Es ist sehr krank. Haben Sie Sulfonamide im Haus?«

»Sulfonamide? Ich glaube nein. Aber kommen Sie bitte mal mit, im Bad ist die Hausapotheke des ehemaligen Besitzers.«

Er fand tatsächlich ein geeignetes Medikament. Nachdem er mir Anweisungen gegeben hatte, wie ich dieses Mittel meiner kleinen Tochter verabreichen sollte, verschwand er lautlos über die Treppe hinunter in den Garten und war schnell zwischen den dunklen Bäumen verschwunden. Wahrscheinlich war er ein Nazi, der sich vor den Alliierten hüten musste. Aber meinem Kind hat er geholfen.

Nie werde ich seine Worte vergessen: »Wenn Ihre Kleine diese Nacht übersteht, wird sie wieder gesund.«

Viola überlebte. Sie nahm bald wieder normale Babynahrung zu sich, jedenfalls das, was man drei Monate nach dem Krieg als normale Babynahrung ansah, nämlich mit Roggenschleim angereicherte Halbmilch, die die Berliner, schnell bereit zu bissigem Witz, »Blausäure« getauft hatten. Sie wurde der Sonnenschein der Familie, ein stets zum Lachen bereites, drolliges Kind.

Eines Tages tauchte meine alte Haushälterin Else, die sieben Jahre bei uns gewesen war, wieder auf. Wie ich von ihr erfuhr, war sie mehrmals vergewaltigt worden. Mich schauderte es.

Ich nahm die Ärmste an die Hand und fuhr mit ihr nach Nikolassee ins Krankenhaus. Else blieb dort, zwar weinend, aber doch zufrieden, dass sie nun Hilfe bekam. Wochen später erschien sie im Garten, rotwangig, gesund und mit einer amtlich beglaubigten Arbeitsgenehmigung. Sie bekam den komplizierten Haushalt in unserer altmodischen, aber schönen Villa bald in den Griff. Ich erhielt dadurch mehr und mehr Freiheit, mit Klaus zu arbeiten, z.B. Fotos zu retuschieren, und so kamen wir über die Runden.

1945/46 – der erste Winter im Frieden, das hörte sich gut an, bedeutete aber für uns Kälte, Hunger und Dunkelheit. Mit viel Fantasie und Geduld bewältigten wir den Alltag, doch schon bald kam eine neue Belastung auf uns zu: Alle drei Kinder erkrankten an Röteln und schließlich auch mein Mann.

Dann ging auch noch unser Kohle- und Holzvorrat zur Neige, und so musste ich nach einer Lösung suchen. Mir kam die Idee, ein paar Bäume im Garten schlagen zu lassen. Schließlich fand ich zwei Männer, die mir drei Kiefern fällten. Wie aber nun die dicken Stämme in handliche Stücke zerkleinern? Zum Glück war Eckart schon wieder auf den Beinen und sofort bereit, mir zu helfen. Da stand ich nun stundenlang in bitterer Kälte und sägte mit meinem achtjährigen Sohn aus dicken Stämmen Feuerholz. Die feuchten Kloben qualmten furchtbar beim Heizen, aber ein bisschen Wärme erzeugten sie doch.

Manchmal wurde öffentlich ein Zentner Kohle angeboten. Dann bildeten sich umgehend endlose Schlangen vor den Ausgabestellen, aber es war stets ein Festtag.

Eines Tages wurde mir ein Brief überbracht – endlich ein Lebenszeichen von meinen Eltern. Mein Vater hatte Gott sei Dank nur eine schwere Fußverletzung erlitten und lag im Lazarett in Fulda. Meine Mutter war bei ihm, und nach seiner Wiederherstellung wollten sie zu meinem Bruder nach Reutlingen ziehen, denn in Berlin hatten sie alles verloren. Ich war glücklich, dass Werner in der Lage war, sie bei sich aufzunehmen.

Die Post wird wieder befördert

Klaus war es mittlerweile gelungen, gemeinsam mit einem bekannten Kameramann der Ufa, Reimar Kunze, ein fotografisches Atelier zu eröffnen. Nach wenigen Monaten lief das Geschäft so gut, dass ich sogar schon mitarbeiten musste. Wir verdienten tatsächlich Geld. Es machte viel Freude. Und doch war es zum Verrücktwerden: Wir hatten zwar Geld, aber trotzdem nichts zu beißen; denn man bekam nur das, was es auf Marken gab. Und das war zum Sterben zu viel und zum Leben zu wenig.

Das erste Jahr im Frieden war nun vergangen, es hatte sich noch nicht viel geändert, aber es wurde doch alles ein wenig besser. Wir gingen schon wieder ins Theater und in Konzerte, hatten etwas mehr Kohlen und Kartoffeln, und es war uns tatsächlich gelungen, neue Schuhe für die Kinder zu bekommen. Die Post wurde auch wieder befördert und ausgetragen und so schrieb ich meinen Eltern und meinem Bruder Briefe in der Hoffnung, dass diese sie auch erreichen würden. Aus den vielen, von meiner Mutter sorgfältig aufbewahrten Briefen aus den ersten zwei Nachkriegsjahren in Berlin, sollen die beiden Weihnachtsbriefe 1945 und 1946 an dieser Stelle abgedruckt werden. Sie sprechen für sich.

Wannsee, 14.12.45

Liebe Mutti und lieber Vater,
für Eure beiden Briefe danke ich Euch sehr. Nun weiß ich doch ungefähr, wie es Dir, Vater, dort ergeht und womit Du Dich beschäftigst, und aus Muttis Brief erfuhr ich, wie es Werner, Inge und dem kleinen Horst geht. Es hat mich alles sehr erfreut, nun weiß ich doch, dass es uns allen einigermaßen gut geht. Wieviel schlimmer hätte es noch kommen können! Nun bereitet mir Eure Zukunft große Sorgen! Ich würde Euch

dringend raten, nicht nach Berlin zu kommen, obgleich ich es mir an sich sehr wünschen würde. Am besten wäre es, in der englischen Zone zu bleiben, aber wo? Aus Deinem Brief, Vater, entnahm ich ferner, dass du scheinbar deine gesamte Garderobe verloren hast. Ich habe sofort die Bestände gesichtet, denn gerade das haben wir alles gerettet, und ich habe einiges für dich liegen. Mein Schneider würde Dir die entsprechenden Änderungen machen. Ein Wintermantel ist dabei! Wenn Ihr doch kommen solltet, nehmt kein Gepäck mit, – es ist besser, damit zu warten, es sei denn, Ihr könntet mit amerikanischem oder englischem Lkw oder mit dem Güterzug reisen. Reutlingen oder Hamburg halte ich trotz allem für besser! Die Wohnverhältnisse sind hier auch äußerst schwierig!

Von uns ist eigentlich nur Gutes zu berichten! Den Kindern geht es prächtig, abgesehen von kleinen Frostbeulen bei Eckart – kein Wunder in diesem vollkommen eiskalten Haus (6° in den Innenräumen bei 3° draußen, nur im Wohnzimmer schwache 17°–18°) und Bronchitis und Schwerhörigkeit bei Uta, – im Allgemeinen kann man bei solchen Umständen ganz zufrieden sein. Ich zähle die Tage bis März, heute noch 76, jeden Morgen wird einer abgezogen. Hoffentlich schaffen wir es ohne zu große Schäden. 2 Wasserrohrbrüche hatten wir auch schon, im Augenblick sitzen wir restlos ohne Wasser, da wir noch auf Riefenstahls Monteur warten. Heizmaterial ist auch ein grässliches Problem, unsere 2 cbm Holz schwinden dahin wie Butter an der Sonne, nächstens fällen wir eine Kiefer im Garten! Und da wir 2x am Tag Kartoffeln essen, wird auch diese Frage spätestens im Januar akut! Das sind so die täglichen Sorgen! Aber Klaus hat nach wie vor rasend zu tun, kann manche Nächte gar nicht schlafen gehen, so schlimm ist es! Wir hoffen sehr auf ruhige Tage zu Weihnachten. Daher ruhen alle Vorbereitungen auf mir, bis jetzt habe ich mit

Mühe erst mal Kerzen ergattert, aber noch keinen Baum (aber den werden wir uns schon noch aus dem Wald holen!), leider gar keinen Schmuck dafür. Auch mit Geschenken sieht es nicht üppig aus, – wenn ich nicht einige sehr hübsche Kleidungsstücke für die Kinder hätte machen lassen, wäre es doch ein unterbesetzter Weihnachtstisch. Ein paar Bücher und Ausschneidebogen konnte ich auftreiben, – natürlich werden die Puppe, der Affe und der Teddybär neu eingekleidet. Klaus bekommt einen alten Berliner Stich – eine große Seltenheit jetzt – und ein Feuerzeug (auch selten!). Ich allein wohl aus Zeitmangel gar nichts. Mit gleicher Post sende ich Euch »eingeschrieben« ein Päckchen mit Weihnachtsknabberei! Lasst es Euch gut schmecken! Verlebt schöne, ruhige Weihnachtstage und seid herzlich gegrüßt von Eurer Ilse, Klaus und Kindern.
P.S. Eckart schreibt selbst. Schade, dass der Brief nach Heidelberg und auch nach Reutlingen nicht ankam. Es waren Fotos von uns darin!

Wannsee 17.12.1946

Liebe Mutti, lieber Vater, liebe Inge, lieber Werner!
Zum Weihnachtsfest sende ich Euch allen die herzlichsten Grüße. Leider können wir nun wieder nicht zusammen sein und noch immer sehe ich keine Gelegenheit, dass dies für uns möglich wäre. Es ist wirklich sehr traurig.
Hier ist man der Meinung, dass vor 1948 überhaupt nicht mit einem Friedensvertrag zu rechnen sei, ebenso wenig, wie man an die Öffnung der Zonengrenze glaubt.
Euren drei Enkelkindern geht es jedoch gut. Viola blüht und gedeiht und ist immer guter Dinge. Im Mai haben wir sie taufen lassen. Schade, dass Ihr alle nicht dabei sein konntet!
Wir hatten mit meinen Schwiegereltern und Freunden ein schönes Fest. Jeder hat etwas dazu beigetragen.
Eckart hat die Aufnahmeprüfung fürs Gymnasium bestanden

und nun hoffen wir, dass er die Schule erfolgreich durchläuft. Ihr würdet ihn nicht wiedererkennen, so groß ist er geworden.
Uta macht uns auch sehr viel Freude. Sie ist mittlerweile auch schon eine eifrige Schülerin und kümmert sich ganz liebevoll um Viola.
Ihr glaubt gar nicht, wie traurig ich bin, dass Ihr die Kinder nicht mehr sehen könnt.
Seit zehn Tagen haben wir täglich etwa zehn Grad minus. Jetzt im Winter ist die Hungersnot in Berlin wieder schlimmer geworden, da aber unser Geschäft gut läuft, können wir schon mal etwas auf dem Schwarzmarkt organisieren.
Von Leni weiß ich, dass sie nun in Kitzbühel lebt und, soviel ich gehört habe, rehabilitiert wurde.
In der Hoffnung, dass bei Euch alles etwas leichter ist, wünsche ich Euch ein paar schöne Festtage!
Herzlichst Eure Ilse
P.S. Anbei ein paar Fotos von den Kindern

Ein Kilo Orangen überzeugt mich nicht

Die Beziehung zwischen den Siegermächten USA und Sowjetunion drohte in offene Feindseligkeit umzuschlagen. Berlin war das Faustpfand der Russen. Es wurde einfach abgeschnürt wie eine Insel. Im Juni 1948 kam es zur Berliner Blockade durch die Sowjets. Zur Versorgung der Stadt wenigstens mit dem Nötigsten richteten die Westalliierten eine Luftbrücke ein. Trotz der Umklammerung durch die Rote Armee gelang es einigen unserer Freunde, aus Berlin herauszukommen. Es gab in Deutschland doch einige Städte, die nicht so stark zerstört waren und in denen das tägliche Leben weniger beschwerlich war.

Eines Abends kam Klaus nach Hause, und ich spürte, dass etwas in der Luft lag. Nach einer Weile sagte er: »Wir müssen hier fort, ehe es zu spät ist. Wir müssen unbedingt in den Westen.« Damit meinte er nicht nur in den Westen Deutschlands, sondern ins Saarland, da dieses Gebiet einen Sonderstatus hatte und mit französischer Hilfe wirtschaftlich schon seine erste Blüte erlebte. »Ein großer Verlag will eine Saarländer Illustrierte gründen«, erzählte Klaus weiter, »und ich soll Cheffotograf werden.«

Ich schluckte erst einmal. Dann erzählte ich ihm, dass eine holländische Freundin, die mit dem Geschäftsführer von British Press Control verlobt war, mir eine Vertretung ihrer Presseagentur für Westdeutschland angeboten hatte. Die Agentur vertrieb Pressefotos aus den USA, die sie laufend erhielt. Die Fotos stammten hauptsächlich von »Black Star«, einer großen New Yorker Bildagentur.

Klaus war jedoch der Auffassung, dass es wohl besser wäre, ins Saarland zu gehen. Er bekam eine Ausreisebewilligung und fuhr nach Saarbrücken. Einige Tage später kam er mit einem Kilo Orangen zurück. Solche Früchte hatten wir seit Jahren nicht mehr gesehen. Die Orangen überzeugten mich davon, dass nun wirklich Aussicht auf eine bessere Zukunft bestand – von der Notwendigkeit eines Umzugs nach Saarbrücken überzeugten sie mich nicht.

Das Presseprojekt ließ sich gut an, und vier Wochen später erhielt ich meinen Interzonenpass, dieses dreigefaltete kostbare Stück Papier, das mir nun nach zweijährigem Eingeschlossensein in Berlin das Tor in das andere Deutschland öffnen sollte. In dieses freie Deutschland, in dem meine Eltern und mein Bruder lebten, wollte ich nun reisen und bei dieser Gelegenheit Uta, die Tbc-gefährdet war, in ein Alpen-Kinderheim bringen. Doch wie man immer wieder hörte, war die Reise in den Westen mit Schwierigkeiten verbunden.

Nachdem ich mir viele Augenzeugenberichte angehört hatte, war der »Schlachtplan« klar. So fand ich mich eines Morgens um zehn Uhr mit Uta am Bahnhof Zoo ein, von dem der Interzonenzug um 14.30 Uhr abfahren sollte. Schon jetzt wartete eine unüberschaubare Menge in dem dunklen, feuchten Tunnel, der mit einer eisernen Schranke von der S-Bahn abgetrennt war. Ich versuchte, mithilfe eines ärztlichen Attests beim zweiten Eingang »Mutter und Kind« Platz zu finden, wurde aber zurückgewiesen, weil Uta schon acht Jahre alt war. Es war bekannt, dass etwa dreimal so viel Karten ausgegeben wurden, als Sitzplätze vorhanden waren, und deshalb hatten sich einige Reisende wohl schon um sieben Uhr früh angestellt. Denn der Kampf um die Plätze galt als Abenteuer für harte Naturen. Es half nichts, wir mussten in den kalten und feuchten Tunnel. Wir passierten die Sperre, reihten uns ein, und nun begann das Warten. Da es zu dunkel war, um lesen zu können, blieb uns nichts anderes übrig als stumpfsinnig auf unseren Koffern zu hocken und zu warten. Quälend langsam schlichen die Stunden dahin. Zweimal erschienen Freunde, die um die Strapazen einer solchen Reise wussten, und reichten mir über das Gitter Kaffee und Obst. Plötzlich sah ich, wie weiter vorn in der Schlange ein Kind über die Köpfe der Wartenden nach oben schwebte, um oben im Licht an der Sperre zu warten. Das Beispiel machte schnell Schule, und bald wurde ein Kind nach dem anderen über die Treppe nach oben durchgereicht. Sofort bat ich die vor mir Stehenden, auch meine Tochter nach oben in die frische Luft zu befördern, und bald wanderte sie, von kräftigen Männerhänden gestützt, über die Schlange der Wartenden hinweg nach oben.

Vielleicht war das ihre Rettung. Denn als es eine halbe Stunde später hieß, nun werde die obere Sperre geöffnet, ging ein Ruck durch die Menge. Jeder griff nach seinem Gepäck und drängte nach vorn. Verzweifelt versuchte ich, meine hundert Pfund dagegenzustemmen, aber der Druck wurde immer größer, meine Rippen wurden zusammengepresst, ich bekam keine Luft mehr. Ein Koffer bohrte sich in meine Kniekehlen – ein Glück, dass das Kind nicht mehr da war! Jetzt gab die Schlange vor mir nach, und unerbittlich wie ein Rammbock drängte es von hinten. Vor mir schrie eine Frau auf, ein Mann ging einfach über sie hinweg, ich sah eine dunkle Masse am Boden liegen. Von vorn drückten zwei Marmeladeeimer schmerzhaft gegen meine Schienbeine, Schreie gellten durch den Tunnel – nun wusste ich, was Panik ist! Mit einer verzweifelten Kraftanstrengung riss ich mich aus der Umklammerung. Irgendwie schaffte ich es über die beiden Marmeladeeimer und ließ mich von der nachdrängenden Masse Mensch die Treppe emporschieben, der Sperre entgegen, wo ich aufatmend meine Tochter wiederfand.

Nun ging es im Laufschritt den Bahnsteig entlang, vorbei an den für Engländer reservierten Waggons, deren Passagiere aus schwach besetzten Abteilen indigniert auf die vorbeistürmende Meute blickten, zum »deutschen Teil« des Zuges. Im dritten Waggon gelang es mir, noch zwei Sitzplätze zu ergattern, auf die wir ermattet niedersanken. Bis zur Abfahrt des Zuges blieb uns noch über eine Stunde. In dieser Zeit füllten sich die Waggons buchstäblich bis zur Decke. Auf jedem Platz saßen schließlich zwei Personen, auf Koffern und Kisten in den Gängen diejenigen, die keinen Sitzplatz mehr gefunden hatten. Endlich war es 14.30 Uhr, und langsam glitt der Zug aus dem Bahnhof. Aber damit begannen ja erst die Strapazen einer dreißigstündigen Reise.

Im Zuge des einsetzenden »Kalten Krieges« zwischen den Westmächten und der UdSSR hatten die Russen vor kurzer Zeit als zusätzliche Schikane umfangreiche Passkontrollen bei der Ausreise aus der sowjetisch besetzten Zone eingeführt. Als wir vor Potsdam in die russische Zone einfuhren, erhob sich allgemein die bange Frage, wie lange wir durch diese Passkontrolle aufgehalten werden würden. Von zwei bis neun Stunden war die Rede. Dadurch würde ich in Hannover meinen Anschluss verpassen. Vereinzelt wurden sogar Stimmen laut, die eine Gepäckkontrolle befürchteten. Abgesehen von einigen Aufenthalten, die notwendig waren, um auf der eingleisigen Strecke den Gegenverkehr durchzulassen, kamen wir gut voran bis Magdeburg. Langsam brach die Dämmerung herein, und immer wieder gab es Aufenthalte. Unsere Hoffnung, den Anschlusszug doch noch erwischen zu können, schwand dahin. Plötzlich wurde es unruhig in den Waggons. Einige Reisende, die diese Strecke bereits kannten, meinten, wir seien dicht vor Marienborn. Inzwischen waren dicke Regenwolken aufgezogen, und einige wenige Optimisten hofften, dass die Russen ihre Kontrollen vielleicht im Zug vornehmen würden. Doch die Realisten unter den Passagieren widersprachen: »Ach was«, meinten sie resigniert. »Wir müssen sicher alle aussteigen und stundenlang draußen stehen.«

Schließlich hielt der Zug. Nervös schlüpften alle in ihre Mäntel und griffen nach den Gepäckstücken. Eine Frau blieb mit ihrem Kind sitzen, weil sie gehört hatte, die Russen würden Frauen mit Kindern im Zug kontrollieren. Ich beschloss, auf die gleiche Karte zu setzen, und blieb ebenfalls sitzen, während sich der Zug leerte. Draußen stand nun eine endlose Schlange vor einer winzigen Bretterbude an, die sich rhythmisch ein paar Zentimeter voranbewegte, sobald ein Passagier die Bretterbude verließ. Durch das Fenster konnte ich beobachten, wie einige versuchten, unauffällig im Wald zu verschwinden – Leute, die irgendwo unterwegs bei einem Aufenthalt zugestiegen waren, weil sie hofften, illegal in den Westen kommen zu können. Doch sie wurden von russischen

Soldaten schnell wieder eingefangen. Inzwischen hatte es zu regnen begonnen. Von draußen ertönten laute Kommandos: »Zurück in den Zug!« Kaum waren die Waggons wieder halb voll, hieß es erneut: »Antreten zur Kontrolle!«, worauf die gedemütigten Menschen wieder ausstiegen und sich aufstellten.

Kurz darauf erschienen russische Soldaten im Zug. Wir fragten sie, ob Frauen mit Kindern auch aussteigen müssten. Sie verneinten und unterschrieben ohne Zögern unsere Pässe. Wir atmeten auf, aber wir hatten uns zu früh gefreut. Denn plötzlich erschien ein sowjetischer Offizier in unserem Wagen und ging mit prüfendem Blick durch die Reihen. Als er mich sah, blieb er vor mir stehen und fragte nach meinem Pass. Ich zeigte ihm das unterschriebene Papier, worauf er vor Zorn rot anlief und mich anbrüllte: »Warum du nicht draußen?«

So ruhig wie möglich antwortete ich: »Kamerad hat gesagt, Frauen mit Kindern im Zug bleiben. Mein Kind ist krank. Kamerad hat gemacht Unterschrift.«

»Du nicht krank!«, brüllte er weiter. »Du gehen hinaus!«

Sein widerlicher Schnapsatem schlug mir ins Gesicht. Wer sollte mir in dieser Situation helfen? Ich folgte seiner herrischen Geste. Bis zum letzten Wagen musste ich ihm folgen, und bei jedem Schritt hüllte mich seine Alkoholfahne ein. War ich auf Schloss Wentow verschont geblieben, nur um hier von einem Russen vergewaltigt zu werden? Dann stieß er mich aus der allerletzten Tür des Zuges und trieb mich, vom Zugende weg, zu einem Holzstoß. Dort blieb er stehen und sah mich wütend an, während ich verzweifelt wimmerte: »Bitte, bitte nicht!«

Schließlich riss er den Arm hoch und stieß hervor: »Da, du dorthin!« Zu meiner Erleichterung zeigte der Arm nicht auf den Holzstoß, sondern auf die Kontrollbude. Ich hatte den

Eindruck, dass ihm trotz seines Rausches bewusst geworden war, was er zu tun im Begriff war, und dass er mich deshalb loswerden wollte. Ich begann zu laufen, immer neben den hohen Rädern des Zuges vorbei. Als ich drei Waggons passiert hatte, blickte ich mich vorsichtig um in der Hoffnung, ungesehen einsteigen zu können. Aber er stand noch da und sah mir nach.

Verschüchtert arbeitete ich mich, an der Schlange vorbei, bis zur Kontrollbude vor. Als der Russe, der die Pässe unterschrieb, das aktuelle Datum sah, schnauzte er mich ärgerlich an und wies mich hinaus. Hinter drei Herren verborgen schlich ich zum Zug zurück. Dort saß Uta, blass vor Angst, und die drei Frauen, die mit uns das Abteil teilten, meinten, sie hätten nicht mehr zu hoffen gewagt, mich wiederzusehen. Eine kinderlose Dame hatte sich schon bereit gefunden, Uta, der ich unsere Zieladresse in einem Anhänger um den Hals gehängt hatte, zu meinen Eltern nach Reutlingen zu bringen.

Schnell zog ich mich im Abteil um, steckte mir das Haar auf, band mir ein Kopftuch um und schlüpfte in den Regenmantel, um möglichst unattraktiv auszusehen. Dann verbarg ich mich so tief wie möglich in der Ecke des Abteils. Ich glaube noch heute, dass diese Vorsicht nicht unbegründet war; denn noch mehrfach sahen wir den Offizier, wie er auf einem Motorrad den Zug entlangfuhr und dabei in jedes Fenster sah. Ich war noch einmal davongekommen!

Allmählich füllte sich der Zug wieder, und zuletzt war er noch voller als zuvor, da es offenbar vielen Reisenden gelungen war, sich bei diesem langen Aufenthalt unbemerkt in einen Waggon zu schmuggeln. Endlich setzte er sich wieder in Bewegung. Ein Blick auf die Uhr zeigte uns, dass nun keinerlei Aussicht mehr bestand, den Anschlusszug zu bekommen. Mit vielen Stunden Verspätung erreichten wir nach Mitternacht den Hauptbahnhof Hannover.

Im Tunnel unter den Schienen schliefen Menschen, in Mäntel und Decken gehüllt. Da mir diese Aussicht wenig verlockend schien, suchte ich nach einem Beamten, der mir Auskunft geben konnte. Schließlich erfuhr ich, dass in einer Stunde der Nachtzug nach Basel hier einfahren würde. Ich bräuchte aber eine besondere Zulassung, um ihn nehmen zu dürfen. Tatsächlich bekam ich sie am Schalter, an dem ein müder, aber freundlicher Beamter saß.

Noch einmal hieß es warten. Dann wurde es auf dem Bahnsteig lebendig, in der Ferne tauchten Lichter auf, und pünktlich auf die Minute fuhr der Zug nach Basel ein. Uta wurde durch ein Fenster gehievt, und ich stolperte mit dem Gepäck über in den Gängen schlafende Menschen; denn auch dieser Zug war hoffnungslos überfüllt. Ich verschaffte meiner Tochter noch ein enges Plätzchen zwischen zwei freundlichen Menschen, dann setzte ich mich vor der Abteiltür auf meine Koffer und überließ mich meiner Erschöpfung. Nun waren es nur noch 16 Stunden bis Stuttgart, und von dort mussten wir nur noch in die französische Besatzungszone und nach Reutlingen kommen ...

Die ganze Familie bei Mama Collignon in München in einem einzigen Zimmer! Und das monatelang – kaum auszuhalten. Aber der goldene Westen sollte uns ja irgendwann eine Existenz bieten ... Heimlich sehnte ich mich zurück nach Wannsee, nach der schönen, altmodischen Jugendstilvilla, nach unserem ersten wirklichen Zuhause nach sechs Jahren Krieg und Flucht, und ich hatte auch ein schlechtes Gewissen, wenn ich an die Firma Riefenstahl dachte. Würde Gerd Mundt als Geschäftsführer die Firma so leiten, wie es als Vermächtnis seines besten Freundes, meines Mannes Heinz, seine Pflicht war? Ob ich nicht doch hätte dableiben müssen, um selbst die Firma für meine Kinder, die ja nun die Eigentümer waren, zu führen? Dies hätte aber die Trennung von meinem Mann Klaus bedeutet. Wie berechtigt meine Sorgen um die Firma waren, beweist die Tatsache, dass Gerd Mundt sie durch Unterschlagungen ein paar Jahre später in den Bankrott führte! Das hätte er nie gewagt, hätte ich ihm täglich gegenübergesessen ... Gewiss, ich hätte auch in Wannsee bleiben und meine Kinder in die dortigen Schulen schicken können. Müßige Gedanken! Klaus war wieder einmal in Saarbrücken gewesen, um die berufliche Situation zu klären. Und er war wieder zurückgekehrt mit einer nahezu sicheren Zusage: Ja, in etwa acht Wochen sollte er dort anfangen.

Die Kinder schliefen schon auf Matratzen am Boden, und wir unterhielten uns leise auf unserer breiten Couch. »Ja und nun musst du eine Unterbringung für die Kinder finden ...«, flüsterte er.

Ich fuhr zusammen und richtete mich auf. »Wie meinst du das, Klaus?«

Wenn Klaus von »den Kindern« sprach, meinte er immer Eckart und Uta, Viola nannte er beim Namen. Er antwortete kühl: »Nun, es ist doch wohl klar, dass wir nicht zu fünft in Saarbrücken erscheinen können. Und außerdem haben die Kinder ihr Einkommen doch hier in Deutschland.«

Das stimmte allerdings! Die Firma schickte jeden Monat 300 RM für jeden. Aber in diesem Augenblick erstarb etwas in mir, was zuvor ein Gefühl für meinen Mann gewesen war. »Nein«, sagte ich kalt. »Merk dir eins, Klaus. Ich gehe über keine Grenze, wenn ich auch nur ein Kind zurücklassen muss! Wenn du nach Saarbrücken gehst, komme ich entweder mit allen dreien mit oder gar nicht! Entscheide dich, und zwar sofort!«

Er sah mich mit leeren Blicken an. Vom Boden hörte man das sanfte Atmen der schlafenden Kinder. »Es geht nicht ...« Seine Stimme klang hilflos.

Ich sah ihn fest an. »Ist das dein letztes Wort?« Er nickte schuldbewusst. »Dann fahre ich morgen nach Stuttgart, wo ich wegen Black Star eine Zuzugsgenehmigung habe, und baue mir eine eigene Existenz auf. Und es werden alle drei Kinder bei mir sein.«

Er widersprach mir nicht. Und er versuchte auch nicht, mich aufzuhalten, als ich am nächsten Morgen mit Koffer, Schreibmaschine und Pressefotos nach Stuttgart abfuhr. Ich ahnte, dass es eine Trennung für immer sein würde.

Die neue Existenz

Der erste Eindruck, als ich im Frühjahr 1948 am Stuttgarter Hauptbahnhof ankam, um hier, in dieser mir völlig unbekannten Stadt, ganz allein eine so genannte Existenz zu gründen, war niederschmetternd. Wohin ich auch blickte: Ruinen und Bombentrichter.

Mit der Reiseschreibmaschine in der einen und meinem Koffer in der anderen Hand suchte ich zunächst eine Unterkunft. Meine einzigen Besitztümer, die mir geblieben waren, in der Gepäckaufbewahrung zu lassen, wagte ich nicht, hatte ich doch in München den Rest meiner Garderobe auf diese Weise eingebüßt.

Verastraße 66, diese Adresse hatte mir am Bahnhof das Rote Kreuz gegeben. Ein schmales Reihenhaus, das einem Heilpraktiker gehörte. Er vermietete einige möblierte Zimmer. Ich klingelte, sehr erschöpft. Prüfende Blicke des Ehepaares, dann wurde ich in ein schmales Einzelzimmer eingewiesen, das immerhin einen Blick auf den Talkessel von Stuttgart bot. Ich richtete mich ein. Die Schreibmaschine auf den Tisch, Papier und Füllhalter daneben. Die Margarineschachtel, die mir die Wirtin gegeben hatte, füllte ich mit dem

Dutzend Reportagen aus fremden Ländern, die ich bereits via Berlin aus USA erhalten hatte. Daneben kam der Karteikasten, und das Ganze aufs Fensterbrett.

In dieser ersten Nacht in Stuttgart schlief ich spät ein, zu aufgewühlt drehten sich meine Gedanken im Kreis. Ich hatte meine drei Kinder verteilt: Die kleine Viola war in München bei der Schwiegermutter geblieben, aber unter der Obhut meiner alten Haushälterin; Uta, neun Jahre alt, bei meinen Eltern in Reutlingen in der französische Zone – schwer und nur mit Passierschein zu erreichen, und Eckart, elf Jahre alt, war auf dem Internat Burg Nordeck bei Gießen.

Das Geld, das wir aus Berlin mit in den Westen gebracht hatten, war zu einer erbärmlichen Summe zusammengeschmolzen. Jetzt musste ich allein für die Kinder und mich sorgen. Mit dem Dutzend amerikanischer Bildreportagen, die ich an gerade erst gegründete deutsche Illustrierte verkaufen sollte, musste die Existenzgründung gelingen. Ich zählte mein Geld. Nur mit größter Sparsamkeit und Hungern konnte ich die nächste Wochen überstehen. Mit traurigen Gedanken schlief ich auf dem schmalen Bett in dem kleinen Zimmer ein.

Am Morgen brühte ich mir einen Tee auf, das war erlaubt. Dann ging ich täglich auf große Tour. Zuerst hinüber zum Bäckerladen, wo ich mir eine trockene Laugenbrezel leistete. Dann hinunter zum Hauptbahnhof, denn vor dort aus fuhr die Straßenbahn zur anderen Seite der Stadt. Dort sollte es einen Verlag geben, der die »Schwäbische Illustrierte« herausgab. Die schmale Kollegmappe an mich gedrückt, in meinem letzten schicken Kostüm aus besseren Tagen, wagte ich mich hinein zu einer schwäbelnden Vorzimmerdame. Dass ich den Chefredakteur zu sprechen wünschte, wollte ihr zunächst gar nicht gefallen. Sie kam aus dem Chefbüro zurück und hinter ihr ein kleiner, liebenswürdig lächelnder Schwabe.

»Sie vertreten Black Star? Nein, so eine gute Nachricht! Kommen Sie, zeigen Sie mir, was Sie mitgebracht haben.«

Ich breitete meine Schätze aus: Schildkrötenfang auf Borneo, ein College in den USA, New York bei Nacht ... Er war begeistert.

Sehr schnell begriff ich, dass dieses Bildmaterial für deutsche Zeitschriften phänomenal war. Alles, was ich brachte, wirkte auf die Verlagsleute wie ein Fenster in die große Welt, aus der wir so lange ausgesperrt gewesen waren. Rasch entwickelte ich auch ein Gefühl für die Honorare, die ich verlangen konnte. Wenn ich dann ausgehungert, nur aufgeputscht durch schwarzen Kaffee und ein paar Zigaretten wieder in die Ruinenlandschaft hinaustrat und mich zu Fuß zum Hauptbahnhof zurückquälte, wurde mir manchmal schwarz vor Augen.

Mein größtes Problem jedoch blieb weiterhin die Wohnungssuche. Jeden Tag nach getaner Arbeit machte ich mich auf den Weg zum Wohnungsamt. Die Zuzugsgenehmigung hatte ich längst. Viele Stunden saß ich in einem dunklen Gang – die geborstenen Fenster waren mit Pappe verklebt – und immer erhielt ich die gleiche Antwort: »Leider heute noch nichts ... Kommen Sie wieder!«

Dann aß ich in einer drittklassigen Gaststätte ein »markenfreies« Gericht. Nur nicht ansehen, dachte ich meistens, einfach hinunterschlingen! Durch zerbombte Straßen ging ich anschließend in eine unbeschädigt gebliebene Kirche. Dort war es kühl und still, manchmal übte der Organist für die Abendandacht. Ich war unten, ganz unten, und betete: »Lieber Gott, hilf mir! Lass es den Kindern gut gehen. Gib, dass ich sie bald wiedersehe. Lass ein Wunder geschehen!«

Das Wunder geschah. Im Juni 1948 wurde in Deutschland bzw. dem, was davon geblieben war, die Währungreform durchgeführt. Im strömenden Regen stand ich stundenlang in einer kilometerlangen Schlange in Stuttgart-Vaihingen vor der Ausgabestelle an. Endlich hatte ich die neue Währung für die ganze Familie in der Hand: 200 Deutsche Mark. Davon musste ich gleich 80 DM meinen Schwiegereltern für Viola schicken. Nachdem ich weitere 40 DM für Uta und noch einmal 40 DM an das Internat für Eckart überwiesen hatte, blieben mir nur noch meine eigenen 40 DM »Kopfgeld«, wie man das damals nannte. Natürlich konnte ich damit nicht mehr in der Pension wohnen bleiben, in der das Zimmer pro Nacht 8 DM kostete, inklusive heißem Wasser für den Morgentee.

Beherzt ging ich zu den Wirtsleuten. »Ich muss ausziehen«, sagte ich. »Ich kann das Zimmer nicht mehr bezahlen.«

Die beiden sahen mich gutmütig an. »Sie bleiben bei uns. Sie arbeiten, da werden Sie bald dazuverdienen. Denken Sie erst einmal nicht an die Miete. Sie zahlen, wenn Sie können.«

Es dauerte nicht lange, bis ich meine Mietschulden begleichen konnte. Die neuen Illustrierten sprossen wie Pilze aus dem Boden. Schon bald kam ich sogar mit dem Hamburger Springer-Verlag ins Geschäft. Überall wurden mir meine Black-Star-Fotos und -Reportagen zu Höchsthonoraren aus den Händen gerissen.

So oft ich konnte fuhr ich zu meinen Eltern und Kindern – Eckart war inzwischen auch dort, denn das Internat war unbezahlbar geworden – nach Reutlingen. Die Reise war jedes Mal ein kleines Abenteuer, da Stuttgart und Reutlingen in zwei verschiedenen Besatzungszonen lagen: der amerikanischen und der französischen. Wenn ich mit Geschenken bei meiner Familie ankam, herrschte eine unbeschreibliche Freude! Leider konnte ich nur das Wochenende dort verbringen, da ich arbeiten musste.

Eines Tages befand sich ein leicht zerknitterter Luftpostbrief in meiner morgendlichen Post, mit einer unverwechselbaren, mir sehr vertrauten Handschrift. Der Brief war adressiert an meine alte Berliner Adresse und mir nachgesendet worden. Er war von meinem alten Jugendfreund Ivar Lissner. Absender: »Lager Luwigsburg«. Das war nur zwölf Kilometer von Stuttgart entfernt. Aber warum war Ivar im Lager? Aus dem Brief ging hervor, er sei schwer krank aus Ostasien zurückgekehrt.

Sobald ich konnte, fuhr ich mit der Bahn ins Lager, erhielt auch eine Besuchserlaubnis und wurde durch hässliche Gebäude mit langen, heruntergekommenen Fluren in die Krankenabteilung geführt. Ivar lag dort in einem schmalen Eisenbett und sah sehr elend aus. Ich versuchte mein Erschrecken zu verbergen und legte einen kleinen Blumenstrauß auf seine Bettdecke. Erst in diesem Augenblick fiel mir auf, dass sein linker Arm gelähmt war. Stockend erzählte er mir seine Geschichte: Als Sonderagent im Auftrag von Admiral Canaris war ihm kurz vor Ausbruch des Krieges die Ausreise aus Deutschland geglückt. Seine Eltern und seinen Bruder hatte er retten können. Denn Ivar war Halbjude. So hatte er quasi seine Seele verkauft: Der deutsche Auslandsgeheimdienst hatte ihn als Agenten in Japan und der Mandschurei eingesetzt. Irgendwie war er in den Spionagefall »Sorge« verwickelt worden. Die japanische Geheimpolizei, die berüchtigte »Kempetai«, hatte ihn verhaftet. Eineinhalb Jahre hatte er in einem japanischen Gefängnis verbracht, fast jeden Tag war er gefoltert worden. Die Eltern und sein Bruder Percy hatten sich in Schanghai niedergelassen. Mit einem der letzten Flugzeuge, die die »Ostasien-Deutschen« zurückbrachten, war Ivar schließlich hier gelandet. Er hatte hier niemanden. Es war keine Frage, dass ich ihm helfen würde!

Während Ivar mit der gesunden rechten Hand auf einer Unterlage, die ich festhielt, einen Brief schrieb, war unbemerkt ein dunkelhaariger Mann eingetreten. Ivar stellte ihn mir vor: Werner Crome, auch er Auslandsjournalist und wie Ivar in den »Fall Sorge« verwickelt. Wir unterhielten uns zu dritt. Bald war die Besuchszeit um, und Crome brachte mich nach draußen. »Wollen Sie Dr. Hjalmar Schacht kennen lernen?«, fragte er mich plötzlich, »Er ist da drüben untergebracht und wartet auf seinen Prozess.« Ich wusste, dass Schacht zwar beim Nürnberger Kriegsverbrecherprozess freigesprochen, aber dann von einer Stuttgarter Spruchkammer zu acht Jahren Arbeitslager verurteilt worden war. Nun wartete er auf sein Berufungsverfahren.

Natürlich wollte ich mir ein solches Treffen nicht entgehen lassen, und mit meinem amerikanischen Presseausweis war es ein Leichtes, die Erlaubnis zu erlangen. Ich betrat ein schmales, einfenstriges Zimmer, das nur mit Bett, Tisch und Schrank möbliert war. Ein großer, überschlanker Mann im dunkelblauen Trainingsanzug erhob sich höflich vom Bett und verbeugte sich. Schacht war dafür bekannt, dass er stets einen hohen, steifen Kragen trug, und es war amüsant zu sehen, dass er diesen selbst hier zum Trainingsanzug trug.

Werner Crome verließ uns, ich war mit dem früheren Reichsbank-Präsidenten allein, und es entwickelte sich sofort eine lebhafte Unterhaltung. Dr. Schacht wollte viel von »draußen« wissen. Und ich fragte ihn, wie er die langen, öden Monate in Lagerhaft seelisch überstehen konnte. Da lachte er. Zu meinem Erstaunen kletterte er behände auf den einzigen Stuhl und holte einen schäbigen Pappkoffer vom Schrank. »Damit! Ich habe eine Operette geschrieben!« Ich glaubte nicht recht zu hören. Dann er las mir den Text vor. Nach einer Stunde, das Ende der Besuchszeit wurde durch Klopfen gemeldet, schieden wir in heiterer Stimmung. Der alte Herr hielt mich noch schnell zurück. »Ich schenke Ihnen meine Gedichte! Hier, warten Sie, eine Widmung bekommen Sie auch noch! Als Dank für einen schönen Nachmittag!« Er schrieb eine reizende Widmung in das schmale Bändchen. Ich habe es noch heute.

Ivar wurde nach ein paar Wochen aus dem Lager entlassen. Wir brachten ihn in einer Pension in Degerloch unter, wo er sich dank der Behandlung durch einen hervorragenden Arzt bald erholte. Sein Zimmer sah aus wie eine Redaktion, Papiere, Papiere, Schreibmaschine und jede Menge Bücher.

Die »Wohnung vom Amt«

Inzwischen hatte ich zwar noch immer keine Wohnung bekommen, aber durch zufällig wiedergetroffene Freunde aus Berlin erhielt ich für zwei Monate eine Villenetage zur »Betreuung«, während ihre Besitzer auf Reisen waren. Sofort holte ich meine beiden kleinen Mädchen und meine Haushälterin zu mir. Es war wunderbar. Ich lag im Juli auf einer wunderschönen Terrasse, meine Kinder spielten um mich herum. Ich genoss diese Zeit sehr.

Täglich traf ich Ivar, und bald diktierte er mir, ruhelos wie ein Löwe hin und her gehend, seine ersten Shortstorys aus Ostasien. Sie erschienen später unter dem Titel »Vom Baikal weht der Wind«.

Eines Tages wurde mir eine »Wohnung vom Amt« angeboten: ein Souterrain-Zimmer mit angrenzender Kohlenkammer. Es hatte nur ein Fenster, das in Augenhöhe auf den Rasen des Zweifamilienhauses hinausging. Ich protestierte. Für ein Büro und eine Frau mit drei Kindern und Haushälterin schien mir das doch allzu dürftig. Ich schlug dem Amt vor, das Zimmer Ivar Lissner anzubieten. Tatsächlich erhielt er die Einweisung. Er war überglücklich.

Nun ging die Arbeit erst richtig los. Eines Tages kam er freudestrahlend von einer Reise aus Düsseldorf zurück, weil er den Auftrag bekommen hatte, für den Econ-Verlag eine Zeitschrift namens »Taurus« zu gestalten. »Jetzt brauche ich deine Mitarbeit«, rief er. »Jetzt sind deine Black-Star-Reportagen dran.«

So war es auch. Aber meine Mitarbeit sollte noch weiter gehen. Da gab es z. B. einen ganz neuen Begriff in Deutschland, der aus dem Sprachgebrauch der amerikanischen Besatzer stammte: Babysitting. Darüber sollte ich schreiben. Zunächst lehnte ich ab. »Ivar, ich kann doch gar nicht schreiben«, jammerte ich, als ich ihn in seinem papierübersäten Kellerappartement besuchte.

»Lächerlich!«, knurrte er.

Er setzte mich vor einen riesigen Stapel leerer weißer Blätter und gut angespitzter Bleistifte, und dann fiel mir doch etwas ein. Meine kleine Story gefiel, wurde gedruckt, und so schrieb ich immer wieder mal kleinere Beiträge.

Hauptberuflich war ich immer noch Presseagentin. Es gelang mir, meine inzwischen sehr guten Kontakte zur »Schwäbischen Illustrierten« auch für Ivar nutzbar zu machen. Er bekam einen Auftrag für eine Serie über die Taiga. Diese Serie lief ein halbes Jahr, und er wurde dadurch in ganz Deutschland bekannt. So wurde auch Axel Springer auf ihn aufmerksam. Er verpflichtete ihn als Chefredakteur für die Zeitschrift »Kristall«. Für mich war das schmerzlich, denn dafür musste Ivar nach Hamburg ziehen.

Als ich die Villenetage wieder räumen musste, zog ich nun doch als Ivars Nachfolgerin in das Souterrainzimmer ein. Ich arbeitete weiterhin mit ihm zusammen. Sein Angebot, nach Hamburg zu kommen, lehnte ich allerdings ab.

Der vierte Nachkriegswinter meldete sich in Stuttgart bereits sehr früh mit Schneegrieseln und kalten Winden an. Es war erst Mitte November, und schon lag Schneematsch in dunklen, hässlichen Flecken auf den Gehsteigen und auf den Schutthalden, die zu entfernen immer noch nicht gelungen war. Die alte, verbeulte Straßenbahn, die den Krieg halbwegs überstanden hatte, quälte sich ächzend die Weinsteige hinauf. Die Menschen pressten sich dicht aneinander, es roch nach Gummistiefeln und muffiger Kleidung. Auf den Trittbrettern hingen Menschentrauben. Langsam und mit Schlagseite in den Kurven arbeitete sich die Bahn zwischen den traurig und erfroren aussehenden Weinbergen nach oben. An der Haltestelle Albert-Schäffle-Straße zwängte ich mich durch die Menschenmasse und stieg aus. Jetzt waren es nur noch zehn Minuten bis zu meiner Wohnung oder vielmehr zu dem Keller, den wir, Uta, Viola und ich, bewohnten. Ich hastete die dunkle Straße entlang, tief enttäuscht darüber, dass es mir auch heute wieder nicht gelungen war, dem Wohnungsamt eine für uns geeignete Bleibe abzuringen. Trotz der Dringlichkeitsbestätigung hörte ich dort immer nur Vertröstungen.

»Ist das Ihr Office?«

Ich kontrollierte die in die zersprungenen Scheiben gestopften bunten Frotteetücher, kochte den Kindern auf dem Boden kniend auf der elektrischen Kochplatte einen Grießbrei und brachte sie zu Bett. Auch das war ein deprimierender Anblick: Die beiden Betten standen im angrenzenden Kohlenkeller, der jetzt als Kinderschlafzimmer dienen musste. Als so genanntes Fenster und zum Lüften diente der obere Kellerausstieg, der mit einem Gitter verschlossen war. Früher hatte man hier die Kohlen eingeschüttet.

Ich legte mich auf die schmale Liege, die mir als Bett diente, und dachte nach. Meine Augen schweiften über diese »Wohnung«, die nicht einmal die meine war, sondern die mir

Ivar nur für die Zeit seiner Hamburger Tätigkeit überlassen hatte. So lange hatte ich eine Schonfrist. Ich musste in diesem einen Raum arbeiten, wohnen, kochen und schlafen. Außerdem diente er uns als »Bad«: Vor meiner Liege stand eine kleine Waschschüssel. Das Wasser mussten wir uns aus dem Parterre holen – eine tägliche Plackerei. Bei Black Star ahnte man wohl nicht, in welch repräsentativem Büro ihre Repräsentantin »residierte«.

In meinen von absurden Träumen durchsetzten Schlaf drangen plötzlich Geräusche. Schwere Schritte im Kellergang versetzten mich in Schrecken, dann ein heftiges Klopfen an meiner Tür. Ich fuhr auf, sprang aus dem Bett und riss mir das Kopftuch herunter, mit dem ich mich nachts vor der Kälte schützte. Den um den Hals geschlungenen Schal behielt ich um. So eilte ich im Morgenmantel zur Tür. »Wer ist da?«

Keine Antwort.

Noch einmal dieses entschlossene Klopfen, dann öffnete ich, obwohl ich große Angst hatte und auf alles gefasst war.

Ein großer Schäferhund kam schwanzwedelnd auf mich zu, dahinter ein Mann in amerikanischer Uniform. Ich erkannte sofort, dass es sich um einen hohen Offizier handeln musste. Unsicher sah ich ihn an, und kaum weniger unsicher blickte er auf mich.

Plötzlich tauchten hinter ihm die lachenden Gesichter des Hausbesitzer-Ehepaares Schwamberger auf, mit denen ich mich mittlerweile angefreundet hatte: »Ilse, können wir einen Kaffee haben?«

Die ganze Situation war mir äußerst unangenehm, aber was sollte ich tun? Ich bat sie herein. »Ihr habt wohl oben ein bisschen gefeiert?«

Die beiden lachten und kicherten ausgelassen. »Das ist übrigens unser Freund Colonel Walters. Wir fanden, er müsste dich unbedingt kennen lernen.«

Ich holte die Kaffeemühle, und der Rechtsanwalt Dr. Schwamberger setzte sich ungeniert auf mein Bett und mahlte den Kaffee. Seine Frau setzte sich neben ihn, der Colonel nahm auf dem Schreibtisch Platz, während ich das Wasser auf der Kochplatte erhitzte. Er sah sich vorsichtig um. »Sie leben hier?«, fragte er mit ungläubigem Blick.

Ich versuchte ein Lächeln. »Ja«, sagte ich und reichte ihm eine Tasse.

»Allein?«

Ich schüttelte den Kopf. »Nein, nicht allein, sondern mit zwei Kindern.«

Seine Augen weiteten sich noch mehr. »Kinder? Aber wo sind die denn?«

»Kommen Sie mit, ich zeige sie Ihnen.«

Er folgte mir hinter den Baumwollvorhang, der statt einer Tür den ehemaligen Kohlenkeller abtrennte. Der Schäferhund drängte sich an uns vorbei, um die Kinder freudig zu begrüßen. Die waren natürlich längst wach. Der Colonel streichelte ihnen über die Haare, dann folgte er mir kopfschüttelnd wieder in mein Zimmer. Dort sah er ernst auf die Schreibmaschine, in der noch ein zur Hälfte beschriebener Bogen steckte. »Sie arbeiten?«

»Ja, für die amerikanische Presse«, antwortete ich.

»Wie das?« Seine sympathischen dunklen Augen sahen mich fragend an.

Aus der Margarineschachtel, die mir als »Büro« diente, holte ich einen Briefbogen. »Ich vertrete die amerikanische Bildagentur Black Star.«

»Und dies ist Ihr Office?« Er schaute mich fassungslos an.

»Ja, wie Sie sehen, nicht nur mein Office, sondern auch meine Wohnung. Alle Bemühungen, eine andere Bleibe zu finden, waren vergeblich. Bisher hat mir das Wohnungsamt noch keine andere Wohnung vermitteln können.«

»Haben Sie jemals daran gedacht, dem Sachbearbeiter auf dem Wohnungsamt ein Care-Paket mitzubringen?«

Ich schüttelte den Kopf. »Ich bekomme keine Care-Pakete.«

Der Colonel sah mich mitleidig an. Mit sichtlichem Unbehagen stand er auf und entschuldigte sich für sein Eindringen zu so später Stunde. »Wir hatten oben ein bisschen gefeiert. Hätte ich gewusst, dass wir Sie so sehr stören würden, wäre ich nicht mitgekommen. Es tut mir aufrichtig Leid!« Er drückte mir die Hand, wünschte mir eine gute Nacht und ging, gefolgt von seinem Schäferhund.

Nachdem ich die Tür hinter ihm geschlossen hatte, sagte Frau Schwamberger: »Das ist ein ganz toller Mann, dieser Colonel Walters, der zweithöchste US-Offizier in Württemberg und sehr, sehr anständig. Er hat schon vielen Deutschen geholfen. Wir dachten, dass er vielleicht auch für dich etwas tun könnte.«

Ich wehrte ab. »Nein danke, ich beiß' mich schon alleine durch. Aber es war sehr nett von euch ...«

Sie gingen, und zu Tode erschöpft fiel ich wieder in mein Bett, zog den alten Pelzmantel, unter dem ich in Ermangelung einer Decke schlief, bis ans Kinn, versuchte meine trüben Gedanken zu verdrängen, und bald schlief ich ein.

Am nächsten Tag fühlte ich mich etwas besser. Die Erkältung, mit der ich seit Tagen kämpfte, schien abzuklingen. Wegen des schauderhaften Wetters blieb ich zu Hause und arbeitete an der Korrespondenz und im Haushalt. Die Kinder waren zum Glück bei Freunden eingeladen. Gegen sechs Uhr abends hörte ich auf einmal Schritte im Kellergang. Kurz darauf stand wieder Colonel Walters mit seinem Hund an meiner Tür. Über seinem Arm trug er zwei olivfarbene Armeedecken. Beim Hereinkommen entschuldigte er sich. »Ich versprach Ihnen diese Decken zu bringen.«

Gar nichts hatte er versprochen, aber es war rührend von ihm. Er hatte wohl gesehen, dass ich unter meinem altersschwachen Pelzmantel schlief.

»Wollen Sie nicht Platz nehmen?«, fragte ich.

»Nein danke.« Er blieb mitten im Raum stehen und sah sich noch einmal prüfend um. Etwas zögernd sagte er: »Ich kann leider nicht bleiben, ich habe noch eine Verabredung zum Dinner.« Dann legte er seine Visitenkarte auf den Schreibtisch. »Wann immer Sie Hilfe brauchen, rufen Sie mich bitte an.«

Nachdem er gegangen war, betrachtete ich die Visitenkarte genauer: »Eugene P. Walters, Colonel, President of the Reserves, Richard-Wagner-Straße 1«. Die Adresse war sehr nobel, nicht weit entfernt von uns, eine der schönsten Straßen hoch über der Stadt. Was sollte ich tun? Wie konnte er mir helfen? Er konnte sicherlich eine Menge für mich tun ..., aber wollte ich das? Noch nicht, entschied ich. Noch einmal wollte ich das Wohnungsamt aufsuchen, ehe ich einen amerikanischen Offizier behelligte.

In der Woche darauf wurde auf der anderen Straßenseite eine Drei-Zimmer-Mansardenwohnung frei. Sofort sprach ich mit dem Hausbesitzer, der mir versprach, sie an mich zu vermieten, vorausgesetzt, ich erhielte eine Einweisung. Voller Hoffnung fuhr ich sofort zum Wohnungsamt. Der Sachbearbeiter, den ich um die Einweisung bat, war zuversichtlich. »Ich werde mich für Sie einsetzen.«

Überglücklich fuhr ich nach Hause. Doch nach einer weiteren Woche wurde diese Wohnung einem Stuttgarter Opernsänger zugewiesen. Ich hatte sie nur »aktenkundig« gemacht. Meine Stimmung war auf dem Nullpunkt. Ich konnte es einfach nicht fassen! In vier Wochen war Weihnachten und Ivar würde wieder aus Hamburg zurückkommen. Bis dahin musste ich seine Wohnung geräumt haben, das hatte er mir paar Tage zuvor mitgeteilt. Ich war am Rand der Verzweiflung. Doch dann fiel mein Blick auf die Telefonzelle an unserer Straßenecke, und ich erinnerte mich an die kostbare Visitenkarte des Colonel! Jetzt war es so weit, dass ich ihn um Hilfe bitten musste. Ich wäre nie auf die Idee gekommen, ihn zu belästigen, wenn mir nicht die Obdachlosigkeit für mich und meine Kinder bevorgestanden hätte. Alle Hemmungen fielen von mir ab wie auch der Rest meiner gutbürgerlichen Erziehung.

Mit der Visitenkarte in der Hand rannte ich zur Telefonzelle. Klopfenden Herzens wählte ich die Nummer. Und ich hatte Glück! Ich hörte seine tiefe, sympathische Stimme.

»Ich weiß nicht mehr weiter«, stotterte ich verlegen. »Ich brauche nun doch Ihre Hilfe …«

»Na, dann kommen Sie doch jetzt gleich auf einen Drink bei mir vorbei! Da können wir alles besprechen.«

Ich war verblüfft, wie unkompliziert diese Amerikaner waren. »Ja, sehr gerne, in einer halben Stunde kann ich bei Ihnen sein.«

Ich rannte wieder zurück in meinen Keller, immer bemüht, auf den glitschigen, vereisten Stufen nicht auszurutschen.

Schnell schlüpfte ich in mein bestes schwarzes Wollkleid, legt etwas Make-up auf und ordnete meine Frisur. Meinen alten Pelzmantel, der mir unlängst noch als Decke gedient hatte, musste ich wegen der Kälte überziehen, ebenso die dicken Winterstiefel. Zum Glück war die Richard-Wagner-Straße nicht weit entfernt, sodass ich sie zu Fuß erreichen konnte. Außer Atem und aufgeregt stand ich bald vor dem großen, hell erleuchteten Haus. Nachdem ich geklingelt hatte, öffnete mir eine Ordonnanz im weißen Jäckchen. Er nahm mir den Pelz mit spitzen Fingern ab und führte mich durch die Eingangshalle in den großen Wohnraum. Von hier aus hatte man einen atemberaubenden Blick über die Stadt.

Der Colonel kam mit offenen Armen auf mich zu. »Nehmen Sie doch bitte Platz. Kann ich Ihnen einen Whisky anbieten – oder mögen Sie lieber etwas anderes?«

»Gern!«, sagte ich und ließ mich in einem der tiefen, mit Daunenkissen verschwenderisch ausgestatteten Sessel neben dem Kamin nieder. Für einen Augenblick fühlte ich mich wie im Himmel. Prasselndes Feuer, wohlige Wärme, gemütliche Atmosphäre, ein exquisiter Whisky und mir gegenüber ein schöner Mann, der aussah wie Clark Gable. Mein Gott, alles schien wie früher, in längst vergangenen Zeiten!

Nachdem wir uns zugeprostet hatten, forderte er mich auf, ihm von meinen Sorgen zu erzählen. Also begann ich. Die Miene Colonel Walters verfinsterte sich, je länger er mir zuhörte. Kaum hatte ich geendet, stand er auf, entschuldigte sich und ging ins Nebenzimmer, wo er zum Telefon griff. Ich verstand, was er sagte, doch mit wem er sprach, ahnte ich nicht.

Lächelnd kam er zurück. »So, nun trinken wir unseren Whisky erst einmal in Ruhe aus. Dann fahren wir zu Colonel Harlow.« Ich glaubte zu träumen. Colonel Harlow war der Stadtkommandant von Stuttgart!

Fast tat es mir Leid, dass wir den wunderschönen gemütlichen Raum mit dem flackernden Feuer verließen. Draußen hatte die Ordonnanz mittlerweile einen großen Cadillac vorgefahren. Der Colonel hielt mir die Wagentür auf, half mir beim Einsteigen und schloss die Tür. Dann setzte er sich ans Steuer, und der große Wagen fuhr sanft schwingend und lautlos über die schneebedeckten Straßen. Alles kam mir vor wie ein Traum.

Schon bald hielten wir vor einer ebenfalls herrschaftlich beleuchteten Villa, und nun bedauerte ich, dass die Fahrt so schnell zu Ende war. Wieder hielt mir der Colonel die Tür auf und half mir beim Aussteigen. Dann gingen wir gemeinsam auf das Haus zu, wo uns abermals eine Ordonnanz in Empfang nahm, die uns in den Wohnraum führte. Es kam mir fast alles identisch vor: Kaminfeuer, große Sessel, wertvolle Teppiche, kostbare Bilder – und wieder musste ich an meinen Keller denken.

Auch Colonel Harlow war eine angenehme Erscheinung. Er stellte mich seiner Frau vor, die uns nun auch einen Drink anbot. Die beiden Offiziere schienen keine Eile zu haben. Wir setzten uns an den Kamin und plauderten ein wenig, bis Colonel Walters sich an Harlow wandte: »Würdest du dir bitte einmal die Geschichte von Frau Collignon anhören?«

Colonel Harlow bat mich, mit in sein Arbeitszimmer zu kommen für den Fall, dass er sich einige Notizen machen musste. Stillschweigend hörte er sich meine Geschichte an. Nachdem ich geendet hatte, bat er mich ohne lange Überlegung für den nächsten Vormittag um elf Uhr in die Villa Reitzenstein, in der sich sein Amtssitz befand. Ich bedankte mich.

Wir gingen zurück zu den anderen, unterhielten uns noch eine Weile, und dann brachte mich Colonel Walters nach Hause.

»Passen Sie gut auf sich auf!«, sagte er, als wir oben auf den vereisten Kellerstufen standen. Dann wagte er eine schüchterne Umarmung. »Nennen Sie mich doch Gene ...«

»Ich heiße Ilse«, erwiderte ich schnell und verschwand in meinen Keller.

Am nächsten Vormittag fuhr ich mit der Straßenbahn zum Hauptbahnhof und von dort aus weiter zur Villa Reitzenstein. Dort musste ich einige Militärposten passieren, die meinen Ausweis kontrollierten, bis ich endlich vor der Bürotür Colonel Harlows stand. Die beiden deutschen Vorzimmerdamen, die mit perfektem Make-up und in tadellosen Nylonstrümpfen hochnäsig nach meinem Begehren fragten, machten erstaunte Gesichter, als ich so selbstbewusst wie möglich sagte: »Ich habe einen Termin bei Colonel Harlow für elf Uhr.« Ich sprach Deutsch, obwohl die Damen mich auf Englisch angesprochen hatten.

Mit diebischem Vergnügen beobachtete ich, wie sie die Brauen hochzogen und sich ironisch fragende Blicke zuwarfen. Dann meldete mich eine der Damen telefonisch an. Kurz darauf bat sie mich ins Büro des Stadtkommandanten.

Dieser empfing mich mit einem milden Lächeln. »Nun müssen wir noch einmal von vorne anfangen. Haben Sie Ihre Dokumente bei sich?«

Ich nickte und legte sie auf den Schreibtisch. Noch ein paar Höflichkeitsfloskeln, dann griff er zum Telefon und fragte die Sekretärin mit einem etwas drohenden Unterton in der Stimme: »Wo bleibt der Oberbürgermeister?«

Ich staunte, als sofort die Tür aufging und Oberbürgermeister Klett erschien. Colonel Harlow stellte uns kurz vor, dann bat er mich, Herrn Klett mein Problem zu erklären.

Als ich mit meiner Geschichte fertig war, die ich ja nun schon auswendig konnte, sah Colonel Harlow Herrn Klett fragend an. »Was gedenken Sie nun zu tun, Herr Oberbürgermeister? Frau Collignon arbeitet für die amerikanische Presse, und wir sind daran interessiert, dass unsere Mitarbeiter in ihrer Arbeit nicht behindert werden. Das heißt, sie muss ein angemessenes Büro und auch eine Wohnung zur Verfügung gestellt bekommen.«

Der Oberbürgermeister sah erst mich, dann den Colonel an. »Wir werden Frau Collignon die nächste frei werdende Drei-Zimmer-Wohnung geben. Ich hoffe, dass damit ihre Probleme gelöst sind.«

Mir fiel ein Stein vom Herzen. Über Colonel Harlows Gesicht huschte ein leichtes Lächeln. Ich bedankte mich und verließ überglücklich das Büro. Beschwingt und hoffnungsfroh fuhr ich zurück zu meinen Kindern.

O Wunder, tatsächlich bekam ich wenige Tage später eine Drei-Zimmer-Wohnung. Sie lag in der Talsohle von Stuttgart, ringsum standen nur noch die Ruinen zerbombter Häuser, es handelte sich um das berüchtigte »Dirnenviertel«. Es war ein altmodisches Sandsteinhaus, die Wohnung lag im Hochparterre, sie war dunkel, und den Himmel sahen wir nie. Aber das alles war egal, wir hatten ein Dach über dem Kopf, ein Bad, einen Ofen und eine Küche. Es war geschafft!

Endlich konnte ich auch Eckart zu mir holen, wir waren wieder glücklich vereint. Grunewald und Wannsee in Berlin rückten mehr und mehr in Vergessenheit. Wir lebten dem Wirtschaftswunder entgegen …